杭埠河中游
区域系统调查报告

安徽省文物局
安徽省文物考古研究所 编著

文物出版社

封面设计　张希广

责任印制　张　丽

责任编辑　梓　木

图书在版编目（CIP）数据

杭埠河中游区域系统调查报告/安徽省文物考古研究所，安徽省文物局编著．－北京：文物出版社，2012.12/（宫希成，唐杰平主编；2）

ISBN 978－7－5010－3643－1

Ⅰ．①杭…　Ⅱ．①安…　②安…　Ⅲ．①文物－考古－发掘报告－安徽省　Ⅳ．①K872.54

中国版本图书馆CIP数据核字(2012)第293757号

杭埠河中游区域系统调查报告

编　　著　安　徽　省　文　物　局
　　　　　安徽省文物考古研究所

出版发行　文物出版社

地　　址　北京市东直门内北小街2号楼

邮　　码　100007

网　　址　http://www.wenwu.com

邮　　箱　E-mail：web@wenwu.com

制版印刷　北京燕泰美术制版印刷有限责任公司

经　　销　新华书店

开　　本　889×1194　　1/16

印　　张　17.5

版　　次　2012年12月第1版

印　　次　2012年12月第1次印刷

书　　号　ISBN 978-7-5010-3643-1

定　　价　180.00元

《杭埠河中游区域系统调查报告》

编　　　著：安徽省文物局
　　　　　　安徽省文物考古研究所

主　　　编：宫希成

副　主　编：唐杰平

主要撰稿人：唐杰平　奚　明　汤　雷　余　飞

业 务 指 导：朔　知

调 查 人 员：朔　知　余　飞　唐杰平　奚　明　汤　雷
　　　　　　乔国荣　卓识雨　张艺君　张义中　郭　斗
　　　　　　朱　锐　刘腾飞　齐泽亮　李　駧　王耐霜
　　　　　　陈　坤　谢　军　陈小春　秦让平　徐大珍
　　　　　　方　玲　王喜凤　汤毓赟　杨玉彬

资 料 整 理：唐杰平　余　飞　奚　明　汤　雷　张　萍

地形图制作：宫忻怡

绘 图 拓 片：朱录乾　张丽萍

照 片 拍 摄：唐杰平　余　飞

目　录

插图目录

彩色图版目录

5. 截尖锥状鬲足（柿子树10SGSZ：4）

6. 鼎足（佘家庄10SGSJ：1）

7. 鼎足（佘家庄10SGSJ：2）

8. 鼎足（佘家庄10SGSJ：3）

9. 鼎足（佘家庄10SGSJ：4）

10. 侧三角鼎足（佘家庄10SGSJ：5）

11. 陶器口沿（西姑墩遗址10SGXG：1）

12. 柱状鬲足（西姑墩10SGXG：3）

13. 矮柱状鬲足（西姑墩10SGXG：4）

14. 矮柱状鬲足（头涵10SGT：2）

15. 锥状鬲足（头涵10SGT：3）

彩版三三　1. 鬲足（墩南10SBDN：4）

2. 鬲口沿（墩南10SBDN：2）

3. 陶鬲（墩南10SBDN：1）

4. 甗腰（墩南10SBDN：5）

5. 豆座（墩南10SGDN：6）

6. 陶箅（大墩10SBD：1）

7. 鬶足（管挡10SGGD：1）

8. 侧三角鼎足（黑虎城10SCH：1）

9. 侧装鸡冠状鼎足（黑虎城10SCH：3）

10. 横装鼎足（黑虎城10SCH：4）

11. 有段石锛（黑虎城12SCH临采：1）

12. 凿型鼎足（黑虎城10SCH临采：1）

13. 陶豆（黑虎城10SCH：6，10SCH：16，10SCH：18）

14. 三角孔圈足器（黑虎城10SCH：7）

彩版三四　1. 纺轮（黑虎城12SCH临采：2）

2. 鬲（黑虎城10SCH临采：2）

3. 附耳鬲（黑虎城10SCH临采：3）

4. 锥状鬲足（黑虎城10SCH：12）

5. 矮柱状鬲足（黑虎城10SCH临采：5）

6. 鬲口沿（黑虎城10SCH：10）

7. 鬲口沿（黑虎城10SCH：11）

8. 侧三角形鼎足（九连庄10STJ：2）

9. 扁锥状鬲足（万场10SCW：1）

10. 鬲（松墩11SCS：1）

11. 鬲（松墩11SCS：2）

12. 鬲（松墩11SCS：3）

13. 矮柱状鬲足（松墩11SCS：7）

14. 矮柱状鬲足（松墩11SCS：4）

15. 柱状鬲足（松墩11SCS：5）

16. 几何印纹陶罐（松墩11SCS：10）

彩版三五　1. 鼎口沿（老虎墩11SCL：1）

2. 鬲足（老虎墩11SCL：2）

3. 鬲（船形地11SCC：1）

4. 柱状鬲足（船形11SCC：2）

5. 鬲足（船形地11SCC：4）

6. 甗（船形地11SCC：6）

7. 鬲足（月形地11SCYX临采：3）

8. 罐口沿（月形地11SCYX临采：2）

9. 豆盘（月形地11SCYX临采：4）

10. 侧三角鼎足（杨家老庄（11SCYL：1，11SCY：2））

11. 带按窝鼎足（杨家老庄11SCYL：3）

12. 甗腹片（杨家老庄11SCYL：4））

13. 侧三角鼎足（杨店11SCYD：2）

彩版三六　1. 侧三角鼎足（杨店11SCYD：3）

2. 鬲（杨店11SCYD：4）

3. 锥状鬲足（杨店11SCYD：5）

4. 鬲（卞家墩11SCB：1）

5. 砺石（亚夫城11SNY临采：5）

6. 石杵（亚夫城11SNY临采：7）

7. 石铲（亚夫城11SNY临采：3）

8. 石锛（亚夫城11SNY临采：2）

9. 石凿（亚夫城11SNY临采：1）

10. 石镞（亚夫城11SNY临采：4）

11. 鼎足（亚夫城11SNY临采：13）

12. 高柄杯（亚夫城11SNY临采：11）

13. 簋（庙墩10SGM：4）

14. 圈足器（庙墩10SGM：5）

15. 鬲足（庙墩 10SGM：3）

附表目录

第一章　概　述

第一节　地理位置与自然环境

一、地理位置与行政区划

舒城县位于安徽省中西部、大别山东麓、巢湖西滨、江淮之间。地理坐标界为北纬31°01′～31°34′，东经116°26′～117°15′，东邻庐江县，南界桐城市、潜山县，西接岳西县、霍山县，北毗六安市金安区、肥西县，距省会合肥市54公里，行政隶属六安市(图一)。

图一　舒城县地理位置图

古时"舒据江淮腹地，左湖（巢湖）右山（大别山）。……关隘相望，形势尤为扼要"，有皖北咽喉，左带坦夷，右环险阻，……七省通衢，五方要冲"[1]之称，现在交通更为便捷，四通八达，206国道、105国道、沪蓉高速公路、合九铁路贯穿境内，6条省级公路连接四方，水路运输通巢湖达长江。县境东端为杭埠镇太平村，西端为查湾乡桃李村，南为小涧冲林场（万佛山），北端为桃溪镇长安村，面积2100平方公里，人口98万。县境中部坐落着皖西五大水库之一的龙河口水库。

二、自然环境

包括舒城在内的皖西地区基本属于一个相对独立的文化地理单元，其地相连，文化面貌相类，故在详细介绍舒城县自然环境之前，先将这一地区自然环境做简要交待。

本报告所指的皖西地区包括今天的六安市的舒城、霍山、金寨、霍邱、寿县5县与合肥市所属的肥西县、庐江县西部。其西南依大别山脉，北接淮海平原，总的地势南高北低，自西南向东北倾斜。南部为大别山北缘低山丘陵区，海拔高程在100米以上，最高峰三尖寨海拔745米，相对高度50～350米，山体多呈东西走向。丘陵均是大别山余脉的延伸，坡度一般小于25度，坡积、残积厚度在20～30厘米之间，中间镶嵌较开阔的盆地。中部为低岗区，岗垄绵延起伏，是本地区的主要地貌类型，分布于平原和丘陵两大地貌带之间。其中横塘—中店—龙穴山一线为江淮分水岭的西端。岗地海拔高度在40～100米间，既有台状，又有相对高差在10～30米左右的起伏岗冲。其中高岗属先夷平后上升再剥蚀的台地，分布于江淮分水岭两侧及大别山北部丘陵的外围，地面由第三纪紫红色砾石、红色砂砾岩风化形成的坡积、残积覆盖；低岗主要为洪积、冲积相的黄土状沉积，属先沉积后上升再剥蚀堆积的台地，地面起伏变化较小。平原区海拔小于40米，高差小于5米，均属河流冲击形成，主要分布在北部的淠河、汲河两岸和东南部的丰乐河上游。自然河流以江淮分水岭为界，分属长江、淮河两大水系，均发源于大别山北麓。淮河水系主要有淠河、汲河、东淝河等，均为自南向北流向。长江水系主要有杭埠河、丰乐河，发源于六安市南部，向东流经舒城、肥西县镜，而后注入巢湖[2]（图二）。

大别山脉位于中国中部的湖北、河南、安徽三省交界处，西段呈西北—东南走向，东段为东北—西南走向，是长江与淮河水系的分水岭，主峰白马尖海拔1777米。山地地质构造主要由前震旦纪地层和侵入岩构成，以花岗岩、片麻岩等为主。

大别山脉属北亚热带温暖湿润季风气候区，具有典型的山地气候特征，气候温和，雨量充沛。温光同季，雨热同季，具有优越的山地气候和森林小气候特征，具备森林的气候优势。年平均气温12.5℃，1月份最冷平均温度0.2℃，7月份最热平均气温23℃。平均降水量1832.8毫米，年降水日数161天，年日照时数平均1400～1600小时，年雾日102天，太阳平均辐射量110千卡/平方厘米，无霜期179～190天。

巢湖流域位于安徽省中部，东南濒临长江，西接大别山山脉，北依江淮分水岭，东北邻滁河流域，属于长江下游左岸水系，流域面积14203平方公里，地势总体渐向巢湖倾斜，地貌特征呈明显的阶梯状，根据地面高程自上而下可分为山地（300米）、丘陵（100～200米）、阶地（分20、50米左右两

---

[1]【清】嘉庆《舒城县志》，江苏古籍出版社，1998年4月第1版。

[2] 王静：《皖西地区周代文化的初步研究》，西北大学考古专业2008级硕士毕业论文，中国期刊数据库2008年。

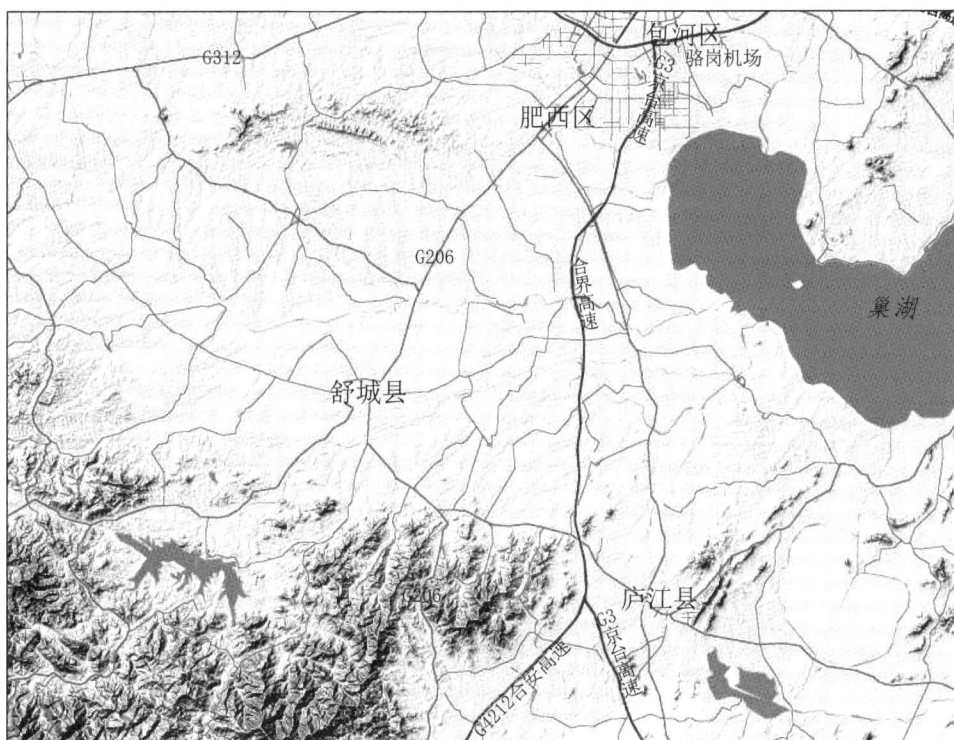

图二　舒城县及周边地区地势图

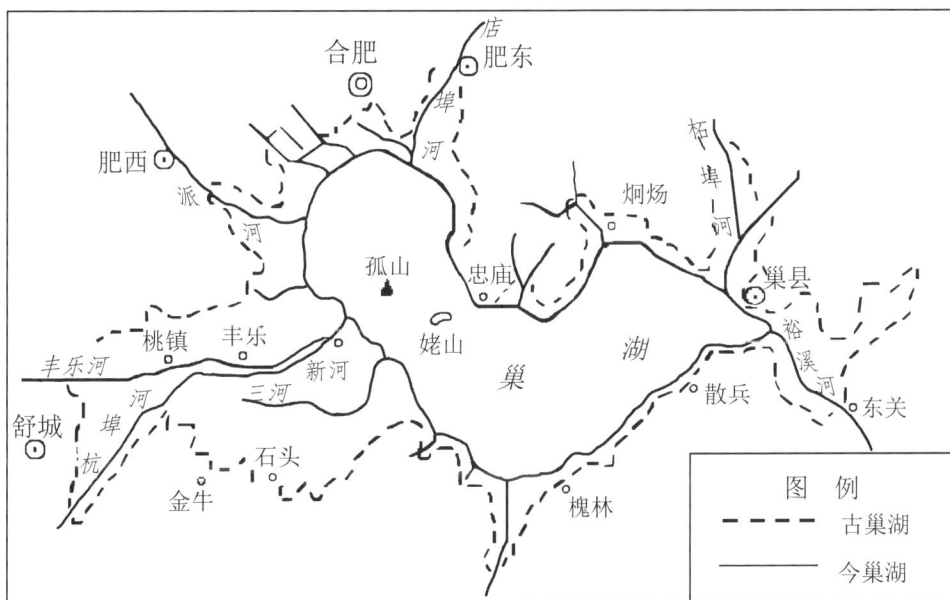

图三　古今巢湖示意图

级）、平原（10～20米）、湖盆（5～10米）。据历史文献记载和有关学者研究成果表明，巢湖水系由于地质、自然环境和人类活动的共同作用，历史上曾发生十分显著的变迁。在遥感图像上发现柘皋河流域西部在地质历史时期存在有一支较大的古水系[1]。巢湖湖盆本身也经历着西部淤积，而北、东、

[1] 何慧：《巢湖东部古河道遥感信息提取及水系变迁研究》，安徽师范大学硕士论文2007年，中国期刊数据库2007年。

南岸崩塌扩张的变化，"现今巢湖东西长55公里，南北宽22公里，……面积753平方公里，为古巢湖的40％"[1]（图三）。舒城县则地处皖西大别山山脉与巢湖平原的过渡地带，西南山区，中部丘陵，东北部平原。南缘山脊为巢湖水系与莱子湖水系的分水岭，西南山脊为长江水系与淮河水系的分水岭。境内河流皆源于西南部山区，杭埠河贯穿其中，丰乐河界其北，地势西南高东北低。

人口分布西疏东密，自然格局呈现为"五山一水二分田，二分道路和庄园"，是一个山、丘、圩兼备，集山区、库区、老区、贫困区为一体的县份。地面坡度大于15度的有1137平方公里，占全县总面积54.4％；15度～25度的有535平方公里，占全县总面积25.6％；小于25度的有420平方公里，占全县总面积20％。

（一）地质地貌

舒城县地壳演变可追溯到距今约18亿年前的五台吕梁运动期，大别山群地壳全褶皱隆起，后来岩石强烈变质和混合岩化作用，形成了本县晓天—霍山县磨子潭断裂带。至元古代，此断裂带以南地区长期处于隆起状态，北侧沉降。后受距今5.7～7.5亿年的震旦纪贝加尔运动的影响，及下部地层混合岩化，整个地层上升隆起，缺失了全部下古生代的沉积，本县处于海盆边缘。后接受厚1300米的海陆交互相碎屑沉积。至距今1.37～4.05亿年海西运动发生，使石炭系、震旦系地层全面上升隆起，形成北西西向褶皱，并伴随断裂和区域浅变作用，结束了海侵历史，成为陆地地貌。县境西南地区受晓天—磨子潭断裂带影响，地层上升隆起；东北地区为新地层覆盖，形成一复式向斜。后在距今1.37亿年的中生代燕山运动期，晓天—磨子潭断裂带两侧，南升北降作用，进一步加强，并伴随着强烈的岩浆活动，褶皱作用形成一些开阔盆地，堆积了较厚的早第三纪沉积物。在距今2～3百万年的喜山运动，又形成了一些孤立平缓盆地，长轴方向为北西至近东西向。总之，由于地壳运动褶皱、断裂带活动，因而塑造了今天的舒城山川大势，地貌类型多样，为山地、丘陵、岗区和平原四种组合类型。在大地貌单元上，属大别山区向江淮丘陵过渡地带。

（二）水文

1985年统计，全县有水域26.7万亩。其中有8条较大河流、35条集水10～20平方公里面积的支流小河，有大型水库1座，小Ⅰ型水库1座，小Ⅱ型水库60座；塘17975口，沟挡堰坝2703处（条）。据1949～1984年记载，正常年份，年平均降水量为26亿立方米，地面径流量11.5亿立方米（包括县外流入约1.7亿立方米），其中山区7.1亿立方米、丘陵区2.1亿立方米、岗圩区2.3亿立方米。

杭埠河和丰乐河是舒城县两条主要河流，皆发源于境内西南山区，向东北蜿蜒而下，注入巢湖再由裕溪河入长江，归属长江水系。唯西南端与霍山具界查湾乡桃李河流向西北，入淠河，属淮河水系（图四）。

1.杭埠河

杭埠河古称鹊诸河、舒河、龙舒水。又因绕县城南而得名环带河、南溪河。清•光绪《舒城县志》又称巴洋河、七里河、前河、天河等，1949年，县人民政府鉴此涵义不明，故以其下游重要集镇杭埠而正式定名为杭埠河。

杭埠河发源于岳西县石关乡同安寨西侧南界岭头（明、清《舒城县志》、《庐州府志》皆称孤井源、孤静源、枯井源），海拔1416米，原属舒城县，1936年划归岳西县。向东流至柳树湾、合平田水

[1] 张宗岱、潘宝林：《巢湖湖盆及变迁研究》，安徽师范大学学报1990年第1期。

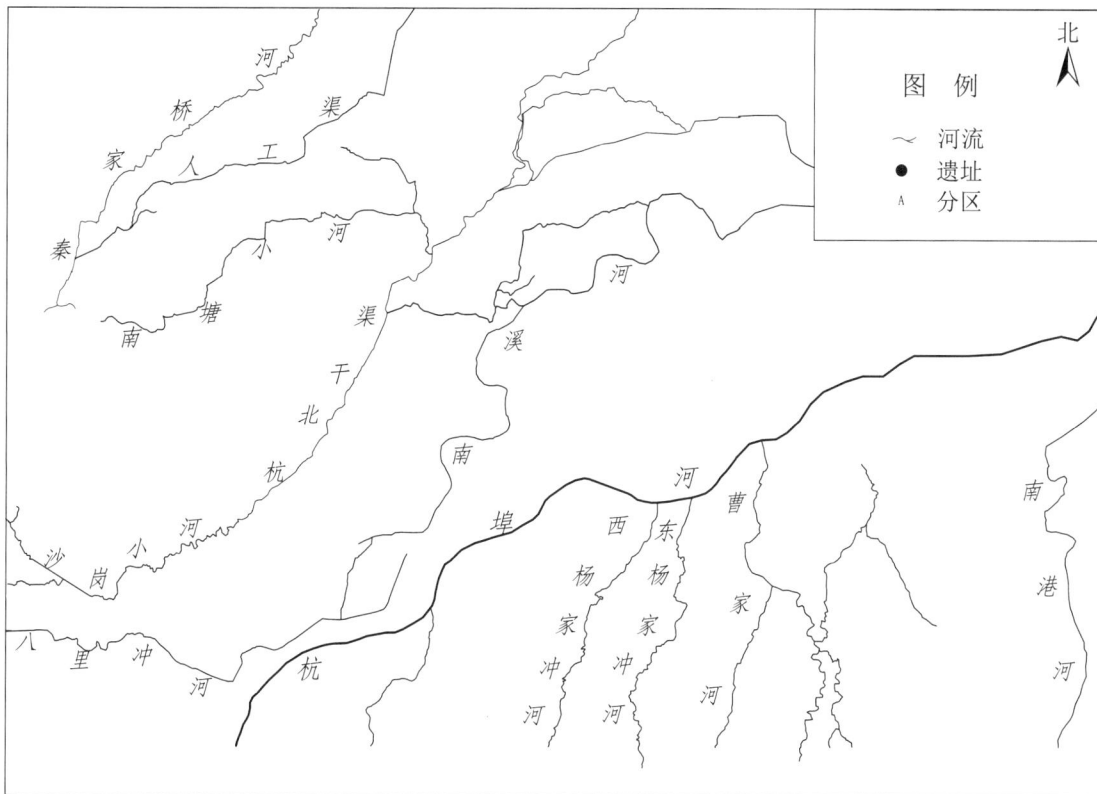

图四 杭埠河中游及附近地区水系示意图

（发源于小涧冲）、经晓天镇，至毛竹园合巴王河（现已不存），在龙河口汇乌沙河，过九井寺合龙潭河，经七门山、周瑜城、白马垱、将军垱、迎水庵至肥西县新河口，注入巢湖。全长145.5公里，流域面积1970平方公里，其中舒城县境内长99.17公里，流域面积1587.5平方公里。河面宽度，上游10～50米，乃至百米以上，河面素不固定；中游为200米左右；下游偏窄，王氏六渡原宽50米，排洪能力差，经常溃堤成灾。杭埠河有它的演变历史，自汉初在其中游开七门堰始，水即"北折而至龙干荡，环绕县治（今城关）……清流如带，商贾舟楫倚郭门者、泊者无算"，后因洪水泛滥，故道淤涨，"转徙无常"。中游故道，历史上有三次改道的记载：第一次，"明万历中（1579年前后），知县陈魁士凿龙王荡（现属瑜城村）石埂，开七里河，河南徙"（即现在的上、中、下七里河道）。第二次，清康熙六十一年（1722），知县蒋鹤鸣（号子和）"见河道淤为陆地，遂赈饥募疏瀹，自龙王荡迄县河口（今码头街的南溪河），水还其故"。蒋氏用意是"救绕城之遂涸，舟楫不通之荒"。但"十余年后复塞"，至雍正后期，遂有"干汊河"之出现，河又从故道东下。第三次，清乾隆中期以后，知县姜朝秉等"先后开浚，水势复归七里河"。以后一百多年来，河道无大改变。1973年，在过湾切掉乌龟头，取直这一段河道。1976-1978年，对杭埠河下游从将军垱至新河口，进行改道，裁弯取直（彩版六，2～5）。

杭埠河较大支流有晓天河、五显河、胡家河、河棚河、龙潭河、九井河、朝阳河、曹家河、南港河、清水河共10条，属山溪河流[1]（附表一）。

---

[1] 《舒城县水利志》，安徽省新闻出版局，皖非正式出版字（92）第157号。

晓天河 原是杭埠河上游，在岳西县境内称姚家河。在舒城县境内称晓天河，发源于岳西县南界岭头。自1958年龙河口水库建成以后，即与杭埠河割断。该河从红石嘴进入舒城县大河乡南岳村，经晓天镇合朱河(发源于小涧冲)，至大河沿合天苍水。经小河口乡至山七河镇双桂村碎石滩，注入龙河口水库，河面宽约200米左右，舒城县境内全程20公里。整个流域面积588.9平方公里，通过最大流量3440立方米/秒，属季节性山河。

河棚河 原名乌沙河，是杭埠河上游另一个主要支流，发源于舒城县西南山区黄土关和花岩山西北麓。经安菜、小街，至和平村合冯河，东行至双河口汇余河，到朱黄店合岚冲水，经河棚老街北折至新开岭，注入龙河口水库。全长32.5公里，流域面积200平方公里。该河弯大、水急、滩多，河面宽度40～180米，通过最大流量1322立方米/秒，属季节性山河。

龙潭河 发源于城冲乡花岩山大徽尖，至王河合枫林冲水，过三道弯至姚家河乡胡畈合汤池河，经观音庵、阙店乡、杜店乡叶畈村入杭埠河，全长31.8公里，流域面积320.9平方公里。该河弯大、水急，两岸冲刷、河道淤塞严重，河面宽度50～250米，通过最大流量1810立方米/秒，属季节性山河。

南港 俗称孔家河，发源于东衙、西衙，二水于沙埂汇合，经南港北折于白马垱入杭埠河，全长30公里，流域面积150平方公里，河面宽度30～120米，通过最大流量790立方米/秒，因河床淤塞，有的高于农田，故山洪暴发，非破圩也漫水。

清水河 发源于傅冲、洪冲，二水合于山埠，北折经舒茶(沟二口)镇、龙王庙乡、百神庙镇至周公渡入杭埠河。全长34公里，流域面积45平方公里，通过最大流量700立方米/秒。中游淤塞弯曲，下游狭窄，输水不畅，一遇山洪暴发，横溢成灾。

五显河 原名巴洋(王)河，1958年兴建龙河口水库后，地易地湮，遂以五显命名。该河发源于霍山县真龙地，经六安毛坦厂，入舒城县五显镇，至罗山村入龙河口水库，在舒城县境内全长约10公里，河宽30～50米，属季节性山河。

2.丰乐河

丰乐河原称后河，发源于六安市烤炉寨，经东河口、南官亭，入舒城县长冲乡沙院村，至龙嘴合后河(源自思古潭河、张家店河)，经三河镇至肥西新河口，汇杭埠河水，注入巢湖。全长117.45公里。是舒城与六安、肥西县的天然边界线。流域面积2080平方公里。主要支流有后河、张母桥河、二里半、龙潭河、谢河、猪槽沟、三汊河、钱大山河、小南河、新仓河、梅林河等，为季节性河流。

（三）物候

舒城县气候，四季分明，立春开始转暖，立冬开始转冷。植物、动物的生息，随着气候冷暖的变化而轮回变化。山区与平原相差半月。

1月，时值小寒、大寒节令。万物休眠，百草枯萎，梅花独放，黄心乌菜生长兴旺，虫类冬眠。

2月，时值立春、雨水节令。杨柳发芽（俗称谷嘴），树木行汁，农谚曰："五九六九，河边插柳"。油菜、麦苗等午季农作物开始返青，迎春花、山茶花、水仙花齐放；禽兽开始发情。

3月，时值惊蛰、春分节令。樱桃、杏子开花，油菜、白菜起苔开花，草类返青，早稻浸种，山芋、南瓜等下种；燕子南来，大雁返北过境，鱼类发情，虫类复苏。

4月，时值清明、谷雨节令。桃、李、梨开花，椿树蓬头，茶叶开采，麦类拔节，平原地区始栽早稻秧；春蚕摧青，布谷鸟来临，禽兽始脱绒毛。

5月，时值立夏、小满节令。油菜籽成熟收割，农谚曰："立夏三天连枷响"。小麦抽穗扬花，竹子散桠，秋季农作物下种。

6月，时值芒种、夏至节令。麦、豆成熟收割，早稻抽穗扬花，晚稻播种育秧，苎麻收割头麻，桃、杏、大蒜成熟；布谷鸟离境。

7月，时值小暑、大暑节令。早稻成熟收割，晚稻秧栽插，西瓜成熟，荷花盛开，蝉鸣于树。

8月，时值立秋、处暑节令。中稻、早玉米、板栗成熟，苎麻收割二麻；危害农作物的昆虫繁衍高峰期，家禽换毛，停止产卵。

9月，时值白露、秋分节令。秋季农作物成熟，大蒜下种；大雁南飞过境。

10月，时值寒露、霜降节令。次年午季农作物下种，生姜成熟，菊花开放；家禽产卵高峰期。

11月，时值立冬、小雪节令。树木落叶，草类枯萎，晚稻成熟，茶树开花；虫类开始冬眠，禽兽生长御寒绒毛。

12月，时值大雪、冬至节令。动、植物处于高度冬眠、休眠期。

（四）土壤与植被

据历史资料和土地普查提供的资料显示，全县土壤约7个土类、12个亚类、38个土属、82个土种。7个土类是：黄棕壤、棕壤、潮土、紫色土、石灰岩土、草甸土与水稻土。

本县土壤分布，因受地形、母质、水文的影响，各种地貌都有不同，所以分布比较复杂，既有垂直带谱系列，又有水平系列。

草甸土　分布于海拔800米以上的山顶平台处，是受高海拔、低温、潮湿等条件影响发育而成，面积小而零星，仅见于猪头尖连片草地110亩。

棕壤　分布于晓天、河棚区的南部海拔800米以上的山地、林地，面积约11100亩。

黄棕壤　分布于海拔40～800米的山区、丘陵、岗区，面积1453286亩，以林地、旱地为主。

石灰(岩)土　分布于晓天、河棚区，面积1825亩，多为林地。

紫色土　分布于海拔100～400米的丘陵地区，即龙河口、张母桥、南港区的大部分乡村，呈酸性或微酸性，面积233334亩，多为林地、茶园、旱地。

潮土　分布于海拔7～40米的杭埠河、丰乐河中下游沿岸，即干汊河、南港、桃溪、千人桥区的部分乡村，面积30754亩，主产水稻、蔬菜、麻、姜、蒜、油菜等。

水稻土　分布于海拔7～400米的丘、岗、圩区，即龙河口、张母桥、南港、干汊河、桃溪、千人桥区、城关镇的大部分乡村及晓天、河棚区的河谷平原，面积860205亩，大部分是潴育型水稻土。

舒城县植被状况，海拔800米以上山区，自然植被保护较好，以常绿针叶松、杉、柏和阔叶青冈、苦木褚以及落叶乔木山槐、栗、栎、灌丛木为主；海拔800米以下丘陵、岗、圩、畈区，以杉、松、茶、桐、榆、柳、杨、桃、竹、荒草和农作物为主。

第二节　历史沿革

夏商周时期，舒地为偃姓所建群舒方国。春秋时期，楚北上东渐，楚很快成其宗主国。鲁文公十二年（前615年），群舒叛楚，十四年楚令尹子孔袭群舒，并先后灭舒蓼、舒庸，至襄公二十五年（前548年），灭舒鸠。

秦王政二十四年（前223年），灭楚国，设九江郡（治寿春），舒地属六县。

汉高祖四年（前203年），置舒县，次年别置龙舒县，属淮南国。七年（前200年），封刘信为羹颉侯，领舒、龙舒两县。

永平元年（公元58年），许昌受封龙舒侯，遂改为龙舒侯国。

晋咸熙二年（265年），复置龙舒县（今龙河口以上）、舒县（治舒城，今城关镇），地属扬州庐江郡。

唐开元二十三年（735年），划合肥县南，庐江县西，置舒城县（治今舒城县城关镇）。

民国三十六年（1947年），中国人民解放军解放县城，组建舒六县民主政府（驻毛坦厂），舒城毛竹园、晓天、中梅河、张母桥四个区归属舒六县民主政府；组建舒城县民主政府（驻城冲），辖乌沙、杜店、西沙埂、西汤池、西衖、曹家河及庐江马槽，桐城大关区（时称关马区）。民国三十八年（1949年），全县解放，舒城县人民政府成立，恢复旧域。

第三节　舒城考古调查与发现概况

一、墓葬清理简况

（1）1959年9月，安徽省文化局文物工作队在龙舒人民公社凤凰嘴（今城关镇舒东村）进行了墓葬清理工作。发掘一座春秋时期土坑墓，出土铜器：兽首鼎1、平盖鼎（铉鼎）2、鬲3、盂1等成组共20件[1]。

（2）1964年5月5日，在马河口杨家村许家山咀，发现一座春秋墓，出土铜器：盂1、鬲1、鼎1、盘1、龙形提梁壶1，计5件[2]。

（3）1974年1月，舒城县五里公社砖瓦厂出土兽首鼎1、平盖鼎2、直线纹（齿线纹）鼎1、盂1，计5件[3]。

（4）1978年春，在舒城县秦家桥杨店村发现三座战国竖穴土坑墓，出土青铜器、陶器、玉器等共计75件。

（5）1980年9月，安徽省文物工作队在孔集镇九女墩清理了一座长方形土坑竖穴墓，出土器物183件，其中青铜器170余件。有礼器、乐器、兵器、车马器、生产工具等[4]。

（6）1984年3月15日，古城乡金墩村城墩生产队农民杜全美，在田中取土时发现青铜爵、觚各1

---

[1] 殷涤非：《安徽舒城出土的铜器》，《考古》1964年第10期。

[2] 舒城县文化局：《舒城县文物志》，1984年出版，非正式出版物。

[3] 安徽省博物馆：《安徽省博物馆藏青铜器》图54，1985年上海人民美术出版社出版。

[4] 杨鸠霞：《安徽舒城九里墩春秋墓》，《考古学报》1982年第2期。

件，县文物部门对现场进行了清理并初步确定为一土坑墓，但没其他发现。1996年此地出土青铜面具1件[1]。

（7）1988年4月，舒城县马河口乡幸福村窑厂取土时发现一长方形竖穴土坑墓，经省、县文物部门清理，出土铜器兽首鼎1、平盖鼎（铉鼎）2、罐鼎1、簋1、盉2、鐎1、盘1，共9件。同时出土的有玉器26件和印纹陶罐、原始青瓷盉各1件[2]。

（8）1991年11月，省文物考古研究所在舒城县五里轮窑厂清理汉代砖室墓两座、小型土坑竖穴墓五座，共出土器物15件[3]。

（9）1998年6月22日，干汊河镇正安村高家老坟窑厂取土时发现西汉木椁墓一座，经县文物部门抢救性清理，出土银璧一对。

（10）2006年4月，电力部门在舒城县春秋塘茶林场建设11万伏输变电电塔过程中发现一春秋墓，出土青铜器鼎1、盉1。

二、文物普查简况

1. 1981年至1983年，在舒城全境进行的第二次全国文物普查，共调查登记不可移动文物点149处，多数分布于河流的干、支流流域。其中杭埠河中游的遗址、墓葬分别为15处和13处[4]（附表二）。

2. 2007年-2011年开展第三次全国文物普查，全县共调查登记不可移动文物227处，其中古遗址97处，古墓葬71处，古建筑36处，石刻1处，近现代重要史迹及代表性建筑22处。同时确认消失不可移动文物45处。

---

[1] 汤雷：《安徽舒城县城关出土一件青铜面饰》，《考古》，2000年第8期。

[2] 安徽省文物局：《安徽文物工作》1988年第二期，非正式出版物。

[3] 张钟云：《舒城五里乡古墓葬清理简报》，《文物研究》第八辑。

[4] 《安徽省文物地图集》，待刊。

第二章　本次调查情况

第一节　国内区域系统考古调查实践概述

1.国内区域系统调查概况

考古调查既是田野考古的重要工作，也是田野考古的基础手段之一，它是伴随着近代考古而传入我国，到了20世纪20年代，我国学者才逐步开展独立的田野调查工作。考古调查是在基本不破坏遗址或遗迹的前提下，发现和获取古代遗存资料。广义的调查包括地面踏查、钻探、航空勘查和地面物探与化探等。狭义的调查仅指常规的地面踏查，是我国现阶段田野调查的主要形式。

地面踏查又可分为全面普查、专题调查、预备调查、区域系统调查。在近百年的历史中，经过几代考古工作者的不断实践与摸索，中国考古学目前已经形成一整套相对高效且实用的调查方法，即我们通常称之的传统调查方法。而此方法最鲜明的一个特点即经验性，为我国文物保护与考古学研究所做的贡献也同样不可低估。但随着考古学的深入发展和文化遗产保护工作的日益开展，传统调查方法的粗放性、非全面性则不断显现。为此，国内有关文物考古部门或者专家学者开始检讨传统考古调查方法的缺陷并积极尝试新的田野考古调查方法，同时取得了一些成效。到了20世纪90年代，随着中外交流的日益频繁和聚落考古研究的逐渐深入，发端于西方的区域系统调查在我国得以实践并不断扩展，据不完全统计，迄今在我国境内开展的区域系统考古调查（包括简单的区域系统调查）达二十余项（附表三），主要体现于中外学者共同合作和本国考古工作者独立进行的一系列的区域调查这两部分，尽管学界对此类调查方法的适用性还存在不同的看法，但是近年来无论从调查面积、还是地区范围与数量，均呈扩大趋势[1]。

迄今为止，无论是中外合作还是本国学者的独立工作，我国开展的区域系统调查的区域主要集中于北方地区，尤其黄河流域与西辽河流域，而广大的南方地区尤其地势低平、水网密布的平原区则寥寥无几，造成这种现象的原因是多方面的，除南北地理环境的差异外，人为认识的不同也是一个重要的因素。

2.安徽近年来开展的一系列区域系统调查工作

安徽是我国南方地区较早也是为数较少开展区域系统考古调查的省份之一。2006年11～12月和2007年7～8月，中国科学技术大学科技史与科技考古系师生联合马鞍山市文物管理所对采石河流域进

---

[1] 朔知：《中国的区域系统调查方法辨析》，《中原文物》2010年4期。完整内容另收入中国社会科学院考古研究所、郑州市文物考古研究院编：《中国聚落考古的理论与实践（第一辑）—纪念新砦遗址发掘30周年学术研讨会文集》，科学出版社，2010年12月第一版。

行了两次拉网式野外调查，调查面积约74平方公里，发现了新石器晚期、商周、魏晋南北朝以及明清等不同时期的遗址24处，初步理清了该区域聚落分布与变迁的规律和原因[1]。2008年冬季至2009年春季，中国国家博物馆综合考古部田野考古中心与安徽省文物考古研究所合作，启动了"皖江东部聚落考古调查"的课题，通过对姑溪河流域开展的先秦聚落考古调查，发现了37处先秦时期的遗址。自2008年底至2011年初，安徽省文物考古研究所等单位在以含山县凌家滩遗址为中心的裕溪河流域进行了三次阶段性的区域系统调查。2009年冬季至2010年春季，安徽省文物考古研究所开展的皖西南地区大沙河流域调查，发现了一批新石器至商周时期遗址，为探索这一地区的聚落变迁和人地关系提供了重要资料。此外，在第三次全国文物普查过程中，安徽省普查办组织了黄山浦溪河流域早期聚落、寿县瓦埠湖流域先秦遗存、芜湖市漳河流域周代土墩墓群等一系列专项调查，均取得良好效果[2]。

第二节　本次调查缘起

多数区域系统调查工作有着自身的历史背景和学术目标，杭埠河中游调查项目也不例外，本次调查主要基于以下几点考虑。

1. 安徽区域系统调查工作拓展需要

近年来，安徽境内先后开展的一系列调查工作初步总结出一套适合江淮地区乃至更广泛意义上的中国南方区域系统调查方法，并为安徽今后开展更多、更大规模的区域系统考古调查提供了可能。但与此同时，由于受多种因素的制约，我省已开展的区域系统调查仍处于试验与摸索阶段，调查的技术和方法有待进一步完善与提高。鉴于此，安徽省文物考古部门希冀通过更多的调查实践，并借鉴西方与国内其他地区成功的经验，不断丰富和完善区域系统调查方法，同时解决一系列重要学术问题。

2. 安徽考古研究的需要

通过野外调查手段，发现一批过去长时间不被人知的古代遗址等文化遗存，调查中所得的各类信息便成为研究某一地区聚落考古以及其他相关课题的珍贵资料。此外，从工作方式来说，从区域角度探索一个社会以及人群与环境的互动关系，单凭考古发掘是不可能完成的，区域系统调查则不仅为此提供了可能，而且本身即为聚落考古研究的一个重要组成部分。当然，在获取详细的信息方面，调查不可能完全取代考古发掘，但可以在更广阔的背景下帮助我们明确发掘目的、选定发掘地点。

安徽地处我国中东部，在古代政治与文化的发展舞台上扮演着十分重要的角色，作为长江流域和黄河流域、东部与西部之间的交通要道更是频繁地发挥着桥梁作用，尤其是作为通道或过渡地带的江淮地区更是如此，特殊的地理位置反过来形成了自身的多元文化特色，文化面貌复杂多变。新中国成立以来尤其20世纪80年代以来，安徽文物考古工作取得了一系列令人瞩目的成绩，新材料不断涌现，研究成果常有突破，然而，也存在许多薄弱环节，不少问题多限于初步探讨，聚落考古研究无论广度还是深度，更是存在较大的空间，多数地区或多数时间段的环境考古、社会形态研究等几乎是空白，

[1] 中国科学技术大学科技史与科技考古系等：《马鞍山采石河流域区域系统调查初步报告》，《东南文化》2010年第1期。
[2] 安徽省第三次全国文物普查办公室：《安徽省第三次全国文物普查实地文物调查阶段工作报告》。

致使一些学术问题迟迟得不到解决。为改变这种落后现状，安徽的考古工作者唯有奋起直追，主动承担责任，在理论与实践上为安徽的考古事业做出更多的贡献。安徽省三普办组织实施的一系列专项调查和区域系统调查工作，正是基于这样的考虑。杭埠河中游调查是其中的重要调查项目之一。

3. 群舒研究的需要

群舒问题的研究一直为学术界所关注，也是难点。首先，诸如群舒的来源、族属、地望、文化面貌以及兴衰的过程与原因等，虽然从文献和历史的角度出发有诸多的讨论，也有一定收获，但多数问题仍无统一而明确的共识，歧见纷呈。其次，目前考古学提供的资料依旧欠缺。通过以往工作，在安徽地区，发现了一些有价值的线索，特别是陆续出土一批颇具地方特色与风格的商周青铜器，年代多属西周至春秋，出土地点多在文献记载的群舒之地范围，但是这些资料又比较零散，对群舒研究起到关键作用的考古资料尚很缺乏，因此无法系统、全面了解群舒的文化面貌，更谈不上对社会制度、社会组织等一些更深层次问题的研究。

尽管群舒研究确有诸多亟待解决问题，但舒城县是群舒分布的主要地区之一，在"群舒"探索上占有举足轻重的地位，这一点应该是没有异议的。如果能以该地区作为工作的切入点，通过开展一系列的考古工作，获得一些有价值的基础资料，然后对收集的各类信息进行整理、研究，或许会取得群舒研究的新突破。

群舒的探索是安徽考古的一个重要课题，运用考古学的方法与手段解决某些难题也是早有的想法。第三次全国文物普查开始后，负责安徽省第三次全国文物普查具体业务工作的宫希成同志借此机会，在上级领导的大力支持下，决定拿出专项资金，抽调省内业务骨干，选择从舒城县杭埠河中游地区着手，启动群舒研究课题计划，为最终廓清群舒的真实历史面貌奠定一个良好开端。

此外，区域系统考古调查不仅是相关学术课题研究的需要，也是做好文化遗产保护的重要基础性工作。我国各地大规模、迅速开展的城乡基本建设与经济建设致使众多的古代遗存濒临危险甚至消失，调查采集的大量数据将为实践文化遗产保护工作提供更全面可靠的信息资源。同时，也期望采用更完善、更科学的野外调查方法弥补"三普"工作的一些不足，检验常规普查方法的效率和准确性，以提高"三普"成果的科学性。

正是在这种背景与动机之下，杭埠河中游地区区域系统调查项目才得以实施。

2010年11月20日，安徽省文物考古研究所朔知、余飞到这一区域进行了实地了解，对遗址分布、地形、路况等各方面情况进行了综合评估，认为杭埠河中游一带适合开展区域系统调查工作。

第三节　组织形式与物质准备

一、人员组成

本次调查由安徽省第三次全国文物普查办公室组织实施，安徽省文物考古研究所业务指导。省普查办副主任、省文物考古研究所副所长宫希成同志为领队，省文物考古研究所朔知同志为具体业务指导。参加调查的专业人员有安徽省文物考古研究所余飞、张义中，铜陵市文物局唐杰平，马鞍山市文物局齐泽亮，宣城市文物局朱锐，淮北市博物馆解华顶，蚌埠市博物馆刘腾飞，舒城县文物管理所奚明、汤雷，寿县文物局张艺君，天长市博物馆乔国荣，潜山县博物馆李騑，繁昌县文物局谢军，望江县文物管理所卓识雨，颍上县文物管理所郭斗，固镇县文物局陈坤、王耐霜。此外，安徽省博物院徐大珍，阜阳市博物馆杨玉彬，安徽大学历史系考古专业2008级硕士研究生方玲、2008级本科生王喜凤、汤毓赟也参加了部分调查（彩版一，1）。

根据工作需要和人员数量以及区域系统调查的特点，调查队分成3个小组（2010年12月21日后调整为2个小组），每一小组4至5人，每组设组长一名，由野外调查经验丰富、业务认知水平较高的人员担任，负责本组野外调查协调、记录点确认及总记录等具体事宜。

二、业务培训

为确保调查质量和调查工作顺利完成，2010年12月6日～8日，省普查办在舒城县举办了专门的业务培训班。宫希成副所长对调查工作做了具体部署，并强调了调查期间的纪律性。有着较丰富区域系统调查经验的安徽省文物考古研究所朔知研究员全面介绍了包括安徽省在内的我国传统的考古调查和国内外区域系统考古调查实践活动，重点讲述了区域系统调查过程中的技术方法与操作要点，以及自主设计的各项记录系统的运用，同时对本次调查区域内的地形地貌和环境状况也作了简要描述。余飞同志对调查使用的装备与使用方法做了详细说明。

三、物资准备

区域系统调查是一项非常细致、科学、规范的工作，具有很高的技术标准与要求。为此，省普查办采取了一系列行之有效的办法，努力做好调查的物质技术保障。

首先，配备了1982年测绘的矢量化1∶10000地形图、照相器材、GPS手持机、对讲机、罗盘等设备（彩版七，1）。考虑到调查中采集的信息量较大以及断面清理的需要，还准备了记录本、中性笔、铅笔、工具袋、档案袋、方便袋、各种自封袋、普通标签、标签袋、记号笔以及手铲、铅垂、绘图板、绘图纸、测量尺、拓片用纸等。考虑到当地丘陵低岗遍布、树木杂草丛生、自然河流与人工沟渠纵横、水塘密布的实际地貌，部分地块民房密集、人口稠密，而且调查处在冬季，风大气温低，下雨降雪常有发生，因此还配发了统一的野外作业服装、鞋帽手套、工具包等，不仅增强了野外防风雨、御寒和标示效果，同时加强了调查队员之间的视觉联系。为节省时间、减少体力消耗，临时租用了两部车辆。为了保证采集信息的规范性、完整性，同时便于电脑录入和今后管理与查阅，调查队在参照国家文物局新修订的《田野考古工作规程》等比较统一规范的记录表格基础上，根据原有的记录系统和实际需要制作了本次调查资料记录统一表格，包括《区域系统调查记录地点汇总表》（附表四）、《遗址调查记录表》（附表五）、《墓葬调查记录表》（附表六）、《考古调查断面观察记录表》（附表七）、《采集区登记标签》（附表八）、《考古钻探登记表》（附表九）、《区域系统调查照相登记表》（附表一〇）等7类。此外，为便于调查资料录入与保管，每名队员配备笔记本电脑一部。

由于野外工作环境较恶劣、劳动强度大，队员出现生病、临时不适现象在所难免，因此调查队还购买了各类药品，以备急需。

事前调查队还收集与查阅了大量相关资料：除公开发表的调查、发掘以及研究成果外，还包括舒城县第二、三次全国文物普查资料和历史文献，以供调查参考。

为保障调查人员能够得到充分休息和资料整理方便，普查办还专门挑选县城条件较好的宾馆作为本次调查的驻地。

第四节　调查目的、范围与对象

一、调查目的

杭埠河中游地区区域系统调查最初目的有以下四点：

1. 区域聚落考古研究

区域系统调查是基于聚落考古的理念而产生的，其目的是为满足聚落考古的需要，强调的是对某一特定区域内不同时期、不同考古学文化阶段之间的聚落形态在一长时段内变化过程进行动态的观察、分析与研究，从而尽可能复原当地的历史文化面貌。

舒城县地处大别山东麓、巢湖西岸，淮河流域与长江流域之间，是南北东西文化交汇与过渡地带，其古代文化面貌究竟如何？对此，以往考古工作和认识并不十分充分。本次区域系统调查旨在通过对杭埠河中游地区的全面、系统的拉网式调查，试图摸清该区域地形地貌环境以及不同时期的文化遗存的数量、分布特征、保存状况等，初步揭示考古遗址、墓葬动态发展规律，探索不同时期的人群与河流、地形地貌以及各种资源的相互关系，以便完善该区域乃至周边地区考古学文化谱系与年代框架。

2. 为群舒研究积累新的资料，寻找新的线索

群舒的研究虽然取得一些成果，但目前仍在一些重要学术问题上未达成统一、明确的认识，籍以对舒城杭埠河流域进行深入细致的考古学工作，从而为进一步厘清先秦时期群舒的源流、地望、文化面貌等有关问题提供更加丰富的考古学资料和有价值的新线索。

3. 为今后我省大规模开展区域系统调查积累更多经验

通过对杭埠河中游地区的调查，发现过去工作的不足，继续摸索一些新的方法与手段，同时通过培养更多的具有区域系统调查经验的专业人员，从而为将来省内开展更多范围的区域系统调查奠定人才基础。

4. 进一步完善"三普"资料

第二、三次全国文物普查已发现一批时代较早的遗址和墓葬，但这前后两次的大规模野外调查，由于受地方基层文物部门人力、财力、调查人员认知水平等多因素的局限，特别是调查方法、手段及

目的的差异，皆不是全面覆盖式的调查，而且缺乏样品采集与信息分析的系统性，因此不可避免造成古代文化遗存的遗漏和资料信息收集的不完整性。通过开展区域系统调查，能更好地弥补这一方面的不足，保证文物普查实地调查工作的质量。

5. 组织这次杭埠河中游考古调查的另外一个目的，亦将零散的基本建设中的考古调查或发掘、全国性的文物普查和带有明确学术目的的区域系统考古调查有机结合起来，建立数据库，为日后制定和规划该区域文物保护工作提供准确的依据。

二、调查范围

本次调查范围选择杭埠河中游地区主要基于以下四点理由。

1. 杭埠河中游地区地理环境适宜

无论调查方法多么完善、技术手段如何先进，区域系统调查无不受调查者自身水平、地形地貌条件等诸多因素限制。目前国内多数区域系统调查项目在区域的选择时，既考虑调查区域的文化因素、亟待解决的重要学术问题以及人力、经费状况，但当地地理特点、自然环境仍是调查范围确定不得不考虑的一个重要因素。

杭埠河流域总的地形地貌由西南向东北倾斜，分别由山地、岗地丘陵和平原组成。上游的山地海拔较高，除山间谷地外，多超过100米，地形复杂，常年植被茂密，人力难以企及，无法采用严格的全覆盖式拉网调查，而且费时费力。下游则水网密布，基本为河流冲击、洪水淤积形成的沉积层，接近巢湖为河漫滩湿地，水草丰茂。河漫滩以西为一级阶地，高出漫滩约5～10米，地势开阔平坦，为平整沙地，经改造后，为当地主要的农耕区，主要种植水稻、油菜等，另有少量耕地作为菜地使用。处于高度农业开发的下游地段现代村落较稠密，人类活动频繁，早期文化遗存可能被掩埋或破坏严重，调查的效果应不会理想。

杭埠河中游南半部即新街至龙河口水库端，地貌类似上游，多山地和河谷，海拔较高。新街以下到城关段，地貌发生明显变化，总体属于丘陵低岗与河流冲积平原相结合地带，地势南高北低，马河口—干汊河—棠树—张母桥一线的南部（包括城关、干汊河、棠树等乡镇部分）多数是一个或几个低矮岗地、丘陵所隔离的小盆地或岗冲，基本属于剥蚀的地貌环境，岗地海拔均较低，海拔多在30～50米左右，其顶端与边坡（当地称"塝"）除生长杂树、杂草以及板栗等经济林外，多开垦为旱地作物区，河谷地带则为水稻田。现代村庄多分布在岗地坡脚，少量位于河谷内，但密度与规模远不及杭埠河下游平原区。北部（干汊河与柏林等乡镇部分）和东部（城关镇、干汊河镇以及经济开发区部分）除中间地势稍高为一南北漫岗外，基本是地势较为低平开阔的冲积平原，自然和人工河渠交错，水塘密布，海拔多在30米以下，尤其县城南部地带局部不足10米，主要种植水稻和油菜，靠近县城附近现已成经济开发区或蔬菜种植区，遗址或墓葬的破坏程度高于南半部。低矮的丘陵岗地与平原组成的地貌类型比较适宜区域系统调查。

2. 该区域古遗址、古墓葬分布较密集，保存状况较好。

舒城历史悠久，地上、地下文物资源丰富。20世纪80年代开展的第二次全国文物普查发现近150处文物点，第三次全国文物普查登录古代文化遗存263处（包括已消失），其中古遗址、古墓葬计

171处（先秦61处、汉代60处）[1]。早期古遗址、古墓葬主要分布于杭埠河与丰乐河两大流域，前者约占全县总数的一半以上，而且以杭埠河中游最集中，遗址一般分布在离河道不远的土墩形台地或岗地边缘地带，而早期古墓葬多分布于较遗址不远的丘陵岗地上，主要以春秋、战国、汉代为主。陆续的考古调查和发掘以及偶然的发现已出土数量较多的遗物，整个区域文化遗址、墓葬的分布特点、形态特征以及文化内涵有所掌握，年代框架的搭建也具备一定基础。一定的文化遗存数量和相对的集中分布，为本次调查的区域选择提供了有利前提。更重要的是据以往调查工作显示，区域内的大多数文化遗存保存相对较好，这自然有利于我们判定遗址（墓葬）数量、分布密度、所处的地理位置（包括地势、海拔高度）等。本次调查除对河流沿岸进行详细踏查外，重点对低矮的岗地和河谷小盆地进行了拉网调查。

3. 调查人员构成情况

区域系统调查范围不应过小，否则会达不到事先预设的目标。但区域系统调查又要求每一名调查人员必须具备一定的田野调查体力和能力尤其对调查对象的认知能力，尽管参加本次调查的队员数量较多，绝大多数队员年轻、身体素质好，然而区域系统调查每天的工作量与劳动强度非一般的调查所能相比。调查之前虽经过严格室内培训，但培训的时间短，绝大多数人员既非本地文物工作者，同时又是第一次参加区域系统调查，对杭埠河流域文化面貌的认识以及野外调查经验无疑欠缺，在较短的时间内，如果设定的调查范围过大，极有可能降低野外工作的质量（彩版六，1）。

4. 气候与植被

由于区域系统调查的绝大多数信息来源于地表采集物、暴露的遗迹现象与各种断面显示的文化层堆积，因此，调查工作除受地形地貌环境影响外，还受到地表植被疏密和季节等方面的影响。舒城县地处江淮之间，气候温暖湿润，春、夏季降水量较大，野外调查的时间宜于选择在冬季，其间，虽有少数丘陵岗地杂草与树木依旧茂密，但多数地点植物和农作物已枯萎，地表可见度较高，同时这一季节正值农村水利兴修高潮，会形成大量的沟渠、湖塘断面以及翻土堆积。此外，2010年冬季，恰逢舒城县开展农村土地整理工作，尽管此类生产活动对古代文化遗存造成不同程度上的破坏，然而部分埋藏地下的遗物或遗迹自然易暴露，这些有利条件也有助于调查过程中对遗物的采集和对遗址、墓葬等遗迹现象的判识。冬季该地降水量较少，河流与人工沟渠多已干涸，便于调查人员行走，减小工作难度。

综合以上原因，我们将调查区域设定在杭埠河中游及北部，包括杭埠河中游的新街以下至城关镇范围以及丰乐河支流——秦家桥河流域，面积约100平方公里，而没有覆盖杭埠河中游新街至龙河口水库地段。具体范围：西以杭埠河与丰乐河分水岭（即舒城县城至张母桥镇县级公路）为界，东至春秋塘附近，北到S212（舒城—六安）、G206(舒城—桐城市)一线，南缘大约以棠树乡到一线（Y471线），涵盖舒城县城以西的城关、干汊河、棠树和柏林等四个乡镇，南北最长约30公里，东西最宽约35公里（彩版一）。调查时间设定在2010年12月上旬至2011年1月中旬。虽然这种受自然环境、时间及经费制约的调查范围的划定限制了全面了解以杭埠河、丰乐河等水系为中心的巢湖西岸至大别山东麓这一宏观区域内的文化面貌，但还是可以一定程度上满足我们最初设想的几个目的。

---

[1] 舒城县第三次全国文物普查办公室：《舒城县第三次全国文物普查实地文物调查阶段工作报告》。

三、时代选择的上下限

区域系统调查的目的决定了调查对象时间的跨度较大，而不限于某一文化时期，惟有如此才可清晰地观察特定区域聚落变迁的动态图景以及人类与环境的关系，但是不同的调查项目，具体情况又不尽一致。根据本次调查人员的组成、财力、调查时间特别是学术目标的选择，同时结合该区域文化遗存状况等，我们将舒城县杭埠河中游及北部地区调查对象的时代设定在新石器时代至汉代。

第五节　调查经过及调查方法

1. 调查经过

2010年12月9日～20日为野外调查第一阶段，19名业务人员参加，共分三个小组；2010年12月21日～2011年1月13日，为野外调查第二阶段，合并为两个小组继续开展调查工作，少数工作日因人员临时变动而无法分组的情况下，则集中为一组开展工作。每天调查时间从上午8点（雨雪天气略推迟或中止调查）至下午5点，为了充分保证调查时间，同时考虑到冬季中午相对暖和有助于调查，队员即在调查地点附近的村镇就餐并稍作休整后重新投入工作，下午收工后才乘车返回县城驻地。晚上和休息日，调查队还安排队员整理白天的调查资料，包括清洗采集的遗物，以便各类资料能及时归档和分析，查找调查中产生的问题。

调查期间，调查队在驻地还专门召开了一次座谈会，每个小组指派专人以演示文稿的形式汇报了调查的收获，所有调查队员对野外调查中存在的问题尤其是墓葬的调查进行了认真分析和探讨。休息之余，队员们也经常交流各自的调查心得与体会。此外需要说明的是，整个调查过程因为天气及其他客观因素，实际工作日32天。舒城县文物部门的同志随后还对杨家岗头遗址等少数地点进行了补充调查。

2. 调查方法

（1）区域选定与线路

此区域指整个调查队每个工作日的区域。每次调查前一天晚上，调查队领队根据调查队人员和调查任务，首先确定次日的调查队的调查范围和面积，每天的调查范围基本是连续而极少是隔断的，调查范围确定后，业务领队再召集各小组负责人商定每小组的调查小区域和面积，共同查看当地1:10000的地形图，充分利用河流（沟渠）、岗脊、道路以及村庄等带有自然或人为形成的明显标志，初步将其作为每一小组所调查范围的临时分界线，目的在于实际调查中宜于辨识，尽可能避免重叠跑现象的发生。每一小组调查的面积也并不是等量的，而是依据地理与人文环境特点，尤其是地形地貌复杂程度，同时参考调查人员数量、能力和以往工作显示的文化遗存数量的多寡，合理安排每一小组的调查范围，并在地图上用颜色笔框出。每一小组调查的范围划定后，最后确定调查的起始点与终点，起点基本定在小组调查区域的一个边角，终点自然就会在相对应的另一个边角。如果遇到特殊情况而未能完成当天工作任务的，不仅实地做出标示，小组组长或指定专人当天晚上还要在地图上进行标注，同时则于下一工作日及时补查。

（2）徒步踏查

徒步调查是整个区域系统调查最重要的环节，本次调查过程中队员严格按照划定的范围和路线进行踏查，每人持GPS手持机、罗盘、对讲机控制前进方向、行走间距、行走的速度以及保持和他人联系，间隔30米，部分地块可适当拉大间距但不超过50米，绝大多数情况下，小组队长居中，手持地图，其余队员分散两侧，所有队员呈"一"字排开，顺着调查区域边界的走向直线进行徒步踏查，如此正反方向不断去回，直至走完整个划定区域。正常踏查时每名队员只负责各自的区域，一旦某队员发现遗物（主要是陶片），其余队员则迅速向该处集中采集，为了防止返回后出现原调查线路和具体位置丢失现象的发生，在原来位置务必插上自带的临时性的标志物（如树枝、竹竿、钢钎等）。若遇较为特殊的地形或障碍物而无法直线通过，如小河、人工沟渠、水塘、水库、沼泽地、民房、工业厂房、蔬菜地等，可在坚持间隔30～50米的前提下，尽量采取暂时的绕行办法，既不影响调查的效果，同时又不损害农民或他方的利益。但对于文物点存布可能性极小的河流冲积平原区和地势相对较高的低山以及民房四周，则不允许遗漏，从而保证了调查范围的到达率，更减少了调查队员的主观性（彩版七，2～4；彩版八，3、4）。

（3）确认遗址、散点及墓葬

有别于传统田野调查的区域系统调查方法与技术在我国的运用相对来说还是个"新鲜事物"，通过对地表或断面散布的各类遗物、遗迹的数量、类型、保存程度等诸多信息的采集分析，最大程度上复原采集对象的真实面貌。实地调查中，遇到的最大技术问题是关于采集地点类型的认定标准和遗物的采集方法，目前国内所开展的项目对此（特别是遗址）确认的标准不尽一致，甚至差别较大。就此问题，调查队不仅查阅了已报道的国内其他地区的相关处理方法，而且在工作期间多次讨论，队员各抒己见。结合安徽本地的工作实践，在本次调查中，我们采用"遗址"、"散点（即采集点）"、"墓葬"三种形式来记录调查发现的古代遗存。

遗址的调查是所有区域系统调查调查最主要的内容，因此"遗址的确认十分重要，因为往往只有关于遗址的信息才会被系统地记录下来，而没有被指定为遗址的地点的信息可能根本不会得到记录"[1]。关于遗址的认定，我们采用三种不同的标准，分别处理：一是部分地点参照目前多数区域系统调查所采取的标准—以3作为最低数量标准，即在该区域内发现3块或3块以上陶片，且陶片的间距不大于100米。同时结合新颁布的《田野考古工作规程》中的认定标准，观察到原生文化堆积，这一地点即被认为是一个考古学遗址，超过100米范围而且地貌又发生变化则判定为另外一个"遗址"或"采集点"，调查区域内的少数新石器时代遗址和周代遗址属于此类现象，当然这一确认标准可能存在一定的主观性，但它又是目前最接近现实的做法；另一类是即使采集的陶片少于3块，但从记录点微地貌分析，明显属于一个独立的单位，而且通过剖面观察或用手铲、锹等工具铲刮，其局部暴露文化层或遗迹现象，必须承认该地点为遗址，杭埠河中游及北部地区部分墩形遗址即表现此类特征，这类遗址通常保存较好；最后，少于3块或多于3块陶片且未发现文化层堆积与遗迹，同时微地形地貌也没有表现出遗址特征的记录点，则定义为"散点"。这类采集地点在杭埠河中游调查

---

[1] 赤峰中美联合考古队：《内蒙古东部（赤峰）区域考古调查阶段性报告》，41页，科学出版社，2003年11月。

中，多数离遗址不远，极有可能是后期人类活动或流水等外力作用的"搬运"留下，其形成时间暂时难以遽断，但考虑到这类散点与附近遗址可能存在的某种关系，我们对发现的遗物仍予以全部采集并初步推断年代，同时在地图上标注散点名称。

遗址确定以后，其范围的划定同样是一件不容易的事情。调查中对于土墩形遗址，我们将土墩的范围视为遗址的面积，然后用GPS测算出具体数值，但是坐落在岗地上遗址，因外部形态表现不明显，我们只能反复仔细观察，尽可能找到一些断面，然后综合多种迹象近似地估算遗址的面积。以上两种方式得出的遗址面积可能与实际存在误差，遗址范围的确认，并不能完全依据遗物的散落范围或者文化层的分布和遗址的隆起程度来确定，这几种要素只能将其视为确认文化遗存分布范围的重要参考条件，很显然只有将三者结合，一个遗址的范围才比较准确。散点因不可确定因素较大，故在本次调查中只对其定名，而不测算其范围。

墓葬是聚落的一个重要组成部分，墓葬和聚落存在着一定程度上的联系，尤其墓葬的空间布局、数量与同期聚落有着密切的关系，通过对墓葬有关资料的采集与分析，可以窥探聚落的规模与变化、人口的数量、人群种属和习俗以及人与周边环境的关系等。墓葬研究不仅主要用来考察考古学文化的时空框架，建立文化谱系，而且少数学者还通过墓葬资料来探讨古代的宗教观念，甚至可以利用墓葬资料研究社会组织与社会结构。

首次尝试将墓葬作为专门的一个区域系统调查对象，是本次项目的一个特点，在国内几乎没有先例，因此我们基本上没有现成经验可借鉴，当地已有的田野工作虽已提供了一些有关本地区相关墓葬的年代、类型、结构等零散的资料，但在实际调查过程中，对于墓葬的确认仍十分困难，因为墓葬与遗址最大的区别是空间的"利用性"明显不同，墓葬多数是从地面向下形成，而遗址则是由地面向上堆积，所以两者的表现形态存在较大差异。没有封土或封丘，即使原来有而后来遭受破坏已不存在的墓葬，仅凭肉眼是无法做出判断的，多数情况下我们只凭经验或附近的一些迹象（如墓砖、灰土、残骨等）。这种"只观其表、不知其里"而没有确凿的考古学证据的推断往往有很大的偏差甚至错误。由于未采用钻探等技术，为了最大程度上保证墓葬认定的准确性，因此本次田野调查时，我们对墓葬的确认过程非常谨慎。具体实践中，我们仍采用拉网式的调查方法，所有队员呈"一"字排开，徒步地面踏查，考虑墓葬多成群分布在地势相对较高的位置，队员间距多保持在30米的原则下，局部地块略作调整，即岗地小于30米，平原区大于30米，一旦有队员发现疑似墓葬时，其余队员随即向此处集中或靠拢，在较小的区域内依次排开，间距缩小到6米，尽可能寻找判读墓葬重要依据的封土、墓砖或陶瓷片等遗迹和遗物。对于已暴露于地表或断面，且有规则的封闭范围的砖室墓和观察到随葬品、人骨残留的土坑墓，认定相对较易，年代也比较好判定。但此次调查发现最多的是以"封土"形式出现在地表的古代墓葬，这些土堆形状有别，大小不一，走向不同，多数成群分布，排列有序，较为密集，而地表又无可以直接判定墓葬的实物证据如遗物或墓砖等。对于这种类型的封土墓，调查时队员颇感为难，所以在登记记录之前总是谨慎细致，对现场各种迹象做出合理判断和阐释，首先，耐心采访当地村民，排除现代人为形成的堆土特别是近现代坟，通过比较我们发现古代墓葬封土明显大于近现代坟堆土，而且部分古代墓葬封土上坐落有近现代坟；其次考虑因地质作用在地表隆起形成这类封土现象；再次仔细考察附近地形地貌特征以及参考过往文物考古工作情况，最后综合形成是否古代墓葬的初步结论。对每一土堆（封土）均做详细的记录（文字、数字、照相），且为保持客观性，记录与编号时未采用文物考古通用的墓葬代号—M表示，而以D（即土堆）作为代号，表明临时推定的墓葬还未取得考古学上确凿证据。单体墓葬范围的确认，砖石墓和土坑墓则完全依据现存墓口面积和深度，封土型墓只能测定封土的底面范围，且这种范围也并非封土的原有数据。墓葬群的分布范围只能以我们暂时认定的墓葬区最外一层墓葬为界，这一界线很多时候又是模糊的。本次调查记录的墓葬绝大多数限于地表隆起的封土墓，那些埋藏于地下而地面又无任何痕迹的墓葬则无法记录，因此，统计发表的墓葬数量并不代表杭埠河中游地区墓葬的真实数字，这种遗憾只能有待今后工作去弥补（彩版七，5、6）。

（4）遗物采集

遗物的采集方法包括"全部采集"（即全方格拉网)和"抽样采集"（即抽样方格）两种。对于明确可以辨识范围的遗址，选择"系统抽样"和"目的抽样"相结合的方法。即确定是否遗址后，以发现第一块陶片作为西南基点，向正东（横轴）、正北（纵轴）各10米，形成第一个采集区，然后顺次向四周扩展，直至遗址范围以外（即无陶片区），每一采集区内所有遗物（红烧土除外）均予收集，采集的遗物均以采集区西南基点的GPS测量数据做为坐标。对于面积较大（通常超过1万平方米）而且地表遗物丰富的遗址，我们采用了分区随机采集的方法，先将整个遗址划分若干小的区域，然后抽样其中几个小的区域，同时选择的小区域尽可能具有代表性，最后每个小区域仍按照其他遗址遗物采集的方法进行全部采集。断面观察发现的遗物同样全部采集。采集遗物主要用于室内整理时对该遗址出土器物种类、数量、密度、纹饰及年代等指标的评估。除此之外，各小组还由专业能力较强的人员根据自己的经验，有意识地选取不同文化时期具有代表性的典型标本，用于现场调查记录时说明遗址文化内涵、性质及不同类型器物特征。散点与墓葬因地表遗物极少，一般情况下，均采用"全部采集"的方法，墓葬遗物采集时还要考虑遗物与墓葬是否归属一个遗迹单位，以免误采。最后将所有采集的标本按采集区、散点和墓葬等不同形式编号归类。结合该区域已有的编年序列，上述采集的标本将作为判定遗址、散点、墓葬时代、文化性质及期别的依据，也是分层建立聚落分布图的基础资料（彩版七，7、8；彩版八，5）。

（5）断面观察

断面观察同样是整个调查过程中的一个重要环节，它不仅有助于对调查对象所属类型以及一些具体现象的判断与确认，而且从一定程度上影响到调查质量与日后的资料整理，由于本次调查未采用钻探手段，因此断面观察尤显必要。通常我们是利用自然暴露的剖面，如断崖、沟坎以及人为开挖形成的各种断面，仔细观察地层堆积的特点与性质，对于没有明显断面暴露的记录点，在遵行少破坏文化遗存原貌的原则下，我们则选取个别或几个地点，用手铲或铁锹等工具稍作铲刮，清除表面杂物和浮土，然后再观察记录。所有断面均以表格方式详细地记录，包括绘制地层堆积剖面示意图和遗迹现象平、剖图，并予以拍照，发现的遗物也按照单位予以收集（彩版八，1、2）。

（6）系统记录

本次杭埠河中游及北部地区调查工作中，我们严格按照调查队所规定的的操作做好记录。调查小组组长本人或指定人员负责每天的小组调查日记、现场各类纸质文本填写，现场地层、遗迹平剖面图绘制，现场拍照（包括遗址与墓葬本体、周边环境、拍照的方位和角度及时间甚至工作经过）等各项工作，做到分工有序、责任到人。同时安排专人在当天晚上及时填写电子文本，并将其与整理好的照片和电子日志按遗址、散点、墓葬编号统一归入相应文件夹。每天确认的"遗址"、"散点"和"墓葬"当晚用红色记号笔标注在1：10000的地图上，并圈出记录点的范围。

对于不同的调查对象，分别采用不同内容的记录方法。遗址的记录包括名称、编号、地理位置、调查方法、调查时间、地表可见度、既往工作、地形地貌、类别、平面形状、地表遗存暴露、有无文化层、遗址面积、保存现状、标本采集、相对年代、遗址草图与相关认识以及记录人、记录日期、审核人等内容。如有断面，则记录断面的编号、长度、厚度、方向、倾斜度、测点、层位关系、堆积类型、地层或遗迹描述，采样记录、地层或遗迹的年代（主要是相对年代）、断面观察点草图以及记录人、记录时间、审核人等。散点仅做名称、地理位置和GPS测点记录。本次墓葬记录形式，经过所有调查队员认真讨论并结合实际情况，最后设计一个表格，记录内容除名称、地点、调查方法、调查日期、记录者、地形地貌、既往工作、面积、保存现状、年代推测、断代依据等，墓葬群还须记录单体墓葬数量、墓葬排列、方向、间距以及封土墓的封土形状、高度、底径、表面倾角等。当然这种记录方式是否最佳，内容所涉及的条目是否全面，可能仍然存在进一步商讨的余地。

在系统地记录采集各类遗物时，我们运用小标签记录的方法。包括编号、地点、GPS坐标（1980西安坐标系）、时代、环境背景（地形、土地利用）、采集位置与方式、遗物类型和数量、采集点定性以及备注等9项内容，在选项前有一小方格，选中用"√"表示，简易方便。每一个采集区（10×10米）用一个采集号，遗物依照划分的采集区或断面的层位关系分别采装：陶片用塑料袋集中收集，采集到的小件装入小密封袋，土样、碳样等检测标本均按规定要求用密封袋收集，所有采集标本按单位归入大方便袋或编织袋，袋内放一式两份的标签，袋外用记号笔标注。使整个工作流程具有了系统性、连贯性和科学性，最大程度地收取了记录点（主要是遗址、墓葬）的信息，同时避免了室内整理时出现混乱。

为了保证调查数据的精确性，我们使用手持GPS记录各种数据：一是遗址、散点遗物采集区的记录，二是遗址断面遗物采集点记录，三是墓葬的位置及有关数据的记录。由于我们使用的GPS默认为WGS-84坐标系，就是我们常说的经纬度坐标，而本次调查使用的地形图是西安1980坐标系，属于平面坐标系，两者之间存在75～80米的误差，为了减少误差，提高精度，使用GPS进行绝对定位之前，我们进行了坐标系转换，而且反复校正，形成一个当地的坐标系参数，转换后的绝对定位精度提高到了10米以内（彩版八，6、7）。

（7）调查纪律

调查队制定了严格的调查纪律，在调查领队的统一领导下，做到分工清楚、职责明确，所有调查人员必须认真遵守。调查过程中如遇重大发现或意外事故，须向领队和业务负责同志或组长报告，以便得到及时妥善处理；因事未经领队许可不得擅自离开岗位；白天采集的文物以及各类记录资料须妥善保护，不得私自截留更不允许随意损坏，回驻地后所有采集标本交专人统一保管；野外调查和驻地休整期间，所有队员生活上能做到互帮、互爱，业务上互助、互进，共同提高（彩版九，1～3）。

第六节　资料整理与报告编写

为全面、及时公布本次调查的相关成果，以便今后的研究和文物保护需要，安徽省第三次全国文物普查办公室精心策划，周密安排，于2011年春季启动杭埠河中游区域系统调查资料整理与报告编写工作。

一、资料整理

省普查办委托参加此次调查工作的铜陵市文物局唐杰平同志先期草拟了整理工作计划和报告编写提纲。2011年初，全省第三次文物普查成果资料整理工作正式开始，作为"三普"的一个组成部分的杭埠河中游区域系统调查资料整理工作同步进行。

整理地点选在位于合肥市经济技术开发区内省文物考古研究所科研基地。根据报告提纲和时间安排，由唐杰平同志全面具体负责资料的基础整理，整理小组成员有余飞、奚明、汤雷。考虑整理任务繁重与硕士论文选题需要，安徽大学历史系考古专业2009级硕士研究生张萍同学参与整理工作。

首先对所有调查资料进行汇总、归类并进行核对，主要包括采集的文化遗物、记录标签、遗址记录、断面记录和墓葬记录等。对原各类记录表格不予改动，只是对确需改动部分采用其他方式记录，以保证资料的原始性。

经过挑选的各类采集标本200余件，完成器物卡片制作。由于调查采集的遗物绝大多数是残碎的陶片，几乎没有完整或可复原的器物，我们在整理时尽可能挑选口沿、底部、器足等特征明显的陶器进行描述。考虑到今后读者或研究者阅读方便，标本的原GPS采集编号在报告编写时已简化，并附对应表予以说明，而没有GPS精确记录坐标的标本采用临时号处理。同时完成报告所需的各类表格制作。期间，还特借调技工朱录乾同志和张丽萍同志分别承担器物线图的绘制与几何印纹陶纹饰拓片工作。

整理期间，唐杰平同志多次前往舒城县，对遗漏的资料进行补充，对存在的少数问题进行现场求证并对错误予以纠正，例如原调查登记的春秋塘墓群C区D12，经现场仔细勘查后发现应是一处周代遗址（即本报告中的月形地遗址）。

二、报告编写

资料整理工作初步完成后，即着手报告的编写工作。主要由唐杰平、汤雷、奚明、余飞同志承担文字撰稿。编写组集体讨论了报告提纲，并根据资料整理情况进行了修改。省文物局、省普查办领导始终关心报告的编写工作，并在经费上给予大力支持，从而保证了这项工作的顺利完成。

报告编写的几点说明：

（1）为了方便后文的分析，第三章遗址部分按河流干、支流形成的小自然区域分别予以介绍，墓葬则完全按发现地点分别介绍，散点只以表格形式说明。

（2）第三章遗址采集遗物介绍部分的编号表述：原始记录表采用的是调查年度（2010）＋调查日期＋S（舒城县）＋或B或C（GPS机器号）＋采集点名称代号（如蟠龙城）＋采集顺序号。如101209STP-J001表示的是"2010年12月9日在舒城县棠树乡蟠龙城遗址用J号GPS机器在第一个采集单元采集的遗物"。为了方便资料的检索与引用，典型标本介绍的编号顺序则在原始记录上略作简化，具体表述为调查年度（2010）＋S（舒城县）＋乡镇代号＋遗址代号＋顺序号，如标本10STP：1，表示的是2010年在舒城县棠树乡蟠龙城遗址采集的第1件典型标本，而没有GPS精确采集的典型标本则在遗址号后加"临采"二字，同时单独编号，如11STY临采：1，表示2011年在舒城县棠树乡杨家岗头遗址临时采集的第1件典型器物标本。

（3）石家庄、三拐墩和月形地三处遗址为整理期间补充调查的记录点，尽管未按区域系统调查方法采集各类信息，但考虑调查区域资料的完整性，仍纳入报告内容介绍。

（4）墓葬

①岗地情况的说明

a. 主岗地以其两端的自然地名命名：前为该岗地发端的山峰或高岗名，地势较高；后为岗地尽头的自然地名，地势较低，中间以"—"号相连。如"打石山—许家山嘴"岗地、"玉井岗—陈塘埂"岗地等。

b. 主岗地上的分支岗地（包括分支岗地的下一级分支）命名：首选当地已有的岗地名，次选岗地上的自然村名作为该岗地名，如小张庄岗地、汪家庄岗地；再次以调查时的分区命名，如：A区岗地，B区岗地等。

c. 岗地的走向描述：主、支岗地的走向均以其岗脊走向为准。

②原调查时单独记录编号的北家山坎、姚家山坎及西峰寺墓葬分别归入春秋塘墓群A区、E区和涂家庄墓群。

③墓葬编号的说明

a. 单体墓葬以文字直接命名，无编号。

b. 墓葬群内单体墓葬编号：仅一个墓葬群以"D1、D2、D3……"依次编号；如需再分区的墓葬群的以字母A、B、C……作为分区号，并在单体墓葬代号D前加区号，如：AD1、BD2、CD3等。

④海拔高度的说明

每个单体墓葬的海拔高度数值，所指的是墓葬顶部的海拔高度。

（5）报告编写过程中，考虑到墓葬特殊性，其GPS测点数据不予发表。

（6）本着遵从历史事实的原则，部分地名如乡镇、村、村民组等，因几年前的撤并工作造成本次调查前后称谓不一致，报告中未做统一。例如："1988年4月马河口乡幸福村窑厂取土时发现一长方形土坑墓"，现马河口乡已归并城关镇。

第三章 调查成果

经过调查队一个月左右的野外拉网式调查，取得了预期的效果，主要收获体现在以下几个方面：

（1）遗址、墓葬绝对数量显著增加。100平方公里调查范围内，共记录采集点122处，其中遗址63处、墓葬（群）33处、采集点（散点）26处（附表一一）。本次调查登记的记录点和分布密度远远大于《安徽省文物地图集》（未正式出版发行）上记录的本区域文物点，其中80%以上的遗址、散点及墓葬属于新发现，足见本次调查的突出成效，同时对过去已知的遗址、墓葬也进一步确认其文化属性、遗存范围与年代(彩版二)。

（2）进一步了解了该地区早期文化的面貌与年代序列，考察了不同文化时期聚落分布、变迁的规律以及聚落与环境之间的关系，同时以考古学的形式支持了舒城是群舒文化主要分布区域之一的学术观点。依据采集遗物的特征，杭埠河中游及北部地区早期文化可分为四个时期，即新石器时代晚期、西周（中—晚期）、春秋（早—中期）和汉代。这一带人类活动频繁于新石器时代晚期与周代（西周中期—春秋中期），夏、商、西周早期及春秋晚期到战国时期的遗存却不见或少见，西周中期到春秋中期正是群舒文化存在的时间段。发现的墓葬主要分布于城关、干汊河等乡镇狭小的岗地上，年代绝大多数集中在春秋至汉代。

由于此次调查的材料较丰富，时间跨度较大，杭埠河中游及北部地区地理特征可明显分为丘陵山区、平原畈区、湖泊边缘区几大类，相应地形成若干流域，考虑到古代人类的生产生活、迁徙多以水为纽带，并由此形成文化面貌上的相似或差异。本着既详细又清晰地报道材料的原则，我们将按照以下思路对调查成果予以介绍。

①为了表现杭埠河中游及北部地区同一时期不同地点或者不同时期同一地点聚落发展的脉络以及聚落和环境的关系，遗址的编写顺序以河流形成的小区域为框架，再按照河流的流向自上至下逐一介绍。每一处遗址具体内容包括地理位置与环境（自然、人文）、遗址范围与现存面积、文化层堆积、遗迹与遗物、年代等六项。具体到一个遗址的环境，不仅包括自然环境，同时也对人文环境给予简单介绍，主要涉及现代环境中的人口、交通、经济模式、动植物资源及土地资源等，有助于今后研究时以推测古代环境。

②所有采集的文化遗物均以表格的方式登记，对于特征明显、可辨识形态的典型标本则用文字详细描述并附照片。

③墓葬位置的选择与地理位置和地理环境，特别是地形的走势、海拔高度与朝向等有着密切的关系，杭埠河中游及北部地区发现的墓葬多选择地势较为高爽、周边也比较开阔的岗地，而且多集群分布，与河流的关系没有聚落紧密，因此我们介绍墓葬时基本按墓葬的具体分布位置来叙述，文字介绍中涉及的地理位置只具体到乡镇、行政村，而将自然村及其他能直接找到该点的线索全部隐去。

第一节 遗址

舒城县属半浅山半圩畈地区，源于大别山的杭埠河、丰乐河构成了该县南北两部分主要水系，在肥西县三河镇新河口汇合后注入巢湖。两大河流及其支流为舒城的先民繁衍生息、创造自己的文化奠定了有力的自然条件，也为我们深入研究舒城境内古代文化的发展提供了不可忽视的脉络。

此次区域系统调查中发现史前至汉代遗址63处（附表一二）。其中新石器时代和周代遗址数量相对较多，分别为19处和52处（包括一个时期和几个时期相叠的遗存），绝大多数遗址分布在杭埠河与丰乐河支流—秦家桥河两个水系的干支流范围，尤其是临水而地势稍高的河流两岸与山前岗地。汉代遗址较少，仅8处（彩版三）。

除少数为土墩型，新石器时代遗址多属岗地型，位于河边一、二级阶地，多集中在低矮丘陵或岗地的边缘地带，附近有大小不等的河流，海拔高程一般不超过50米。遗址的面积有大小之分，多数在5000平方米以下，但也发现上万平方米甚至20万平方米以上的超大遗址，大型聚落遗址外围有土垣存在，表明当时聚落已经出现分化现象，文化面貌以大汶口晚期至龙山文化早期，也即距舒城不远的安庆张四墩类型为主，文化延续的时间较短（5000B.P～4600B.P），更早或更晚的新石器遗址则未发现。这一时期的陶器以夹砂红陶和泥质灰陶所占比例较大，另有少量纯黑陶、黑皮陶。除素面外，器表纹饰多为篮纹、附加堆纹、弦纹、按窝、刻槽、刻划纹等。器形主要有鼎（足）、罐、盆、豆、甗、鬲等。制陶工艺为轮制与手制相结合，器身多为轮制，鋬、耳、足均手制，部分陶器烧制温度较高（附表一三、一四、一五）。

周代遗址多属台地型，个别岗地型，绝大多数位于小河两岸的平坦地带或盆地的低平处，遗址的选址类型和堆积特点与省内江淮及皖南沿江地区的同期遗址相同或相似，一般面积不大，多在2000～5000平方米左右，少数超过万平方米，墩高多2～3米，海拔高程一般不超过30米。虽然单个遗址面积较小，但遗址的分布密度较大，而且有成群分布的现象。此外还发现面积较大中心聚落。这一时期的文化面貌与周边地区基本相似，石器数量较少，器体较小。陶器以夹细砂红褐陶和灰陶为主，纹饰以绳纹、附加堆纹、指甲纹和弦纹常见，器形主要是鬲、盂、甗、罐等，鬲足丰富多样，以足窝多较浅、柱状实足根的占多数，部分足尖有疙瘩状凸起，另外还采集到少量的几何印纹硬陶，纹饰主要为方格纹、回纹、编织纹、云雷纹等（附表一六、一七、一八）。

一、秦家桥河流域

秦家桥河属丰乐河南部的一条重要支流，发源于该县棠树乡境内的南塘水库，自西南向东北分别流经棠树乡、柏林乡，在谢河村北大洋岗入丰乐河，全长约18公里。调查区域内发现古代遗址12处，具体如下。

（一）南塘遗址

1. 地理位置与环境

南塘遗址位于舒城县棠树乡寒塘村南塘村民组西南方向180米，西距南塘墓葬240米，南距南塘水库80米，北距中庄遗址350米。

该遗址处在秦家桥河河谷平原最上端，地理环境较优越，海拔38米左右，为农田区，而其东、南、西三面不远即为低缓的岗地，西侧80米有小河流经。遗址顶部为旱地（彩版一〇，1）。

2. GPS点的位置

在调查过程中对遗址进行全覆盖调查，共在七个10×10米采集区中采集到遗物（表1）。

表1   南塘遗址调查情况简表

遗址名称	编号	地理坐标	地形	土地利用	采集位置	遗物	备注
南塘遗址	101210STN-I005	E:0482730 N:3479829 H:37米	墩形	旱地	表面采集	2	
	101210STN-I006	E:0482733 N:3479821 H:31米	墩形	旱地	表面采集	2	
	101210STN-J001	E:0482738 N:3479843 H:40米	墩型	旱地	表面采集	12	
	101210STN-K005	E:0482731 N:3479841 H:53米	墩形	旱地	表面采集	27	
	101210STN-L001	E:0482749 N:3479838 H:37米	墩形	旱地	表面采集	9	
	101210STN-K003	E:0482460 N:3479835 H:35米	墩形	树林	表面采集	1	
	101210STN-K004	E:0482474 N:3477850 H:30米	墩形	田埂/路	表面采集	1	

3. 遗址分布范围与现存面积

遗址属土墩型，保存完好，平面形状近圆形，高出四周地表约1米。土墩的范围应是遗址范围，GPS测量面积约2010平方米。

4. 遗物

遗址地表偶见陶片分布，从采集结果看，主要是夹砂陶，泥质陶较少；陶色可分为红陶、灰陶以及灰褐陶等；多为素面，偶见绳纹；可辨器形有鬲足、盉等。

盉 1件。

标本10STN：1。流，残断，夹砂灰陶，陶质较硬，管状，中孔。素面。残高4.2厘米，流直径0.5厘米。年代为春秋早中期（图五，1）。

5.遗址年代

从遗址采集的遗物特点判断，该遗址年代可能为春秋早中期。

（二）中庄遗址

1.地理位置与环境

中庄遗址位于舒城县棠树乡西塘村中庄村民组东200米处，秦家桥河河谷平原上游，东距秦家桥河约140米。遗址所在地地理环境类似南唐遗址，比较优越（彩版一〇，2）。

2.GPS点的位置

在调查过程中对遗址进行全覆盖调查，共在四个10×10米的采集区中采集到遗物（表2）。

表2　中庄遗址调查情况简表

遗址名称	编　号	地理坐标	地形	土地利用	采集位置	遗物	备注
中庄遗址	101210STZ-K001	E:0482686 N:3480236 H:33米	墩形	旱地	表面采集	9	夹砂红陶4（半圆形指窝纹甗腰？）；夹砂褐陶1；泥质红陶1；泥质褐陶2；泥质灰陶1；红烧土块2
	101210STZ-K002	E:0482683 N:3480225 H:34米	墩形	旱地	表面采集	3	夹砂红陶1；夹砂红褐陶1；夹砂灰褐陶绳纹鬲足1
	101210STZ-I001	E:0482676 N:3480236 H:40米	墩形	旱地	表面采集	2	夹砂红陶1；夹砂灰陶1
	101210STZ-I002	E:0482673 N:3480222 H:36米	墩形	旱地	表面采集	2	夹砂灰陶1；夹砂灰褐陶1

3.遗址分布范围与现存面积

遗址保存完整，为一土墩，高出四周地表2米，平面近圆形，遗址分布范围即土墩面积，GPS测量数据为1800平方米。

4.遗物

采集遗物均为陶器残片，共16片。其中夹砂陶12片，泥质陶4片。陶色红陶居多，其次有灰褐陶、褐陶、灰陶、红褐陶。纹饰主要为素面，另有少量绳纹和指窝纹。可辨器形有鬲、甗。

鬲　1件。

标本10STZ:1。鬲足，残，夹砂灰褐陶。袋状足，内窝较浅，柱状实足根。足表面饰稀疏的竖向绳纹。残高4.6厘米。年代为西周晚期至春秋早期（图五，2）。

5.遗址年代

从遗址采集的遗物特征分析，该遗址可能是西周晚期到春秋早期的普通聚落址。

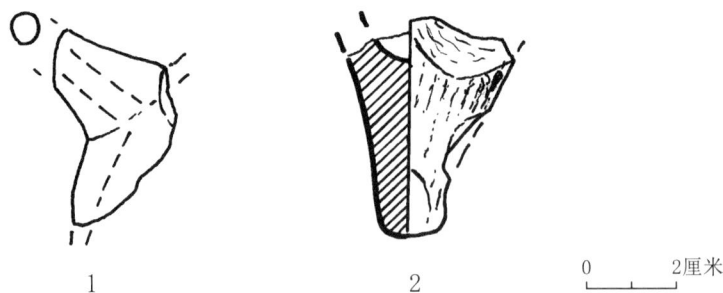

图五　秦家桥河流域遗址采集陶片
1. 盉流（南塘10STN：1）　2. 鬲足（中庄10STZ：1）

（三）大鼓墩遗址

1. 地理位置与自然环境

大鼓墩遗址位于舒城县棠树乡寒塘村大鼓墩村民组东90米，东距秦家桥河、蟠龙城遗址分别为280米与430米，南20米有一条小河流经，西北距舒（城）张（母桥）公路0.6公里，有小路通达，交通较方便。

遗址处于岗地东缘，海拔约40米，土质以黄色粘土为主，东面是狭长的秦家桥河河谷，地势低平，为水稻田（彩版一一，1）。

2. GPS点的位置

调查共在两个10×10米的采集区中采集到遗物（表3）。

表3　大鼓墩遗址调查情况简表

遗址名称	编　号	地　理坐　标	地形	土地利用	采集位置	遗物	备注
大鼓墩遗址	101209STD-J005	E:0483019 N:3481149 H:42米	墩形	旱地	地表采集、文化层	4	
	101209STD-M003	E:0482912 N:3481149 H:37米	墩形	村庄	地表采集	1	

3. 遗址分布范围与现存面积

遗址保存完好，为土墩型，平面形状近似椭圆形，高出四周水田8～10米。遗址范围即为土墩的范围，面积约1800平方米。文化层堆积厚度不详，但根据土墩高度，推测厚度应不超过10米。在遗址南部发现红烧土块。

4. 遗物

遗址地表偶见陶片，仅采集5片，其中夹砂褐陶、夹砂红胎黑皮陶、泥质灰黑陶各1片，泥质红褐陶2片。纹饰有弦断绳纹。器形均不可辨。

5. 遗址年代

从采集的遗物特征判断，该遗址可能为西周时期的普通聚落址。

（四）蟠龙城遗址

1. 地理位置与环境

蟠龙城遗址位于舒城县棠树乡寒塘村西1500米处，遗址中心距赵家庄村民组北250米，西端距秦家桥河135米，东和南为西支渠，北为三口水塘，东、东北分别距渠西遗址、锣哐遗址和杨家岗头遗址约 90、465、220米，西250米为李家大墩墓葬。遗址南边150为东西向的一条乡村水泥道路，有一分岔小路可达遗址。

该遗址地处县境中部丘陵平缓区，处在两条南北向岗地之间且紧靠东岗地西侧，遗址西部是河谷地带，海拔在32米左右，为水稻田，秦家桥河源头即在此，岗地基本超过40米，黄色粘土，以水稻田和旱地为主（彩版一〇，3、4）。

2. GPS点的位置

在调查过程中对遗址进行全覆盖调查，共在九个10×10米的采集区中采集到陶片（表4）。

表4　蟠龙城遗址调查情况简表

遗址名称	编号	地理坐标	地形	土地利用	采集位置	遗物	备注
蟠龙城遗址	101209STP－M001	E:0483868 N:3481271 H:36米	土墩	旱地	表面采集	8	
	101209STP－M002	E:0483759 N:3481272 H:36米	土墩	旱地	表面采集	陶片10、石料1	
	101209STP－J001	E:0483845 N:3481269 H:35米	土墩（坡）	树林	表面采集	9	
	101209STP－J002	E:0483747 N:3481268 H:35米	土墩（坡）	旱地	表面采集	10	
	101209STP－J003	E:0483570 N:3481188 H:50米	土墩（脚）	荒（草）地	文化层	20	
	101209STP－K001	E:0483830 N:3481130 H:38米	土墩	旱地	表面采集	10	
	101209STP－L001	E:0483835 N:3481250 H:34米	土墩（顶）	旱地	表面采集	4	
	101209STP－L002	E:0483825 N:3481151 H:42米	土墩（顶）	旱地	表面采集	9	
	101209STP－I002	E:0483567 N:3481187 H：　米	土墩	荒草地	文化层	2	

3. 遗址分布范围与现存面积

遗址保存较完整，现为一个独立的大土墩，平面略呈箕形，东部、南部及西部地势较高且外侧坡地较大，北部较矮，中部被开垦为水田，地势较低。遗址周缘多数存有土垣（疑似城垣），并有若干缺口（疑似城门），南垣最高处高出四周约8米。GPS测算范围约70000平方米。

4. 文化层堆积

对其进行全覆盖调查，并在遗址的西侧选择一个断面进行观察。该断面长度为1米，厚度为1.15米，方向340度，倾斜度90度。其文化层可分为四层：①层土质坚硬，色黄，较致密，包含植物根系，厚20厘米；②层土质坚硬，色黄，较致密，包含植物根系与红烧土颗粒，厚20～30厘米；③层土质坚硬，致密，为红烧土层，部分红烧土块较大，厚70～80厘米；④层为褐色土，较致密，未到生土层（图六）。此外遗址在高台处的一断面上发现大量的红烧土堆积。综合各种迹象判断，遗址的文化层堆积厚度应该超过清理断面的厚度。

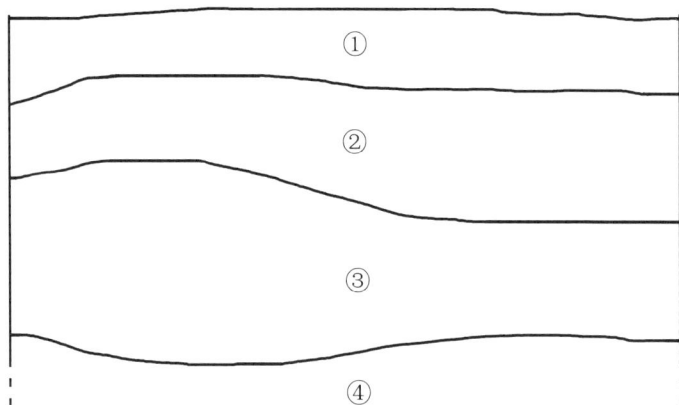

图六　蟠龙城遗址地层剖面示意图

5. 遗物

调查采集的遗物有石料1件，陶片84片。

新石器时代晚期陶片6片，均为夹砂陶质，陶色有红陶、外红内灰陶，纹饰除篮纹1片外，均为素面，可辨器形有鼎。其余78片周代遗物中有夹砂陶片48片，泥质陶片18片，几何印纹硬陶12片；软陶以红陶、灰陶居多，分别占31.82％和27.27％，其次为灰褐陶、红胎黑皮陶，少数红褐陶、褐陶，纹饰以素面为主，其次为绳纹，少量间断绳纹、附加堆纹、网格纹、凹弦纹等；硬陶纹饰有方格纹、编织纹、交叉线纹、回纹等；可辨器形有鬲、罐、瓮等。此外，在遗址北侧地表可见布纹瓦片。

鬲足5件。均为圆柱状实足，但足窝有深浅之分。

标本10STP：1。残断，手制，夹砂灰陶，烧成温度较高，陶质较硬。袋状，内窝较深，柱状实足根，横截面呈扁圆形，足根略弯曲，足尖斜平。足表面以及着地面均饰绳纹，较疏松，足身有若干切削痕。残高7.4厘米。年代约为春秋早中期（图七，1；彩版二九，1②）。

标本10STP：2。残断，手制，夹细砂红陶，火候较高，陶质较硬。柱状实足根，裆部较高。足身及着地面饰致密的绳纹，较规整。残高7.4厘米。年代约为春秋早中期（图七，2）。

标本10STP：3。残断，手制，有包足现象，夹砂灰胎红陶。内窝较浅，柱状实足根，足身较粗。足表面饰绳纹，足根部及着地面纹饰不清。残高8厘米。年代为春秋早中期（图七，3）。

标本10STP：4。足根残断，手制，夹粗砂红陶，烧成温度较高，陶质较硬。袋状足，内窝较浅，圆柱状实足根，裆部应较高。足表面局部饰稀疏的竖向绳纹，足身还有两道刻划痕。残高6.8厘米。年代为春秋早中期（图七，4）。

标本10STP：5。残断，手制，夹细砂红陶，烧成温度较高，陶质较硬。柱状实足根，较细，略弯曲。足身有若干刻划痕。残高6.6厘米。年代为春秋早中期（图七，5；彩版二九，1①）。

罐 1件。

标本10STP：6。几何印纹硬陶，残破，轮制，泥质灰陶，质硬。侈口，斜沿，颈微束，斜肩。颈部饰多道凸棱，肩部饰重方格纹。残高7.6厘米，壁厚0.6～0.8厘米。年代为春秋早中期（图七，6；彩版二九，2）。

瓮 1件。

标本10STP：7。残破，轮制，泥质红胎黑衣陶。敛口，平沿短颈，斜肩。素面。残高5.4厘米，壁厚0.4～0.8厘米。年代为春秋早中期（图七，7）。

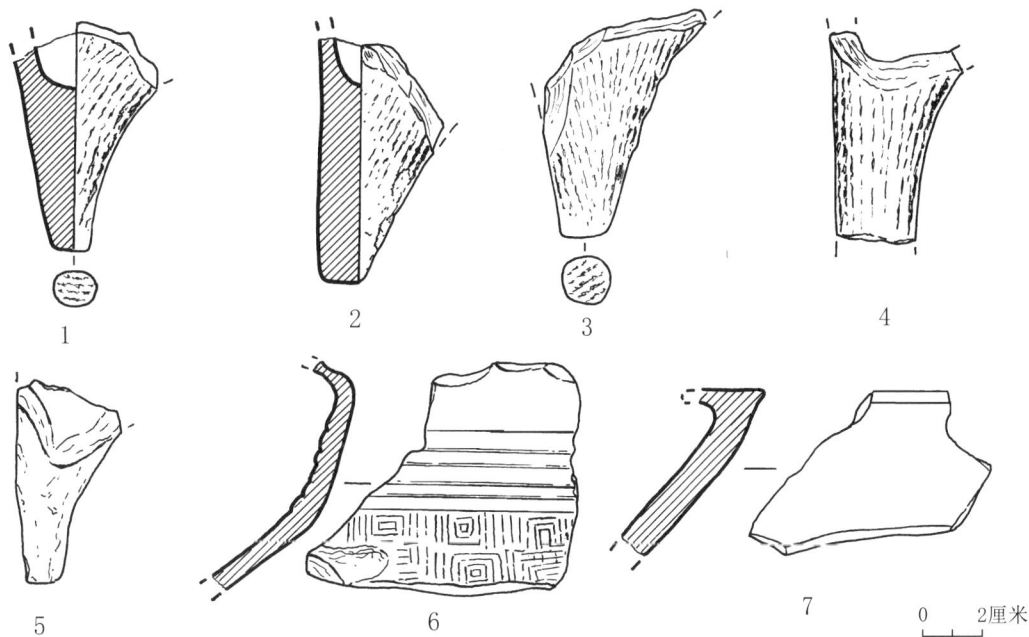

图七 蟠龙城遗址采集陶片标本
1～5. 鬲足（10STP：1～5） 6. 罐（10STP：6） 7. 瓮（10STP：7）

6. 遗址年代

从采集的遗物分析，该遗址应有新石器晚期、周代（西周中期—春秋中期）及汉代三个不同时期的文化遗存，新石器和汉代遗物较少，而周代所占比重较大，很可能遗址的主体文化为周代，土垣的形成时间有待考证。

（五）杨家岗头遗址

1. 地理位置与环境

杨家岗头遗址位于舒城县棠树乡寒塘村杨家岗头村民组境内，周边地理环境较好，为县域西部岗地向平原过渡地带，地形为一处南北走向的低矮岗地，海拔一般40米左右。

遗址北侧与东侧皆为宽阔的平原，西边为秦家河谷地，地势较平坦，海拔30米左右，三面均为水田。遗址南、北不远处均有一条乡村水泥道路，道路两旁多现代民房，一条无名河流绕岗地西、北侧，并向南不远流经蟠龙城遗址东侧，另有一支沟渠从遗址南部与东部边缘流经，并将岗头遗址与南部的锣哐遗址分隔。

遗址东半部和顶部为杨家岗头村民组民房，有东向而来的机耕路可达居民点。民房四周有树林和旱地，有小水塘若干口。遗址内土质以黄色土为主，较粘，易板结（彩版九，4）。

2.GPS点的位置

因遗址面积大，在调查过程中对遗址进行分区抽样调查，共在二十七个10×10米的采集区中采集到陶片（表5）。

3.遗址分布范围与现存面积

通过调查发现，杨家岗头遗址面积大，为典型的岗地形遗址，平面形状近似椭圆，东西长于南北。遗址东、西、南三面缓坡，北部坡度较大。顶部位于长岗的北部垄头上，为面积达5000米的长条形土墩，东部略高于西部，顶部向北、东北均渐低，呈六级阶地并直抵河流南岸，阶地间高差约1～1.5米，宽约15米。遗址东缘有西北—东南向的土垣，临河处则中断，长约150米，宽5～8米，高约

表5　杨家岗头遗址调查情况简表

遗址名称	编号	地理坐标	地形	土地利用	采集位置	遗物	备注
杨家岗头遗址	101211STY−P001	E:0484224 N:3481585 H:41米	岗地（坡）	水田	表面采集	陶4、石料2	
	101211STY−P002	E:0484192 N:3481574 H:42米	岗地（坡）	水田	表面采集	19	
	101211STY−P003	E:0484213 N:3481513 H:41米	岗地（坡）	水田	表面采集	19	
	101211STY−P004	E:0484223 N:3481490 H:40米	岗地（坡）	水田	表面采集	15	
	101211STY−P005	E:0484296 N:3481474 H:43米	岗地（坡）	水田	表面采集	15	
	101211STY−P006	E:0484353 N:3481325 H:45米	岗地（坡）	水田	表面采集	10	
	101211STY−P007	E:0484376 N:3481648 H:46米	岗地（坡）	水田	表面采集	10	石料1、石镞1
	101211STY−P008	E:0484293 N:3481606 H:46米	岗地（顶）	旱地	表面采集	4	
	101211STY−P009	E:0484263 N:3481540 H:37米	岗地（坡）	旱地	表面采集	1	

杨家岗头遗址	101211STY-P010	E：0484243 N：3481525 H：38米	岗地（坡）	旱地	表面采集	2	
	101211STY-U001	E：0484199 N：3481661 H：31米	岗地（坡）	沟渠（堤身）	表面采集	9	
	101211STY-U002	E：0484186 N：3481548 H：39米	岗地（坡）	水田	表面采集	16	
	101211STY-U003	E：0484201 N：3481521 H：41米	岗地（坡）	水田	表面采集	11	
	101211STY-U004	E：0484054 N：3481398 H：40米	岗地（坡）	水田	表面采集	12	
	101211STY-U005	E：0484098 N：3481482 H：40米	岗地（坡）	水田	表面采集	12	
	101211STY-U006	E：0484267 N：3481349 H：42米	岗地（坡）	水田	表面采集	4	
	101211STY-U007	E：0484430 N：3481596 H：45米	岗地（坡）	水田	表面采集	陶片11、石器1	
	101211STY-U008	E：0484390 N：3481578 H：47米	岗地（坡）	水田	表面采集	陶片3、石器2	
	101211STY-U009	E：0484342 N：3481578 H：49米	岗地（顶）	旱地	表面采集	4	
	101211STY-U010	E：0484261 N：3481513 H：40米	岗地（坡）	旱地	表面采集	9	
	101211STY-T001	E：0484326 N：3481682 H：34米	岗地（坡）	水田	红烧土层	12	
	-01211STY-T002	E：0484348 N：3481687 H：33米	岗地（坡）	水田	红烧土层	陶片6、石料1	
	101211STY-T003	E：0484272 N：3481651 H：35米	岗地（坡）	水田	红烧土层	1	
	101211STY-T004	E：0484265 N：3481478 H：37米	岗地（坡）	水田	表面采集	5	
	101211STY-T005	E：0484516 N：3481619 H：39米	岗地（坡）	水田	表面采集	5	
	101211STY-T006	E：0484314 N：3481602 H：41米	岗地（坡）	旱地	表面采集	2	
	101211STY-Q001	E：0484420 N：3481691 H：44米	岗地（坡）	水田	表面采集	1	

1米，东北角外有河流经过形成的大水塘。遗址南部边缘有东西向土垣，紧邻河流，形成断崖。土垣分为三段，一段沿坡地向东延伸100米左右，宽约8米，高位1～2米，中间一段长约80米，宽约8米，高度1～2米，据当地村民告知，此段土垣与其东面的土垣原本相连，修水渠时被挖断，最西边土垣与中部土垣之间约有50米间距，土垣上有三个连续的突起，向西沿坡地边缘延伸约150米，土垣宽约8米，高度1～2米。此外，位于遗址西南部的缓坡上，有一处约500平方米的方形土墩，西南边缘有长80、宽4米，大致呈南北向的土垣，同样紧邻河流，形成断崖（彩版九，5、6）。

尽管当地村民长期的生产、生活和土地整理工程，均对遗址造成不同程度的破坏，但整体保存较好。遗物主要散布于遗址西部、南部、北部以及顶部周边，局部地表暴露红烧土面。从围绕遗址边缘分布的土垣形状、方向等特征看，似为同一时期所形成。综合考虑，将杨家岗头遗址范围初步定以土垣为周界，应大致不误，经GPS测量约22万平方米。文化层堆积并不清楚，观察土地整理暴露的断面，最厚应不低于1.5米。

4. 遗物

调查采集的遗物主要为石制品和陶片两大类，前者年代难以确定，后者可分属新石器晚期和西周两个时期。

石器共计12件，器型分别为石凿、石镞、石锛和石料，均为小型工具，部分石器磨制，典型标本如下。

石凿　3件。

标本10STY：1。残，磨制琢制并用，青灰色花岗岩。器体呈长柱形，由上至下逐渐变细，较厚，横剖面形状近似方形，刃部残损，器身以琢平为主，部分磨平。器身残长8.7厘米，宽2.5～4厘米，厚2.3厘米（图八，1）。

标本10STY：2。残，磨制，灰黑色花岗岩。器体呈窄长条形，顶部残，顶部至刃部逐渐变宽，中部横剖面形状呈方形，刃部锋利。素面，磨光，局部可见疤痕，刃部使用致钝，有崩疤。器身残长6.2厘米，宽2.1～2.9厘米，厚2.4厘米（图八，2；彩版二九，3）。

标本10STY：3。磨制，灰白色花岗岩，泛青。器体呈长条形，无段平顶，顶部略残，弓背，截面形状呈长方形，刃部锋利，可见使用痕迹，略残，通体磨光，局部可见疤痕。器身残长8.7厘米，宽1.6厘米，厚2.4厘米。（图八，3；彩版二九，4）

石镞　2件。

标本10STY：4。磨制，青灰色花岗岩，器表泛紫。镞身扁平，刃部斜直、锋利，短铤，断面呈不规则五边形。通体磨光，局部可见疤痕，器体基本完整，铤上端稍残。器身长5.9厘米（图八，4）。

标本10STY：5。磨制，青灰色砂质板岩。柳叶状，锋尖锐利，横截面形状呈菱形，两侧刃磨制锋利，扁圆锥状形铤，通体磨光，基本完整，镞身微残。器身长7厘米，宽约1.7厘米，厚约0.8厘米（图八，5；彩版二九，5）

石锛　2件。

标本10STY：6。器身琢制，刃部打磨，灰白色砂岩，泛红。器体较厚重，平面形状呈长方形，器体粗糙质重，略呈有段石锛，单面刃微弧，断面呈长方形，体琢制，较粗糙，顶平，单面刃精磨，刃部使用致钝，有崩疤。器身长19.4厘米（图八，6；彩版二九，6）。

标本11STY临采：25。残，顶部残断，横剖面形状近方形，双面刃，微弧。磨光。残高5.6厘米（图八，7）。

陶器数量较大，均为残片，共200余片（件）。陶质以夹砂红陶最多，其次为夹砂灰褐陶、泥质

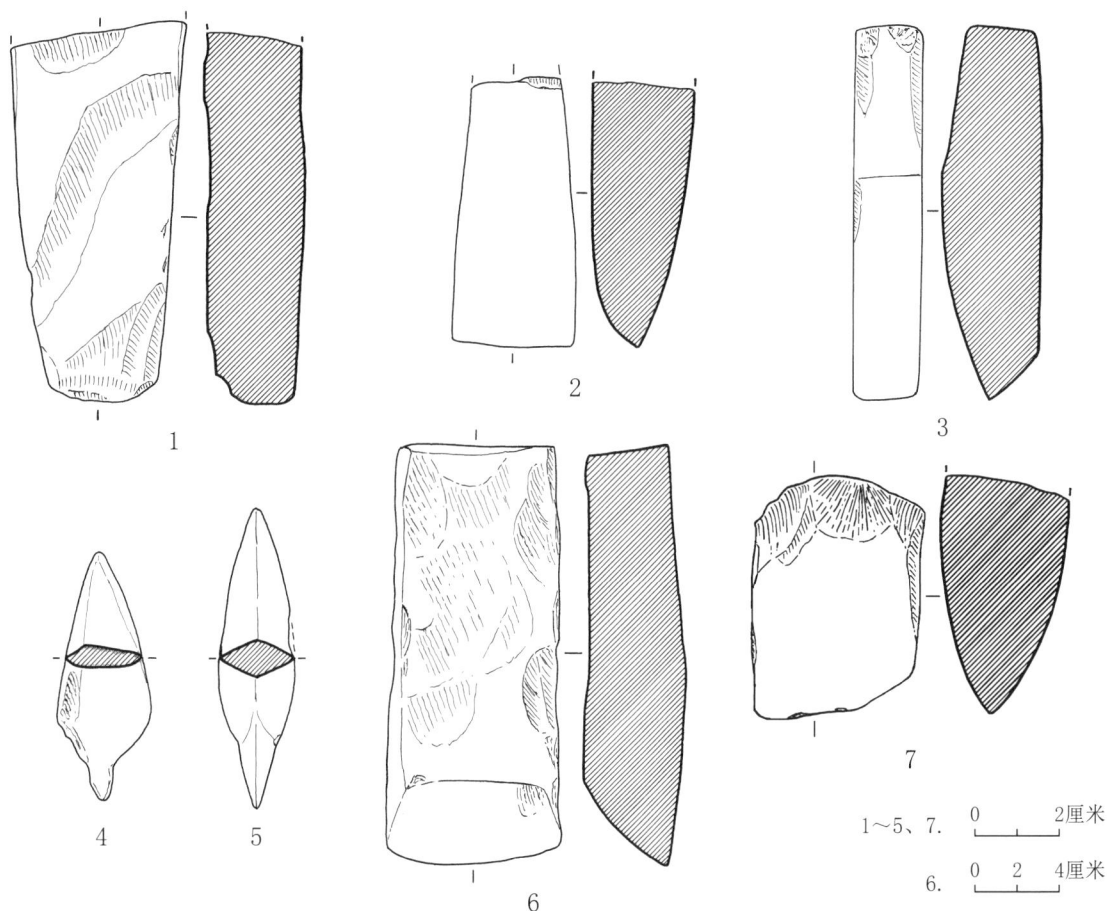

图八　杨家岗头遗址采集石器
1~3. 凿（10STY:1~3）　4、5. 镞（10STY:4、5）　6、7. 锛（10STY:6、7）

灰陶与泥质红陶，少数夹砂灰陶、夹砂红褐陶、泥质灰褐陶，极少数夹砂红胎黑皮陶与泥质红胎黑皮陶。纹饰以素面居多，另有篮纹、刻划纹、按窝等。可辨器形有鼎（口沿、足）、罐、鬶、豆等，其中以鼎足最富特点，类型多样，少数鼎足器体较高大。时代绝大多数属新石器晚期，少数属周代。

新石器时期典型陶器标本

鼎　无完整或可复原器形，主要是口沿和鼎足。

口沿可分两型，即敞口和侈口。计3件。

A型　1件。

标本10STY：7。敞口，残，轮制手制并用，夹粗砂灰胎红衣黑陶。厚方唇，仰折沿，沿面内凹，颈部较长，肩微折。颈肩部饰多道凸棱，上腹部饰斜向篮纹。残高8厘米，壁厚0.7~1.0厘米（图九，1）。

B型　2件。

标本10STY：8。侈口，残，轮制，夹砂红胎黑皮陶。尖圆唇，束颈斜肩，颈、肩处内侧有凸起的折痕，有若干轮制的痕迹，器壁较厚。素面。口内径23.8厘米，残高4.5厘米，壁厚0.6～0.9厘米（图九，2）。

标本11STY临采：21。鼎口沿，残，轮制，夹粗石英砂灰胎黄褐陶。侈口，厚圆唇，斜折沿，宽沿内凹。沿下有一道凹痕，肩部饰一道凹弦纹。残高4.8厘米，壁厚0.6～0.8厘米（图九，3）。

鼎足按装置方式可分横装、侧装两类型，后者明显多于前者。

A型　横装鼎足。共计8件，形式变化不大，均为长条形，只是宽扁不一或纹饰不同。

Ⅰ式　素面，1件。

标本10STY：9。夹蚌末、草茎，有气孔。长条形足较矮，足较宽扁，横剖面呈扁椭圆形，转角圆弧，足根略残。素面，抹光。残高5.8厘米（图九，4）。

Ⅱ式　带凹槽，7件，形体相类，仅凹槽数量不同而已，少数器足高大。

标本10STY：10。夹粗石英砂。长条形足，足根残断，横剖面形状大体呈扁椭圆形，转角圆弧。足正面切削一道竖向凹槽。残高8.9厘米（图九，5；彩版二九，7）。

标本 10STY：11。鼎身为夹砂灰黑陶（内灰外黑），足呈红色，烧成温度较高，胎质较硬。横装条形足，体稍厚，横截面形状为椭圆形，转角圆钝，足根残断。足正面切削出两道较宽的竖向深凹槽，鼎身则饰篮纹。残高11.8厘米（图九，6；彩版二九，8）。

标本11STY临采：6。泥质红褐陶。横剖面略呈椭圆形，足根残断。足正面带三道竖向凹槽。残高7.8厘米（图九，7）。

标本11STY临采：9。夹粗砂红褐陶。器体较大，足身较宽厚，横剖面呈扁椭圆形，足根残断。足正面带五道竖向的凹槽，内侧中部有一凸棱。残高11厘米（图九，8）。

标本11STY临采：19。夹粗砂红陶。横剖面近长方形，体较厚，足根残断。足正面饰三道竖向凹槽。残高14.2厘米（图九，11；彩版二九，9①）。

标本11STY临采：17。夹粗砂灰胎红衣陶。器体较大，较宽扁，横剖面呈长条形，足根残断。足正面饰三道竖向凹槽。残高15.8厘米（图九，10）。

标本11STY临采：12。手制，夹粗砂红陶。横装条形足，足身较厚，横剖面呈扁椭圆形，足根残断。足正面带两道较宽的竖向凹槽。残高10.6厘（图九，9；彩版二九，9②）。

B型　侧装鼎足。依形状可分T形、三角形和凿形三式。

Ⅰ式　T形。6件。

标本10STY：12。残，手制，夹细砂红陶。足背较宽平，横截面呈T形，足两侧面饰多道横向的刻划纹。残高7.5厘米（图九，12；彩版二九）。

标本10STY：13。手制，夹粗砂红陶。足背较宽平，两侧面较宽扁，横截面呈T形，足根残断。素面。残高8.2厘米（图九，13）。

标本10STY：14。夹砂红陶。足背较宽平，足根残断，横截面呈T形，足两侧面均饰三道斜向刻划纹。残高6.8厘米（图九，14；彩版二九，10①）。

标本11STY临采：1。器体较大，手制，夹粗砂红陶。足背较宽平，足根残断，横截面呈T形。足两侧面饰多道竖向刻划痕，足背饰多道斜向交错状的刻划痕。残高11.8厘米（图九，15；彩版二九，11）。

标本11STY临采：3。体较大，手制，夹粗砂红陶，近鼎身处呈黑色。足背较宽平，足根残断，横截面呈T形。足两侧面饰多道竖向刻划痕，足背饰多道斜向交错状的刻划痕。残高11.4厘米（图九，16；彩版二九，10②）。

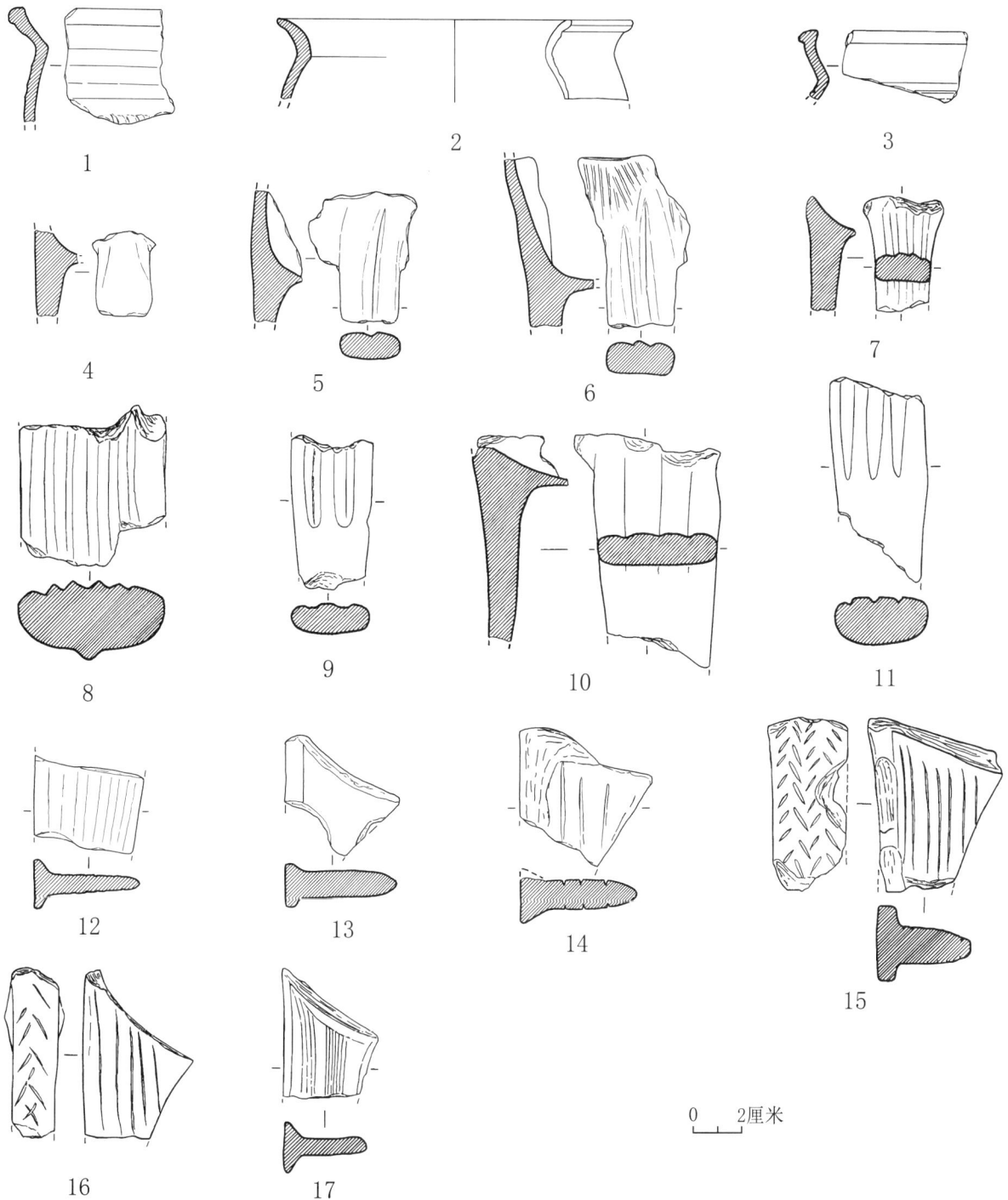

图九 杨家岗头遗址采集陶片标本

1. A型鼎（10STY：7） 2、3. B型鼎（10STY：8、11STY临采：21） 4. AⅠ式鼎足（10STY：9） 5～11. AⅡ式鼎足（10STY：10、11、11STY临采：6、临采:9、临采：12、临采：17、临采：19） 12～17. BⅠ式鼎足（10STY：12、13、14，11STY临采：1、临采：3、临采：10）

标本11STY临采：10。手制，夹粗砂红褐陶。足背宽平，足根残断，横截面呈T形。足两侧面饰多道较致密的竖向刻划纹。残高8.6厘米（图九，17）。

Ⅱ式　三角形足。16件。

标本11STY临采：15。手制，夹粗砂红陶。略呈三角鼎足，横剖面呈扁椭圆形，足背较平直，足根残断。足两侧面饰多道竖向刻划纹。残高7.6厘米（图一〇，1；彩版二九，10③）。

标本11STY临采：8。手制，夹粗砂红褐陶。侧装鼎足，足身较宽扁，横剖面呈扁椭圆形，足背有一凹槽，足根残断。足外侧面似有两道凹槽，但不清晰。残高12厘米（图一〇，2；彩版二九，10④）。

标本10STY：15。夹砂红陶，宽扁三角形，足背较直，足根残断。足两侧面均饰多道斜向刻划纹。残高12.7厘米（图一〇，3；彩版二九，12）。

标本11STY临采：14。手制，夹粗砂红陶。足身较宽扁，横剖面呈扁椭圆形，足背较直，足根残断。足背中间带一道凹槽。残高11.8厘米（图一〇，4）。

标本11STY临采：11。手制，夹粗砂红褐陶。侧装鼎足，足身较宽扁，横剖面呈扁椭圆形，足背略抹平，足根残断。素面。残高11.6厘米（图一〇，5）。

标本10STY：16。手制，夹粗砂红陶。整体呈三角形，残断，足身较宽扁，横剖面形状为扁椭圆形。素面。残高8.6厘米（图一〇，6）。

标本10STY：17。手制，夹砂灰褐陶。整体呈三角形足，体较扁平，横剖面形状呈扁椭圆形，转角圆弧，足背近身部饰两椭圆形按窝，足根残断。残高8.6厘米（图一〇，7）。

标本10STY：18。手制，夹砂灰褐陶。整体呈三角形，体较扁平，横剖面形状呈扁椭圆形，转角圆弧，足背略呈弧状且残留5个椭圆形按窝，侧面有刻槽，足根残断。残高10.2厘米（图一〇，8；彩版三〇，1②）。

标本11STY临采：4。鼎足（残），手制，夹粗砂灰陶。侧装，足身较宽扁，足背近鼎身处略捏薄，并饰四个按窝。残高8.8厘米（图一〇，9）。

标本11STY临采：7。鼎足（残），手制，夹粗砂红陶。侧装，足身较宽扁，一侧略内凹，足背近鼎身处捏的较薄，并饰三个按窝。残高11厘米（图一〇，10；彩版三〇，2）。

标本11STY临采：20。手制，夹草茎、植物灰烬红陶，有较多气孔。侧装鼎足，器身较宽扁，足侧面有一个相通的竖向凹槽，凹槽一侧已残，足根残断。足背面饰三个较小按窝。残高7.2厘米，壁厚1.6～2.8厘米（图一〇，11；彩版三〇，1）。

标本10STY：19。手制，夹粗砂红陶，内灰外红。器底部较平，近三角形足，足背较平，横剖面形状略呈半圆形，足根残断，内夹一层灰胎。素面，抹光。残高6.4厘米（图一〇，12）。

标本10STY：20。手制，夹粗砂红陶，器底部夹一层灰胎。侧面呈三角形，背部平直，足尖斜平，两侧近根处似有一浅窝。素面，抹光。残高10.8厘米（图一〇，13；彩版三〇，3①）。

标本10STY：21。泥质灰胎红陶，内灰外红，颜色较艳。横剖面形状近长方形，转角锐折，足根残断，器壁较薄。素面，抹光。残高5.8厘米（图一〇，14）。

标本10STY：22。夹粗砂，内灰外红。足呈三角形，横剖面形状呈扁椭圆形，转角圆弧，足根残断。素面，抹光。残高7.1厘米（图一〇，15）。

　　标本10STY：23。夹砂灰陶。足呈三角形，横剖面形状呈扁椭圆形，转角较锐钝。素面，磨光。残高7.3厘米（图一〇，16）。

　　Ⅲ式　凿形足。3件。

　　标本10STY：24。手制，夹草茎红褐陶。足根扁平，着地面平直呈扁椭圆形，足侧近鼎身处抹凹。足一侧面饰两道较深的竖向刻槽，内面饰一道较深的竖向刻槽。残高7.4厘米（图一〇，17；彩版三〇，4）。

　　标本11STY临采：22。手制，泥质灰胎红陶，有较多气孔。足根近鼎身处略抹凹，足根较平直。足

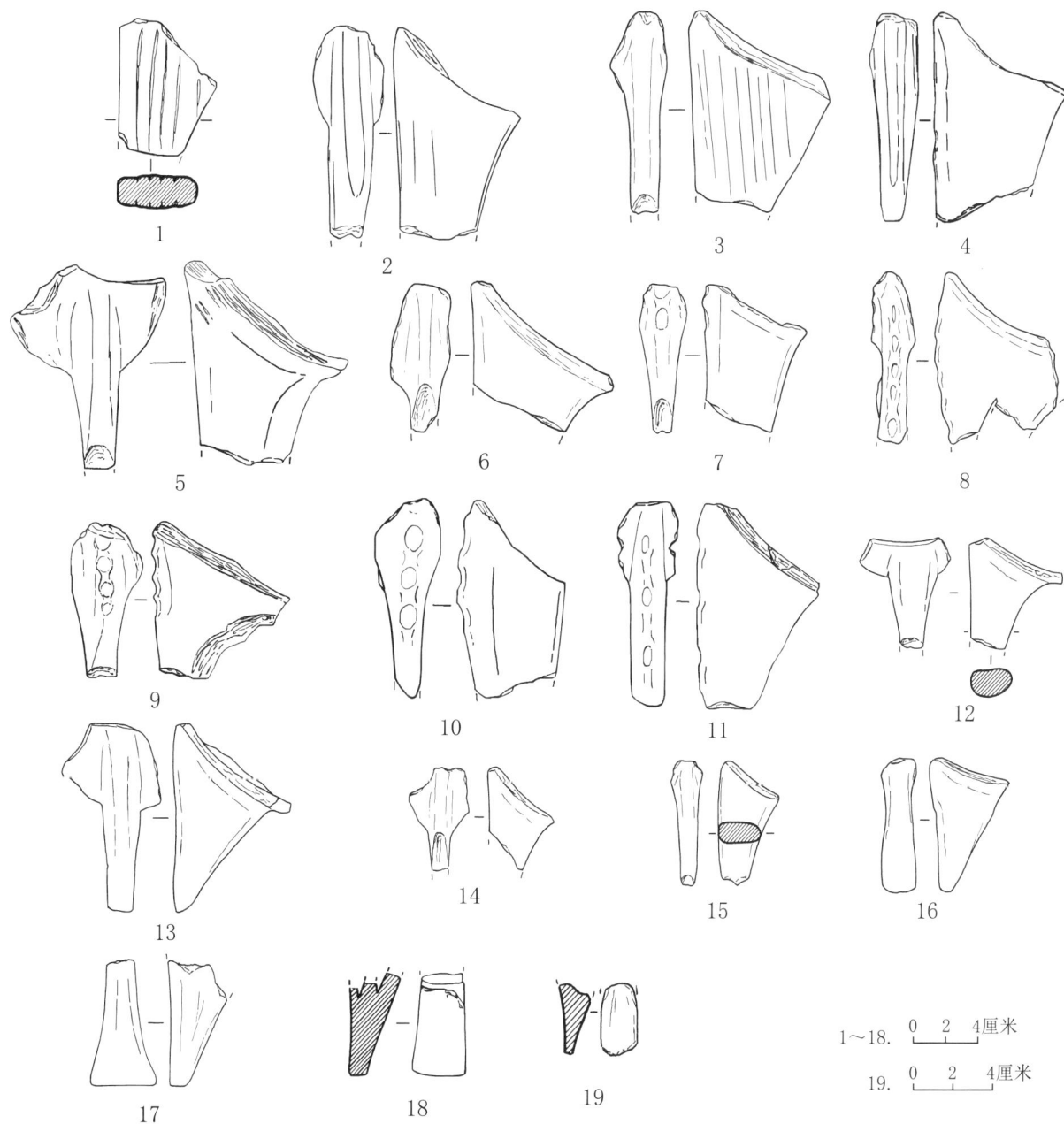

图一〇　杨家岗头遗址采集陶器标本

1～16. BⅡ式鼎足（11STY临采：15、8、10STY：15、11STY临采：14、11、10STY：16、17、18、11STY临采：4、7、20、10STY：19～23）　17～19. BⅢ式鼎足（10STY：24、11STY临采：22、10STY：25）

一面饰一道竖向刻划纹。残高5.8厘米（图一〇，18）。

标本10STY：25。夹砂红陶，体小，足内面较平。素面。残高2.6厘米（图一〇，19）。

罐　3件。依口沿可分三型。

A型　敞口，1件。

标本10STY：26。残，轮制，夹砂红胎黑衣陶。敞口，圆唇，斜沿，颈微束。唇下及颈肩处各饰一道凸棱。残高4.5厘米（图一一，1）。

B型　敛口，仅1件。

标本10STY：27。褐陶。平沿，厚圆唇，短颈。颈上饰一道凸棱。残高2.6厘米（图一一，2）。

C型　直口，仅1件。

标本11STY临采：23。残，轮制，夹砂灰陶，胎含较多气孔。直口，长颈，广肩。颈部饰两道凹弦纹和绞索纹。残高9厘米，壁厚0.8～1.0厘米（图一一，3；彩版三〇，5）。

盆　3件。依口沿可分两型。

A型　敛口。1件。

标本10STY：28。泥质灰陶。敛口尖唇，沿面内凹。颈外侧饰三道凸棱，其中一道较明显。口内径22.2厘米，残高3.2厘米，壁厚0.4～1厘米（图一一，4）。

B型　侈口。2件。

标本10STY:29。红胎黑衣。侈口，厚方唇，宽平折沿，沿边略突起。沿下饰一道凹弦纹。残高2.3厘米（图一一，5）。

标本10STY：30。残，轮制，夹细砂灰褐陶，烧成温度不均造成颜色有差异。方唇，折沿，沿面较宽，束颈弧肩。素面，抹光。口内径19厘米，残高6厘米，壁厚0.5～0.9厘米（图一一，6）。

甑　3件。

标本10STY：31。夹砂灰褐陶。外腹部饰三道凹弦纹，内腹部加一圈呈宽沿状的隔档以承箅。器内有残留物。残高6.6厘米，壁厚0.5～0.8厘米，隔档宽1.1厘米（图一一，7）。

标本10STY：32。轮手并用，夹砂红陶。器壁较厚，外腹部饰两道凹弦纹，内腹部粘接一圈宽沿状的隔档以承箅。残高7.2厘米，壁厚1～1.2厘米，隔档宽1.3厘米（图一一，8）。

标本10STY：33。甑形器口沿，残，轮制，夹细砂灰胎黑衣陶。口微敛，尖圆唇，沿下侧微凹，与之对应的外侧有一周凸棱，斜直肩，器壁较厚。素面。残高4.6厘米，壁厚0.8～1.0厘米（图一一，9）。

鬹　3件。均为把手，手制。

标本10STY：34。残，泥质灰胎红陶，内灰外红，颜色较艳。扁环形把手，把手与身接合处有明显粘接痕迹与一圆形按窝，器面微凹，饰一条较细的凸弦纹，器身内为灰胎，器壁较薄。残高7厘米（图一一，10；彩版三〇，6）。

标本10STY：35。夹蚌末灰陶，内灰外黑，有较多气孔，质轻。宽扁环形把手，残断。把手正面右侧饰两道细凹弦纹，右沿边近器身处饰绳索状花边。残长7.4厘米，宽4.6厘米，厚1厘米（图一一，11）。

标本11STY临采：2。夹砂红陶，外红内灰。扁环状把，表面中部略凸起。素面。残高7.2厘米，把宽3.4厘米，壁厚0.9～1.2厘米（图一一，12；彩版三〇，7）。

豆　4件。

标本10STY：36。豆盘，轮制，夹粗砂红陶。敞口，圆唇，唇下有一道凹弦，深腹斜弧，器壁较薄。素面。口内径17厘米，残高5.2厘米，壁厚0.4～0.5厘米（图一一，13）。

标本10STY：37。豆柄残断，轮制手制结合，泥质灰陶。柄较高。外饰五圈较粗的凹弦纹，接近豆盘的三条较致密。残高6厘米（图一一，14）。

标本11STY临采：5。豆柄，残，轮制手制并用，夹粗砂红陶，近身处呈黑色。圆柱形豆柄，较高。柄外壁饰多道平行的凹弦纹。残高6.8厘米，壁厚0.8～2.0厘米（图一一，15；彩版三〇，8）。

标本11STY临采：16。豆座，轮手制结合，泥质灰胎黑衣陶。圆柱形豆柄，残损大部分。素面。残高3.9厘米，壁厚0.6～0.9厘米（图一一，16）。

鋬手　1件。

标本11STY临采：13。手制，夹粗砂红陶。半环状，带花边宽鋬。素面。残高10.6厘米（图一一，17）。

缸口沿　1件。

标本11STY临采：18。残，轮制手制并用，夹粗石英砂、植物灰烬，深灰衣易脱落，仅局部可见，有较多气孔。口径较大，较厚重，双唇，素面。口外径64.8厘米，残高7.2厘米，壁厚1.6～2.8厘米（图一一，18）。

杯　1件。

标本11STY临采：24。杯座，残，轮制，泥质灰陶。高圈足，器体较小，器壁较薄。素面。残高2.1厘米，壁厚0.2～0.3厘米，底径2.9厘米（图一一，19）

圈足　1件。

标本10STY：38。残，轮制手制并用，泥质灰陶。圈足，足微外侈，器壁较薄。素面，抹光。残高2.8厘米，壁厚0.4～0.9厘米（图一一，20）。

西周时期遗物

采集的陶器数量明显较少，典型标本仅2件。

鬲　1件

标本10STY：39。鬲足，残，轮手结合，夹砂红褐陶。圆锥形乳状足。素面。残高3.8厘米，年代约为西周中期（图一一，21）。

壶　1件。

标本10STY：40。侈口，残，轮制，夹粗砂（夹粗石英砂比例较大）红陶。厚圆唇，折沿，沿面较宽内凹，颈微束。素面。口外径26厘米，残高5.2厘米，壁厚0.4～0.8厘米（图一一，22）。

5.遗址年代

从遗址采集的遗物和遗址地貌分析，该遗址的年代为新石器时代晚期与西周中晚期两个不同阶段，但新石器时代晚期文化无疑为主体。至于土垣的性质与年代有待进一步考证。

（六）锣喤遗址

1.地理位置与环境

锣喤遗址位于舒城县棠树乡寒塘村锣喤村民组北80米处的岗地上，东距南北向机耕路约300米，南部为寒塘村民住房及通村水泥路，北200米左右为杨家岗头村民组，北端隔河相邻的是杨家岗头遗址。一条无名河由岗地西部400米处分叉，一股继续在遗址西400米处自北向南流过，河西岸紧邻蟠龙城遗址，一股向东转穿过遗址北部后向南折，对遗址形成半包围之势。

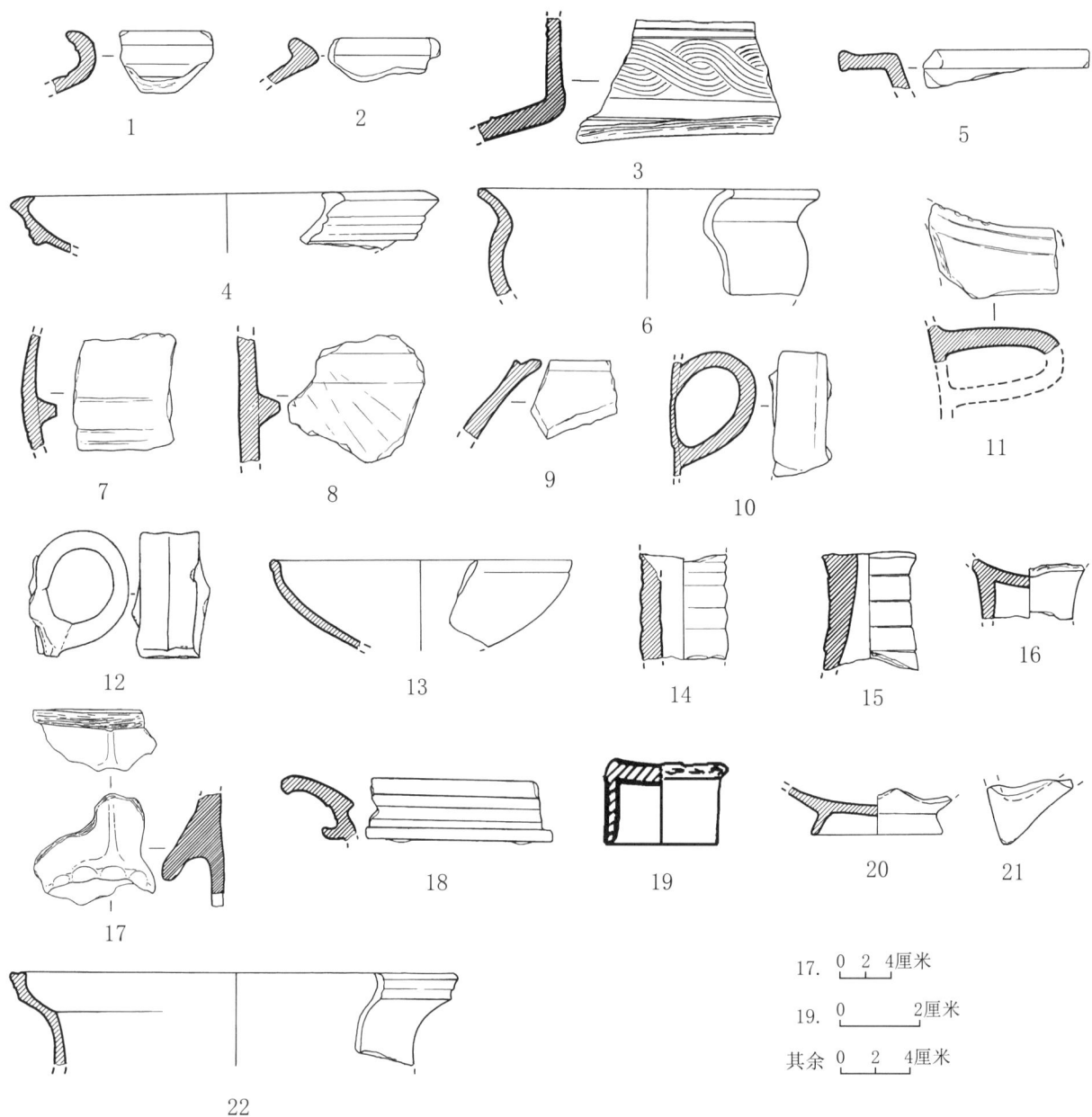

图一一　杨家岗头遗址采集陶器标本

1. A型罐（10STY：26）　2. B型罐（10STY：27）　3. C型罐（11STY临采：23）　4. A型盆（10STY：28）　5、6. B型盆（10STY：29、30）　7～9. 甗（10STY：31、32、33）　10～12. 鬶（10STY：34、35、11STY临采：2）　13～16. 豆（10STY：36、37、11STY临采：5、16）　17. 鏊（11STY临采：13）　18. 缸口沿（11STY临采：18）　19. 杯（11STY临采：24）　20. 圈足（10STY：38）21. 鬲（10STY：39）　23. 壶（10STY：40）

遗址所处的岗地总体地势自北向南渐低，海拔在40米左右，岗脊较平坦宽广，东西两侧为漫坡，东坡与南坡因平整土地呈阶梯状。岗地顶部与东部边缘距离150米左右，高差约8米，东部边缘为高约2米的断崖，南部边缘断崖相对高度约6米。

遗址地处县域西部岗地上，土质以黄色少量夹砂土为主，性粘，较板结，地表现已开垦为农田，遗址东面为低平的水田，以种植水稻为主（彩版一〇，5）。

2. GPS点的位置

在调查过程中对遗址进行全覆盖调查，共在三十四个10×10米的采集区中采集到陶片。

表六 锣哐遗址调查情况表

遗址名称	编 号	地 理坐 标	地形	土地利用	采集位置	遗物	备注
锣哐遗址	101210STL-P001	E:0484533 N:3481259 H:33米	岗地（坡）	水田	表面采集	2	
	101210STL-P002	E:0484533 N:3481261 H:33米	岗地（坡）	水田	表面采集	2	
	101210STL-P003	E:0484503 N:3481281 H:35米	岗地（坡）	水田	表面采集	4	
	101210STL-P004	E:0484487 N:3481266 H:33米	岗地（坡）	水田	表面采集	1	
	101210STL-P005	E:0484462 N:3481245 H:33	岗地（坡）	水田	表面采集	2	
	101210STL-P009	E:0484365 N:3481168 H:44米	岗地（顶）	水田	表面采集	1	
	101210STL-P010	E:0484364 N:3481150 H:44米	岗地（坡）	水田	表面采集	6	
	101210STL-P011	E:0484361 N:3481142 H:40米	岗地（顶）	水田	表面采集	陶片1 石器1	
	101210STL-P012	E:0484361 N:3481154 H:39米	岗地（坡）	水田	表面采集	6	
	101210STL-P013	E:0484359 N:3481163 H:37米	岗地（坡）	水田	表面采集	2	
	101210STL-P014	E:0484339 N:3481152 H:35米	岗地（坡）	水田	表面采集	5	
	101210STL-T001	E:0484544 N:3481221 H:31米	岗地（坡）	水田	表面采集	5	
	101210STL-T002	E:0484541 N:3481238 H:29米	岗地（坡）	水田	表面采集	4	
	101210STL-T003	E:0484512 N:3481278 H:30米	岗地（坡）	水田	表面采集	4	
	101210STL-T004	E:0484448 N:3481180 H:37米	岗地（坡）	水田	表面采集	2	
	101210STL-T005	E:0484385 N:3481151 H:41米	岗地（顶）	水田	表面采集	5	
	101210STL-T006	E:0484375 N:3481151 H:42米	岗地（顶）	水田	表面采集	5	

	101210STL-U001	E：484554 N：3481207 H：32米	岗地（坡）	水田	表面采集	9	
	101210STL-U002	E：0484554 N：3481206 H：33米	岗地（坡）	水田	表面采集	2	
	101210STL-U003	E：0484564 N：3481210 H：32米	岗地（坡）	水田	表面采集	8	
	101210STL-U004	E：0484551 N：3481230 H：31米	岗地（坡）	水田	表面采集	1	
	101210STL-U005	E：0484535 N：3481248 H：29米	岗地（坡）	水田	表面采集	1	
	101210STL-U006	E：0484555 N：3481196 H：29米	岗地（坡）	水田	表面采集	1	
	101210STL-U007	E：0484542 N：3481199 H：29米	岗地（坡）	水田	表面采集	5	
	101210STL-U008	E：0484540 N：3481231 H：28米	岗地（坡）	水田	表面采集	3	
锣喱遗址	101210STL-U009	E：0484525 N：3481280 H：29米	岗地（坡）	水田	表面采集	1	
	101210STL-U010	E：0484446 N：3481191 H：38米	岗地（顶）	水田	表面采集	3	
	101210STL-U011	E：0484386 N：3481160 H：41米	岗地（顶）	水田	表面采集	4	
	101210STL-U012	E：0484373 N：3481164 H：42米	岗地（顶）	水田	表面采集	7	
	101210STL-U013	E：0484370 N：3481146 H：47米	岗地（顶）	水田	表面采集	1	
	101210STL-U014	E：0484338 N：3481110 H：43米	岗地（顶）	水田	表面采集	1	
	101210STL-U015	E：0484390 N：3481067 H：38米	岗地（坡）	水田	表面采集	1	
	101210STL-U016	E：0484356 N：3481034 H：38米	岗地（坡）	水田	表面采集	1	
	101210STL-V001	E：0484401 N：3481016 H：55米	岗地（坡）	水田	表面采集	4	

3. 遗址分布范围与现存面积

依据遗物的分布范围，我们初步判断遗址主要分布于岗地顶部和东部坡地，平面形状大体呈椭圆形，南北略长于东西。GPS测量面积近60000平方米。

4. 文化层堆积

调查时正值当地土地整治，暴露出多处断面，我们在东北角选择一个较清晰的断面进行观察，初步了解锣哐遗址的局部文化层堆积特点。该断面长150厘米，厚120厘米，呈东南—西北向，倾斜度为80度，可分为4层：第①层，耕土层，厚约20厘米；第②层，黄灰色土，土质较硬，厚40～50厘米；第③层，红色烧土，含灰黑色土，土质较硬，厚约40厘米；第④层，灰褐色土泛黄色，间杂白色土，厚约10厘米；第④层以下为生土。（图一二）

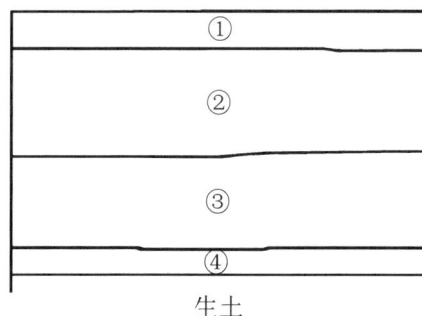

图一二　锣哐遗址地层剖面示意图

5. 遗迹

遗址东北角坡脚处的水稻田里发现一窑址，窑顶被破坏，窑址北部呈圆形，南部不清，东西长320厘米，窑壁呈红色，厚约15厘米。此外，在遗址中部地表还发现有多处红烧土面暴露，但具体性质不清（彩版一〇，6）。

6. 遗物

锣哐遗址采集遗物中有残石器1件，陶片110片。

石斧　1件。

标本10STL：1。通体磨制，灰褐色花岗岩。顶部残断，横截面呈椭圆形，双面刃，微弧，刃部使用致钝，有崩疤。器身残长6.8厘米。年代为新石器时代晚期或周代（图一三，1；彩版三〇，9）。

陶器主要为新石器时代晚期和周代，分别68与39片，汉代陶片极少，仅采集3片。新石器时代晚期陶片中夹砂陶52片，泥质陶16片，陶色以红陶占绝大多数，少数灰陶、灰褐陶，极少数红褐陶、红胎黑皮陶、褐陶，均为素面，可辨器形有鼎、豆、罐等，鼎足分侧装与横装，以侧装居多。周代陶片中10片夹砂陶，29片泥质陶，陶色以灰陶为主，少数红陶、红褐陶、灰褐陶、褐陶，均为素面。汉代陶片均为泥质素面灰陶。

新石器时代晚期陶器。

鼎　均为鼎足，无完整器，其中11件为侧装，1件为横装。

A型　计11件。

Ⅰ式　侧装。

标本10STL：2。手制，夹砂红陶。较宽扁，横剖面形状呈扁椭圆形，转角圆钝，足根残断。素面。残高9.6厘米（图一三，2；彩版三〇，10①）。

标本10STL：3。手制，夹蚌末、细石英砂红陶，内灰外红。足较宽扁，横剖面形状呈扁椭圆形，足根残断。素面。残高7.2厘米（图一三，3；彩版三〇，10④）。

标本10STL：4。手制，夹细砂灰胎红陶。横剖面形状呈椭圆形，足根残断。素面，残高6.4厘米（图一三，4；彩版三〇，10②）。

标本10STY：5。手制，夹砂、草茎红褐陶，有气孔，部分呈灰褐色，为烧成温度不均导致。侧装扁三角形足，器体较大，近根部较宽扁。素面。残高11.8厘米（图一三，5）。

标本10STL：6。手制，夹砂红陶，足根处呈黑色。侧装，横剖面形状呈扁椭圆形，足根残断。素面，抹光。残高5厘米（图一三，6）。

标本10STL：7。手制，有包足现象，夹砂红陶。侧装，足较瘦长，横剖面形状近椭圆形，足根残断。素面，抹光。残高9.2厘米（图一三，7）。

标本10STL：8。手制，夹粗砂红陶，内灰外红。侧装，足较宽扁，横剖面形状呈扁椭圆形，足根残断。素面。残高5.8厘米（图一三，8；彩版三〇，10③）。

标本10STL：9。手制，夹细砂灰胎红陶。侧装，横剖面形状呈扁椭圆形，转角较锐折，足根残断。素面。残高5.2厘米（图一三，9）。

标本10STL：10。手制，夹石英砂红陶。侧装条形足，横剖面形状近方形，足根残断。背面饰一道较深的竖向凹槽。残高11厘米（图一三，10；彩版三〇，11）。

II式　T型足　1件。

标本 10STY：11。鼎足（残），手制，夹粗砂红陶，内灰外红。侧装"T"字形足，足一侧面残损，皮已脱落，另一侧能看出三道竖向的刻划纹，残高8.6厘米。新石器时代晚期（图一三，11）。

B型　横装。

标本10STL：12。鼎足（残），手制，夹粗石英砂红陶，足根部呈黑色。横装，足面微凸，一侧残，一侧内卷，应为瓦形足。素面。残高4.6厘米（图一三，12）。

鬲　1件。

标本10STL：13。鬲足（残），手制，夹细砂红陶。锥形乳状足，器体较小，袋状，内窝较浅。素面。残高1.6厘米（图一三，13）。

豆　2件。

标本10STL：14。豆柄，轮制，泥质灰胎红褐陶。近圆形，残损较多，仅余一小段。素面，抹光。残高1.8厘米（图一三，14）。

标本10STL：15。豆盘（残），轮制，泥质灰陶。侈口，浅盘，平底。素面。残高2厘米，壁厚0.3～0.5厘米（图一三，15）。

罐　1件。

标本10STL：16。罐口沿，残，轮制，夹细砂灰胎红陶。敞口，厚圆唇，唇面有一道凹痕，斜折沿，沿面较宽，微凹。素面。口外径25.8厘米，残高2.6厘米，壁厚0.5～0.6厘米（图一三，16）。

7.遗址年代

从采集的遗物看，锣哐遗址应为包含新石器晚期、周代、汉代三个时期文化遗存相叠置的岗地形遗址。

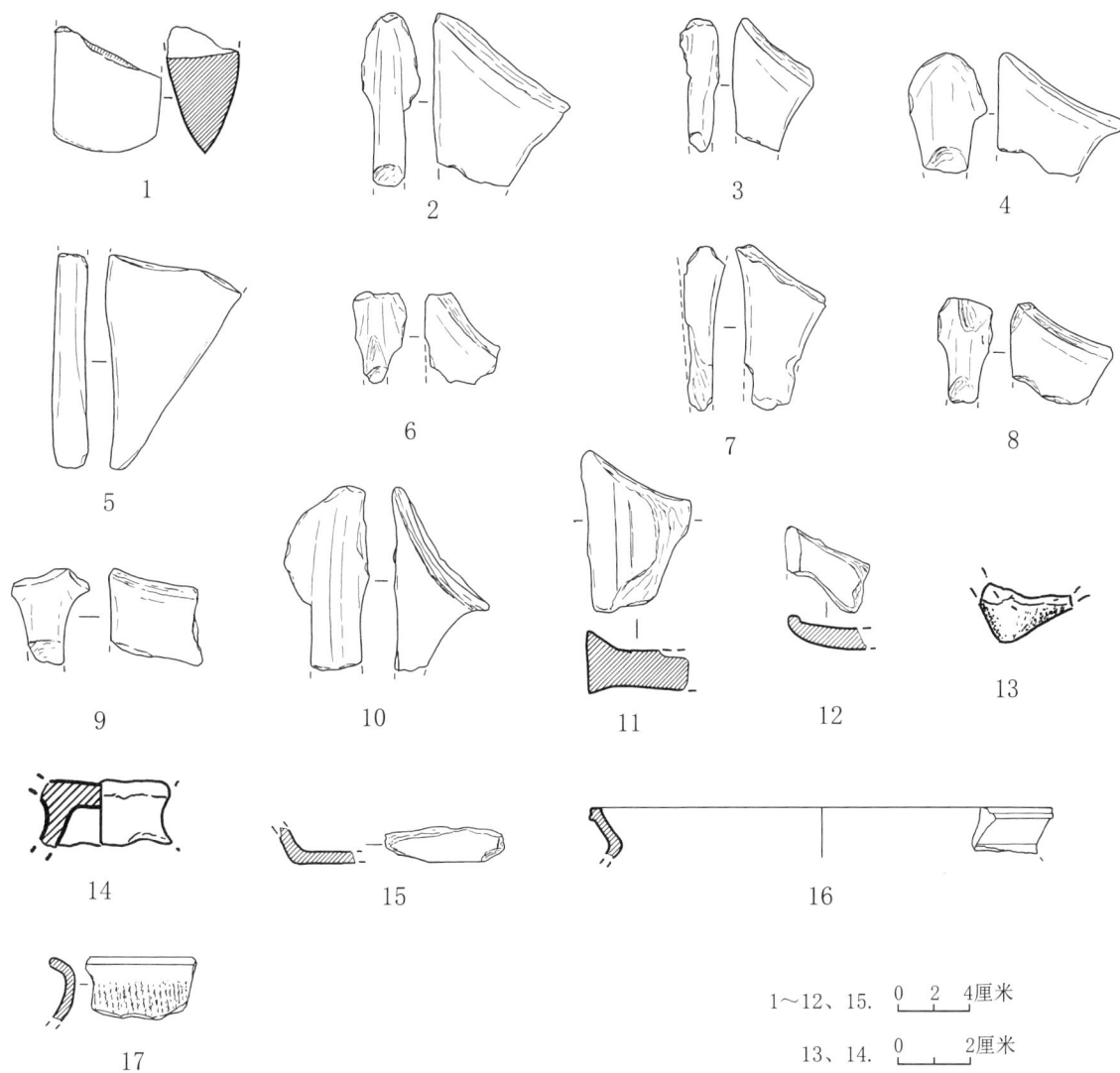

图一三　锣哐遗址、桥庄遗址采集石器、陶器标本

1. 石斧（10STL：1）　2～10. A I 式鼎足（10STL：2、10STL：3、10STL：4、10STL：5、10STL：6、10STL：7、10STL：8、10STL：9、10STL：10）　11. A II 式鼎足（10STL：11）　12. B型鼎足（10STL：12）　13. 鬲（10STL：13）　14 豆柄（10STL：14）　15. 豆盘（10STL：15）　16. 罐（10STL：16）　17. 罐（桥庄10SBQ：1）（1～16. 锣哐遗址）

（七）渠西遗址

1. 地理位置与环境

渠西遗址位于舒城县棠树乡寒塘村渠西村民组西，处于一南北向长岗边坡上，海拔40米左右。遗址西侧仅距秦家桥河支流20米，与蟠龙城遗址隔河相望，北为水稻田，东部、东北部不远处分别为锣哐遗址和杨家岗头遗址。新修建的机耕路向南可通往赵家庄居民点。

遗址上层土质疏松，顶部较平坦，地表为旱地和杂草，中层土质发黄并局部泛灰，下层土质发青，似为淤积土（彩版一○，7）。

2. GPS点的位置

调查共在两个10×10米的采集区中采集到遗物（表7）。

表7 渠西遗址调查情况表

遗址名称	编　号	地理坐标	地形	土地利用	采集位置	遗物	备注
渠西遗址	101210STQ—P016	E：0483360 N：3481090 H：29米	岗地形	旱地	地表采集	2	
	101210STQ—P1H	E：0483960 N：3481083 H：30米	岗地形	旱地	灰坑	1	断面上的灰坑中采集

3. 遗址分布范围与现存面积

渠西遗址坐落于岗地北端，由于农田建设和道路修建，对遗址造成严重破坏，现存面积减损不少，平面形状不规则，南宽北窄，因未钻探，同时地表遗物极少，遗址具体分布范围难以确认，调查时只能根据地貌与东部暴露的大剖面推测，经GPS测量，面积约2500平方米。

4. 文化层堆积

遗址东部由于修建道路，形成了一南北向大断面，从断面上可知遗址的层位关系。断面长22米，厚2.7米，断面方向略呈南北向，断面倾斜度为60度。依据断面堆积，文化层可粗略划分成⑥层：第①层，耕土层，灰黄色土，土质松软，包含植物根茎；第②层，黄色土，土质松软；第③层，灰白土，土质松软，③层下叠压一灰坑（H1）；第④层，褐黄土加白斑，土质较硬，该层下有一灰坑（H2），打破⑤层与⑥层；第⑤层，灰土，沙性，土质松软；第⑥层，黄土，黏性较大；⑥层下为生土，生土发黑，为沉积土（图一四；彩版一〇，8）。

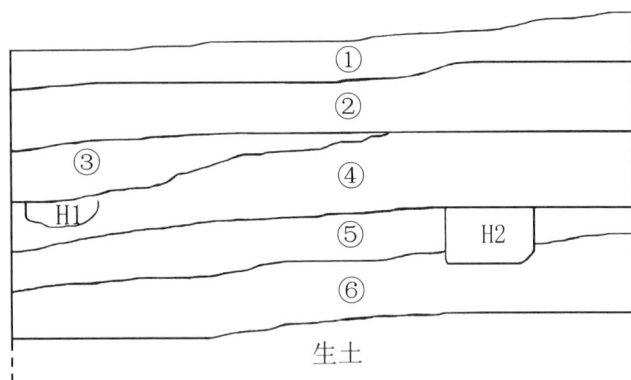

图一四 渠西遗址地层剖面示意图

5. 文化遗迹

灰坑1（H1）

开口于③层下，口部最大径为160厘米，距地表150厘米，剖面形状呈锅底型，坑内一层堆积，厚55厘米，为灰色沙土，土质较疏松，坑内包含有宋砖，黑色土块。年代不早于宋代。

灰坑2（H2）

开口于④层下，打破⑤层和⑥层，口部最大径为120厘米，距地表200厘米，剖面形状呈梯形，底部最大径90厘米，灰坑内一层堆积，厚75厘米，为灰黑色沙土，土质较致密，包含红烧土和绳纹陶片。

年代可能为西周。

6. 遗物

共在断面采集陶片3片，均为夹砂陶质，陶色有外灰内红陶1片，红胎黑皮陶2片。纹饰见2片绳纹和1片间断绳纹。器形均不可辨。

7. 遗址年代

从遗址剖面和遗物看，应为西周、宋代两个时期的遗址。①、②、③层为宋以后堆积，④层为商周与宋之间的堆积，⑤、⑥层为商周时期堆积。

（八）桥庄遗址

1. 地理位置与自然环境

桥庄遗址位于舒城县柏林乡三桥村桥庄村民组东北20米处，西北约240米为秦家桥河，南距村级公路250米，东北105米为杨庄。

桥庄遗址所在区域地势较平坦，海拔不超过30米，水面密布，遗址四周均为水田，东、西各有一水塘。遗址顶部平坦，现有杨树和荒草，西部较缓，现代坟较多（彩版一一，1）。

2. GPS点的位置

调查共在四个采集区中采集到遗物（表8）：

表8　桥庄遗址调查情况表

遗址名称	编　号	地　理坐　标	地形	土地利用	采集位置	遗物	备注
桥庄遗址	101209SBQ－U001	E：0485098 N：3482512 H：40米	墩形	荒（草）地	表面采集	2	
	101209SBQ－U003	E：0485132 N：3482523 H：41米	墩形	树林	表面采集	1	
	101209SBQ－U004	E：0485161 N：3482530 H：41米	墩形	树林	表面采集	1	
	101209SBQ－U005	E：0485512 N：3482645 H：26米	墩形	旱地	表面采集	1	

3. 遗址分布范围与现存面积

遗址属一典型土墩，平面形状似椭圆形，东西略长，地势东高西低，东、南边缘较陡直，西北侧与北侧有带状二层土墩，宽度5米左右。

对土墩进行全覆盖调查发现，顶部无陶片，陶片均散落在西部缓坡地带。遗址面积依据土墩面积确定，经GPS测量，面积为7000平方米。

4. 文化层堆积状况

遗址海拔高程43米，相对高度2～5米，文化层厚度不详。

5. 遗物

采集的遗物数量少，可辨器形仅口沿和鬲足

标本10SBQ：1。罐或鬲口沿，轮制，夹细砂灰陶。侈口，方唇，折沿，束颈，颈部饰绳纹。年代为西周中晚期（图一三，17）。

6. 遗址年代

综合各种迹象初步判断该遗址为西周中晚期的普通聚落址。

（九）杨庄遗址

1. 地理位置与环境

杨庄遗址位于舒城县柏林乡三桥村杨庄村民组西20米处，西250米为秦家桥河，南距村级公路330米，北距舒（城）六（安）公路约1100米。当地俗称"杨庄大墩"（彩版一一，2）。

遗址南接池塘，东、西、北三面均与农田相连，主要种植水稻、油菜等作物。遗址顶部有杨树和杂草，纵横向的两条乡间道路分别从西、北部穿越其上，东南角有现代取土坑。杨庄遗址地处岗地向平原过渡地带，土质以黄色夹砂粘土为主，较板结。

2. GPS点的位置

调查共在四个采集区中采集到陶片（表9）。

表9　杨庄遗址调查情况表

遗址名称	编号	地理坐标	地形	土地利用	采集位置	遗物	备注
杨庄遗址	101209SBY－V001	E：0485301 N：3482619 H：27米	墩形	树林、杂草	文化层（东北角）	1	
	101209SBY－U006	E：0485281 N：3482598 H：28米	墩形	树林	表面采集	1	
	101209SBY－U007	E：0485309 N：3482638 H：31米	墩形	水田	表面采集	1	
	101209SBY－U008	E：048532 2 N：3482642 H：30米	墩形	水田	表面采集	2	

3. 遗址分布范围与现存面积

遗址为土墩形，平面近似椭圆形，顶部平坦。遗址保存一般，西部和东南角均被挖去。遗址顶部无陶片，陶片均散落于遗址的东北角。根据地貌特征，遗址的面积即土墩范围，GPS测量数据为6152平方米。

4. 文化层堆积状况

土墩顶部海拔高度32米，相对高度1～1.5米，文化层厚度不详，但据遗址现状推测，文化层堆积最厚应在1.5米左右（彩版一一，3）。

5. 遗物

采集的文化遗物数量极少，为绳纹夹砂红陶陶片，无法辨出器形。

6. 遗址年代

依据采集的遗物分析，杨庄遗址为西周时期的普通聚落址。

（十）其林庄遗址

1. 地理位置与环境

其林庄遗址位于舒城县柏林乡杨店村其林庄村民组所在的岗坡上，西距舒（城）张（母桥）公路555米，东南距秦家桥河180米，南距杨家岗头遗址940米，东距桥庄遗址580米。

遗址所在地点海拔不足35米，地势西高东低，为坡状，东北面为开阔的漫岗与平原区。遗址西接一水塘，地表现为旱地和树林（彩版一一，4）。

2. GPS点的位置

调查中共在四个采集区中采集到陶片，具体情况见下表（表10）。

表10 其林庄遗址调查情况表

遗址名称	编 号	地 理 坐 标	地形	土地利用	采集位置	遗物	备注
其林庄遗址	101209SBQ－A001	E：0484533 N：3482705 H：39米	岗地（坡）	旱地	表面采集	1	
	101209SBQ－C002	E：0484521 N：3482729 H：32米	岗地（顶）	旱地	表面采集	2	
	101209SBQ－C003	E：0484479 N：3482795 H：34米	岗地（顶）	旱地	表面采集	2	
	101209SBQ－E002	E：0484454 N：3482800 H：41米	岗地（顶）	旱地	表面采集	1	

3. 遗址分布范围与现存面积

遗址边界不清，只能根据陶片散落范围粗略推算其面积，GPS测量约为6000平方米。

4. 文化层堆积状况不明。

5. 遗物

遗址地表散布的文化遗物极少，仅采集陶片6块，均为泥质，灰陶多于红陶，皆素面，不见可辨器形。

6. 遗址年代

依据地貌特征和遗物特点分析，该遗址约为汉代。

（十一）涂家庄遗址

1. 地理位置与环境

涂家庄遗址位于舒城县柏林乡杨店村涂家庄村民组东北100米处，西距舒（城）张（母桥）公里仅35米，东北距舒（城）六（安）公路770米，东南距秦家桥河780米。遗址西南不远为涂家庄墓葬群。

遗址处于岗地边坡上，地势较低洼，不足36米，土色泛黄，土质较粘。其西、南有人工沟渠环绕，南、北各有一口水塘紧邻，东部是平缓开阔的农田区（彩版一一，5）。

2.GPS点的位置

调查过程中，共在四个采集区中采集到陶片，具体情况见下表（表11）。

表11　涂家庄遗址调查情况表

遗址名称	编号	地理坐标	地形	土地利用	采集位置	遗物	备注
涂家庄遗址	101209SBT—B003	E：0484385 N：3483427 H：32米	平地	旱地	表面采集		
	101209SBT—C004	E：0484391 N：3483420 H：34米	平地	沟渠（堤身）	表面采集		
	101209SBT—C005	E：0484446 N：3483396 H：34米	洼地	沟渠（堤身）	表面采集		
	101209SBT—C006	E：0484454 N：3483426 H：32米	平地	旱地	表面采集		

3.遗址分布范围与现存面积

由于遗址遭破坏严重，现存形状近似长方形，我们只能根据陶片散落范围大致确定遗址的面积，GPS测量数据为4075平方米。

4.遗物

地表遗物散布密度一般，共采集47块陶片，均为泥质陶，以灰陶居多，另见少量褐陶、红陶，多为素面，可辨器形仅见一残陶罐。此外有一宋代陶片。

5.遗址年代

根据采集的陶器特点判断，遗址的年代约是汉和宋代，可能与附近的涂家庄墓葬处在同时期。

二、杭埠河干流

杭埠河干流中游目前发现的遗址数量很少，仅4处，分别为周瑜城遗址、胜利遗址、小涵遗址和摩旗墩遗址。

（一）周瑜城遗址

1.地理位置与环境

周瑜城遗址位于舒城县干汊河镇瑜城村东畈村民组境内，是第二次文物普查已发现的一处遗址，因当地传说此地为周瑜故里，故名周瑜城，现为县级文物保护单位。遗址周围系平原地带，地势低平，海拔27米左右，为农耕区。遗址南500米为杭埠河，紧邻遗址西侧为乡村公路，可通往干汊河镇和县城，北0.7公里为省道S317线（舒城—岳西）。

遗址坐落在一个东南部较陡，其他区域较平缓因地质作用而形成的孤立低矮的小石山，中间高，四周渐低，南约60米与其相邻的是另一个独立的小石山—"小黄山"，南、北侧为分散的居民点，东侧有水塘。遗址近中心有一圆形高土台，面积超过3000平方米，其上原为瑜城小学，现已迁出，原房屋现用作养殖场。遗址西半部基本被杂草覆盖，可见度极差，东部和南部则为荒地、林地，而东、南土垣上建有民房，其间种有毛竹、松树，北、西土垣垦为旱地。遗址周缘土垣尚存四个疑似城门缺口（彩版一一，7、8）。

2.GPS点的位置

调查共在三个10×10米的采集区中采集到遗物（表12）。

表12　周瑜城遗址调查情况表

遗址名称	编　号	地　理坐　标	地形	土地利用	采集位置	遗物	备注
周瑜城遗址	101219SGZ－U002	E：0487957N：3475249H：33米	岗地（坡）	田埂/路	文化层	4	
	101219SGZ－U004	E：0487969N：3475353H：47米	岗地（坡）	田埂/路	表面采集	12	
	101219SGZ－U005	E：0487964N：3475336H：22米	岗地（坡）	田埂/路	表面采集	1	

3.遗址分布范围与现存面积

该遗址是一处依托小石山的土墩形遗址，保存较好，平面近似圆角方形，东西宽284、南北长264米，高出四周农田4～8米，四周有土垣，保存不一，局部高出外侧地面约3米，其中东垣残高8.5、基宽17、顶宽6米，土垣堆积厚度层均约0.25米。遗址四周有对称的四个疑似城门缺口。根据土垣围成的范围确定为遗址范围，面积约6万平方米。此外，遗址东、南为水塘、浅滩与农田，掘土尺余可见沙石河床，疑为护城河（彩版一二，1～4）。

4.文化层堆积

调查中对遗址多个暴露的断面进行了观察，均发现文化层和遗物（陶片、烧土颗粒）。选择遗址北垣近中部一缺口东侧断面进行清理，该断面长1、厚2.7米，呈南北向，倾斜度为70度，可分为11层：第①层，黄色土，厚约1.5米；第②层，黄褐色土，砂性，厚0.27米；第③层，灰白色土，砂性，厚0.25米；第④层，黄褐色土，砂性，厚0.25米；第⑤层，灰褐色土，砂性，厚0.3米；第⑥层，灰白色土，砂性，厚0.2米；第○⑦层，灰褐色土，砂性，厚0.25米；第⑧层，灰白色土，砂性夹白斑，厚

0.25米；第⑨层，黄褐色土，砂性，厚0.23米；第⑩层，灰褐色土，土质松软，厚0.22米；第11层，灰褐色土，夹黄斑。以下堆积不清（图十五；彩版一二，5）。

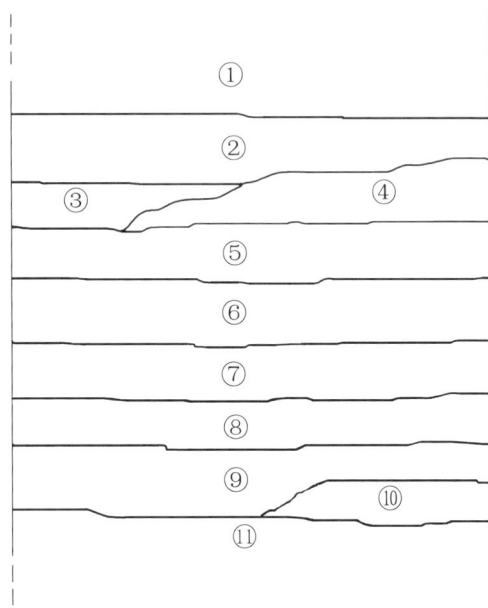

图一五　周瑜城遗址地层剖面示意图

5. 遗物

共采集周代陶片17片，　其中夹砂陶片13片，占76.47％，泥质陶片4片，占23.53％。陶色以褐陶最多，有14片，其他有红陶2片，灰陶1片。纹饰以素面占绝大多数，共16片，另有1件间断绳纹。此外有1几何印纹硬陶片，为泥质内红外灰陶，纹饰为方点纹。无完整器，仅有可辨器形柱状夹砂红陶鬲足。同时在遗址北缘一流水沟处曾采集到汉代的板瓦和筒瓦。暂未发现周代以前的文化遗存。

6. 遗址年代

从遗址采集的遗物特点分析，该遗址有西周、汉代及宋、明等多个时期的文化遗存。但是土垣的形成年代以及是否为城址目前还无法做出结论。

（二）胜利遗址

1. 地理位置与环境

胜利遗址位于舒城县干汊河镇瑜城村胜利村民组境内。杭埠河于该遗址东约800米处流经，遗址西、南两侧均为民房，西约20米有公路呈南北向通过，南面约250米处为已发现的周瑜城遗址，西侧有一近长条形水塘，东侧较多杂树。

遗址所处的墩形台地顶部平坦，现建有养鸡棚，现存顶部与四周平地相对高度约1.5米。遗址地处县境中部岗地向平原过渡地带，周边地势较为平坦，主要作物有水稻、油菜、板栗等。土质以黄色夹砂土为主，夹有少量卵石（彩版一三，1）。

2. GPS点的位置

调查共在五个10×10米的采集区中采集到遗物（表13）。

表13 胜利遗址调查情况表

遗址名称	编 号	地 理 坐 标	地形	土地利用	采集位置	遗物	备注
胜利遗址	101219SGSL－T001	E:0488002 N:3475597 H:15米	墩形	荒(草)地	表面采集	9	
	101219SGSL－U006	E:0487992 N:3475578 H:19米	墩形	建筑（养殖场住房）	表面采集	24	
	101219SGSL－U007	E:0488022 N:3475641 H:21米	墩形	建筑（养殖场住房）	表面采集	10	
	101219SGSL－U008	E:0487995 N:3475630 H:21米	墩形	建筑（养殖场住房）	表面采集	4	
	101219SGSL－U009	E:0488027 N:3475623 H:23米	墩形	建筑（养殖场住房）	表面采集	11	

3. 遗址分布范围与现存面积

胜利遗址为一典型的土墩形遗址，当地村民在遗址周缘建房，尤其遗址顶部搭建养鸡场，对遗址本体造成了严重破坏，致使遗址规模缩小，平面形状近椭圆形。地表散布遗物较多，几乎遍布整个墩子，同时在局部暴露的断面可见陶片和红烧土堆积。因此遗址原有的范围应超过现土墩面积，GPS测量现存面积约为1500平方米。

4. 文化层堆积

通过对遗址西部断面进行清理观察，对该遗址的文化层堆积有了初步了解。该断面长0.5、厚1.3米，呈南北向，倾斜度为80度，可分为三层：第①层，灰黄色表土，厚0.15～0.2米，夹锈斑；第②层，深灰色土，泛红，土质较松软，夹砂性黄色土，包含较多碳粒与少量陶片，厚0.5米；第③层，黄褐色土，夹较多红烧土颗粒和碳粒，还有少量陶片、人骨，厚0.5米；以下为生土，黄色黏土，泛红（图一六；彩版一三，2）。

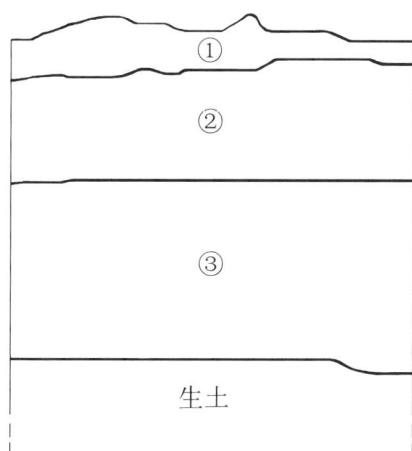

图一六 胜利遗址地层剖面示意图

5. 遗物

本次调查共采集陶片55片，其中夹砂陶片50片，泥质陶片5片。陶色以褐陶居多，另有红陶、灰陶、灰褐陶、外黑内灰陶、红胎黑皮陶。纹饰以绳纹居多，素面次之，此外有少数间断绳纹、附加堆纹，极少数指窝纹、凹弦纹等。可辨器形有鬲、甗、罐等。

鬲　7件。

标本10SGSL：1。口沿，残，轮制，夹粗砂红陶。侈口方唇，折沿，束颈，弧肩。上腹部饰稀疏的竖向绳纹。口外径15.9厘米，残高6.2厘米，壁厚0.6～0.7厘米。年代约为西周中晚期（图一七，1；彩版三〇，12）。

标本10SGSL：2。口沿，残，轮制，夹砂红胎黑衣陶，外壁部分呈灰褐色，可能由于烧成温度不均造成。侈口方唇，斜折沿，弧肩。残高6.2厘米，壁厚0.5～0.6厘米。年代为西周中晚期（图一七，2；彩版三一，1）。

标本10SGSL：3。鬲足，残，夹砂（含较多石英砂）灰褐陶，灰胎，内壁呈黑色，足根呈红褐色，裆部呈灰褐色，为烧成温度不均造成。袋状足，内窝较深，矮锥状实足根。表面饰稀疏的粗绳纹，部分交错。残高6.9厘米。年代约当西周中期偏晚阶段或晚期偏早阶段。（图一七，3；彩版三一，2）

标本10SGSL：4。鬲足，残，夹细砂灰胎黑灰（内黑外灰）陶，内壁呈黑色，外壁呈黑灰色，近裆部呈灰褐色，由烧成温度不均造成。袋状足，内窝较深，锥状实足根，较矮，足尖残断。表面饰竖向粗绳纹，部分交错。外壁局部有烟炱痕。残高7.4厘米。年代约为西周中晚期（图一七，4）。

标本10SGSL：5。鬲足，残，夹细砂灰陶。袋状足，浅窝，柱状实足根较矮，着地面处突起微呈疙瘩状。足表面包括着地面饰稀疏的粗绳纹。残高6.2厘米。年代约为西周中晚期（图一七，5；彩版三一，3）。

标本10SGSL：6。鬲足，残，夹细砂（夹细石英砂比例较大）灰陶，外壁部分呈灰褐色，由烧成温度不均造成。袋状足，内窝较深，柱状实足根。足表面包括着地面饰由绳纹交错形成的网结纹。残高6.6厘米，年代为西周晚期（图一七，6；彩版三一，4）。

标本10SGSL：7。鬲足，残，夹细砂灰陶。袋状足，内窝较深，矮柱状实足根。表面除着地面外饰稀疏的竖向绳纹。残高5.4厘米。年代为西周晚期（图一七，7；彩版三一，5）。

甗　1件。

标本10SGSL：8。甗腰，残，轮制手制并用，夹粗砂红褐陶（含较多石英砂），外壁抹一层夹草茎的泥灰。腰部内凹。腰部饰一周月牙形指窝纹和稀疏的竖向绳纹。残高4.6厘米，壁厚0.7～1.4厘米，年代为西周晚期（图一七，8；彩版三一，6）。

6. 遗址年代

从采集的遗物特点判断，该遗址应为西周中晚期的普通聚落址。

（三）小涵遗址

1. 地理位置与环境

小涵遗址位于舒城县干汊河镇乌羊村小涵村民组东约100米处，南邻姚家大庄居民点，北距舒（城）晓（天）公路即省道S317约560米，东北距干汊河镇1300米，杭埠河于遗址东约384米处流经，西南270米和580米处分别为胜利遗址与周瑜城遗址（彩版一二，6）。

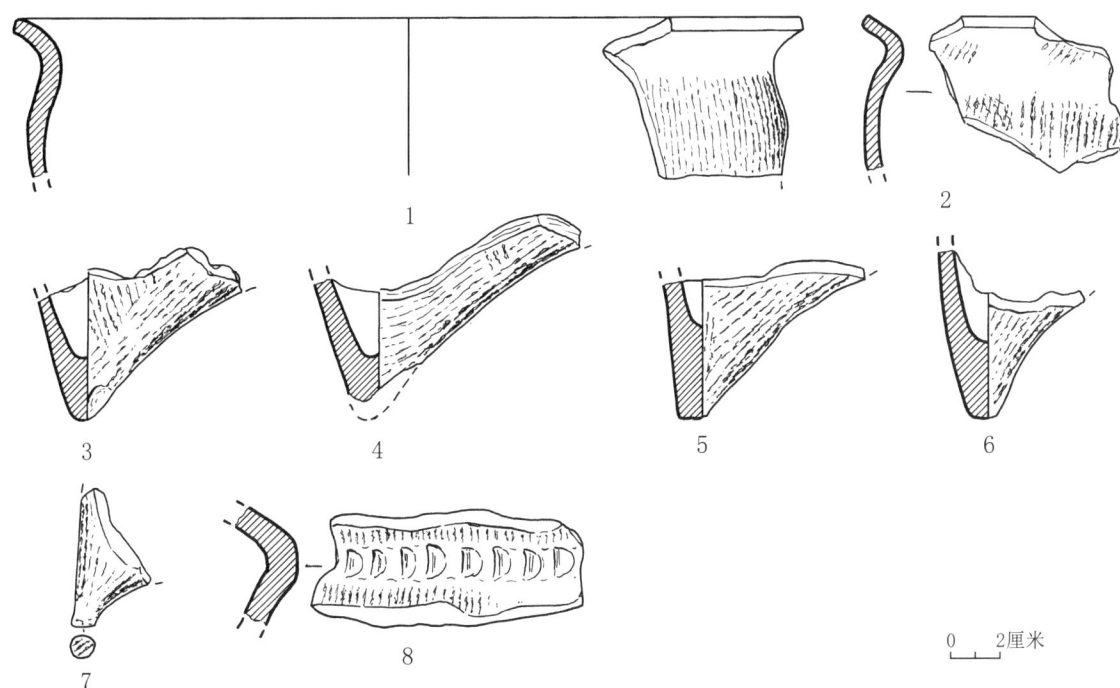

图一七　胜利遗址采集陶品标本

1~7. 鬲（10SGSL：1~7）　8. 甗（10SGSL：8）

遗址周边为农田，地势低平，海拔26米左右，北侧有一片小竹林和水塘，一条东西向的水渠横穿遗址。

2. GPS点的位置

调查共在七个采集区中采集到陶片，具体情况见下表（表14）。

表14　小涵遗址调查情况表

遗址名称	编　号	地　理坐　标	地形	土地利用	采集位置	遗物	备注
小涵遗址	101219SGXH-T003	E：0488397 N：3475832 H：23米	墩形	田埂/路	表面采集		
	101219SGXH-T004	E：0488400 N：3475818 H：22米	墩形	旱地	表面采集		
	101219SGXH-U010	E：0488399 N：3475838 H：22米	墩形	旱地	表面采集		
	101219SGXH-U011	E：0488435 N：3475807 H：22米	墩形	旱地	表面采集		
	101219SGXH-U012	E：0488433 N：3475829 H：21米	墩形	旱地	表面采集		
	101219SGXH-U013	E：0488420 N：3475828 H：22米	墩形	旱地	表面采集		
	101219SGXH-U014	E：0488459 N：3475892 H：22米	墩形	旱地	表面采集		

3.遗址分布范围与现存面积

小涵遗址现为一低矮的台墩，由于长期受人为的农耕和雨水的冲刷，遗址顶部与四周地面的高差仅30～50厘米，遗址的的边缘不甚清楚，但从地貌特征观察，其范围与土墩的范围基本一致，GPS测量面积为9199平方米。

4.遗物

采集的文化遗物均为陶器，可分新石器晚期和周代两个时期。

新石器晚期皆夹粗砂红陶，纹饰可见篮纹与刻划纹，可辨器形有侧装鼎足、条形鼎足。周代陶器以夹细砂居多，陶色主要是红陶，少量灰陶与褐陶，除素面外，纹饰有绳纹等，可辨器形为锥状鼎式鬲足、罐等。

周代遗物

鼎式鬲　2件。均为锥状鬲足。

标本10SGXH：1。残，夹细砂红胎褐陶。锥状，横剖面近圆形，着地面略斜平。足面有较明显的竖向刮削痕。残高10.6厘米。西周晚期至春秋早期（图一八，1；彩版三一，7）。

标本10SGXH：2。残，夹细砂红陶。锥状，横剖面呈近圆形，表皮已脱落。素面，足背近根部饰两个对称的浅圆形指窝。残高10.8厘米。西周晚期至春秋早期（图一八，2；彩版三一，8）。

罐　1件。

标本10SGXH：3。罐口沿，残，轮制手制并用。泥质灰陶，烧成温度较高，陶质较硬。敞口，厚方唇，折沿，沿面微凸，束颈，广肩，肩下饰编织纹。残高4厘米，壁厚0.4～1.4厘米，年代约为西周晚期至春秋早期（图一八，3；彩版三一，9）。

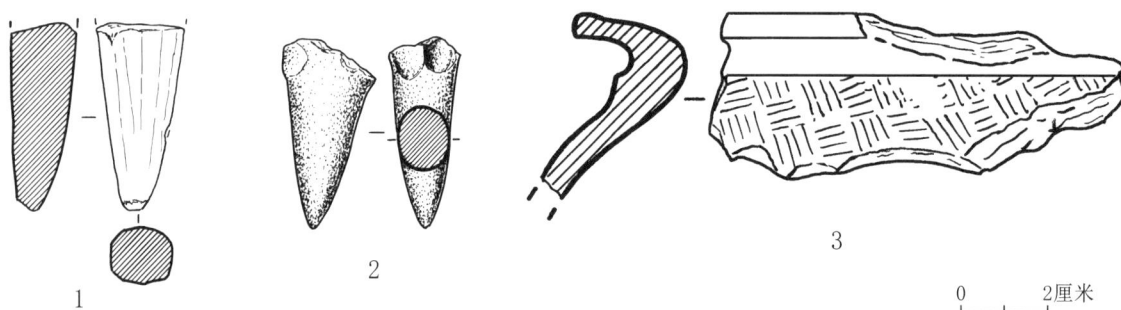

图一八　小涵遗址采集陶器标本

1、2. 鼎式鬲（10SGXH：1、2）　3. 罐（10SGXH：3）

5.遗址年代

根据采集的遗物的特点，初步判断遗址约为新石器晚期、西周晚期至春秋早期两个不同时期的叠置型遗址。

（四）摩旗墩遗址

1.地理位置及环境

摩旗墩遗址位于舒城县干汊河镇复元村桥庄村民组西南方向的岗地西端顶部，西距杭埠河与周瑜城遗址分别为91米和1000米，西北距舒晓公路（省道S317）约2公里，东北距复元双墩墓葬250米。

遗址的南、北两面分布有村庄，其余为农田和林地，西南232米为杭埠河南岸支流——复元河。遗址地处丘岗地带边缘，依托岗地，临河且面向平原，土质为夹砂粘土。该遗址为县保单位（彩版一二，7）。

2. GPS点的位置

在调查过程中对遗址进行全覆盖调查，共在两个10×10米的采集区中采集到陶片（表15）。

表15　摩旗墩遗址调查情况表

遗址名称	编号	地理坐标	地形	土地利用	采集位置	遗物	备注
摩旗墩遗址	110101SGM-I001	E：0489093 N：3474918 H：42米	墩形	荒（草）地	表面采集	1	夹砂灰陶1
	110101SGM-I002	E：0489113 N：3474903 H：36米	墩形	旱地	表面采集	8	夹砂褐陶3、夹砂灰褐陶1、泥质红陶1、泥质灰褐陶1、几何印纹（间断绳纹）硬陶1

3. 遗址分布范围与现存面积

遗址平面形状呈椭圆形，南北长于东西，顶部较平坦。GPS测量面积5419平方米（"二普"测量面积5600平方米）。从遗址北面暴露的断面分析，文化层堆积不厚，在2米以内。

4. 遗物

地表能见度差，文化遗物偶见，调查共采集遗物9片。分别为泥质、夹砂红陶，纹饰以绳纹为主。此外可见蚌壳散布。

5. 遗址年代

从采集的遗物特点来看，该遗址应为西周中晚期的岗地形遗址。

三、八里冲河流域

八里冲河发源于舒城县西南部的大官塘水库，自东向西流经干汊河镇，上、中、下游分别为低山、丘岗和冲击平原，南岸总体地势略高于北岸，最高峰低于150米，河谷平均宽度不足400米。本次调查区域位于中下游，发现的遗址数量极少，仅2处（不包括散点），另有一处疑似古代石料加工地，但缺乏比较充足的证据，故报告不予介绍。

（一）山塝遗址

1. 地理位置与环境

山塝遗址位于舒城县干汊河镇莲墩村山塘村民组东面所在岗地的岗头上，当地俗称"塝"，东南距杭埠河干流约2公里，南160为汪家河，南北两侧和东侧分别为居民点与乡村公路。

遗址东面40米处有一馒头状的土墩，通过现场仔细观察，这一土墩原来很可能与山塝遗址相连，后因当地修路、开挖沟渠将其分开，岗地边缘以南、以北以及东部均为平原区，为水田。 遗址所在的岗头顶部较为平坦，土质泛黄、发粘并略带沙性，种植有板栗树和旱地，地表可见度较低，黄土层下土色发红，质硬，含砂石，应为生土层（彩版一三，3）。

2. GPS点的位置

在调查过程中对遗址进行全覆盖调查，共在十个10×10米的采集区中采集到陶片（表16）。

表16 山塝遗址调查情况表

遗址名称	编号	地理坐标	地形	土地利用	采集位置	遗物	备注
山塝遗址	110111SGS-I001	E:0484194 N:3474611 H:44米	岗地（顶）	树林	表面采集	石块1	
	110111SGS-I002	E:0484176 N:3474569 H:46米	岗地（顶）	树林	表面采集	3	
	110111SGS-T001	E:0484231 N:3474562 H:41米	岗地（顶）	树林	表面采集	陶片2、石料2	
	110111SGS-T002	E:0484238 N:3474570 H:41米	岗地（顶）	树林	表面采集	石料3	
	110111SGS-T003	E:0484198 N:3474592 H:41米	岗地（坡、顶）	旱地	表面采集	陶片1、石料4	
	110111SGS-T004	E:0484204 N:3474601 H:41米	岗地（顶）	旱地、树林	表面采集	石料3	
	110111SGS-F001	E:0484160 N:3474586 H:41米	岗地（坡、顶）	旱地	表面采集	石英石7	
	110111SGS-E001	E:0484214 N:3474530 H:36米	岗地（坡、顶）	旱地	表面采集	3	
	110111SGS-E002	E:0484216 N:3474547 H:45米	岗地（坡、顶）		表面采集	1	
	110111SGS-E003	E:0484193 N:3474556 H:44米	岗地（坡、顶）	旱地	表面采集	5	

3. 遗址分布范围与现存面积

该遗址为岗地型，遗物偶见，因此对遗址的范围无法做出较准确的判断，根据现场调查结果，我们推测遗址可能覆盖岗头的大部分范围，GPS测量面积为9762平方米。

4. 文化层堆积

在遗址南侧一剖面可见局部文化层堆积，但不是很清晰，该剖面长100厘米，厚90厘米，呈东西方向（90度），倾斜度为80度，可划分两层。第①层，灰黄色砂土，致密，厚60厘米；第②层，黄褐色砂土，致密，可见厚度20厘米，未到生土（图一九）。此外，遗址东南部正在修路，在路基靠遗址一侧的断面上发现一座唐代墓葬。

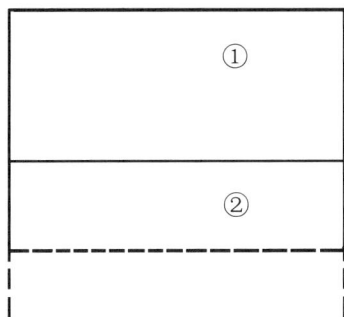

图一九　山塝遗址地层剖面示意图

5. 遗物

本次调查所采集的遗物有石料约20件，陶片15片。其中石料多为石英石块，陶片中有新石器时代晚期遗物7片，西周遗物8片。新石器时代晚期陶片中夹砂陶片4片，泥质陶片1片，夹石英砂陶片2片，陶色以红陶居多，少数灰褐陶、灰陶，纹饰均为素面，可辨器形有鼎。西周陶片中夹砂陶片3片，泥质陶片4片，夹碳陶片1片，陶色以灰陶居多，少数灰褐陶、外红内灰陶，纹饰均为素面，器形均不可辨。

6. 遗址年代

根据所采集的遗物特征，判断遗址为新石器时代晚期和西周两个不同时期的遗存。

值得注意的事不仅在山塝遗址，尤其是东边的土墩上，调查发现大量的石英石块，大小不等，多数直径不足4厘米甚至更小，排除流水携带的可能性，我们怀似人工打击留下，具体年代也无法确认。随行的当地文物部门同志告知附近有石英石矿，但由于是地面踏查，未做深入工作，暂无法对这种推测予以肯定（彩版三一，10、11）。

（二）山场遗址

1. 地理位置与环境

山场遗址位于舒城县干汊河镇孙家庄村山场村民组境内，俗称"爬头山"。遗址地处汪家河下游（现经人工改造）南岸，东距省道S317和杭埠河干流分别约530米和900米，东侧为一南北向的乡村水泥路，西223米为低山，南35米有一东西向小河。

遗址被现代民房包围，四周地势低平，为农田区，海拔在30米左右。遗址顶部较平坦，植被茂密，主要为板栗树、杂树、竹林和杂草等，能见度低（彩版一三，4、5）。

2. GPS点的位置

遗物零星散布，主要集中于东部的剖面，地表遗物极少。调查中共在五个10×10米的采集区中采集到陶片（表17）。

表17　山场遗址调查情况表

遗址名称	编　号	地理坐标	地形	土地利用	采集位置	遗物	备注
山场遗址	101218SGSC–T003	E:0485015 N:3473755 H:38米	岗地（坡）	荒（草）地	表面采集	1	
	101218SGSC–U004（散点）	E:0484787 N:3473609 H:20米	平地	旱地	表面采集	1	
	101218SGSC–U006(散点)	E:0484951 N:3473711 H:35米	岗地（坡）	荒（草）地、板栗树林	表面采集	5	
	101218SGSC–U008	E:0484994 N:3473762 H:37米	岗地（坡）	荒（草）地、板栗树	文化层	1	
	101218SGSC–U010(散点)	E:0485058 N:3473756 H:34米	岗地（坡）	荒地	文化层	陶片4 、玉器1 、石器1	

3. 遗址分布范围与现存面积

山场遗址为依托低矮石山的墩型遗址，平面形状大体呈椭圆形，西部略大于东部,顶部高出周边平地约6~8米。遗址保存一般，岗地东部、南部均被当地村民挖掉，暴露多处大断面。调查发现遗址所在的"爬头山"西部土壤层很薄，东部土层较厚，文化遗物主要在东部，因此初步推测"爬头山"的东部为遗址的主要分布范围，面积约1万平方米。

4. 文化层堆积

从南部和东部暴露的断面看，遗址的文化层堆积较厚。如东部的南北向大剖面（彩版一，55），长约30米，厚8米，上下倾斜度约80度，通过仔细观察并结合局部铲刮，可粗分为六大层，从①层到⑥层分别是浅灰土、灰褐土、灰黑土、灰褐土、黄褐色（类似花土）和灰黄土，第⑥层以下层位关系不明，其中有一条暗灰土带（图二〇；彩版一三，6）。

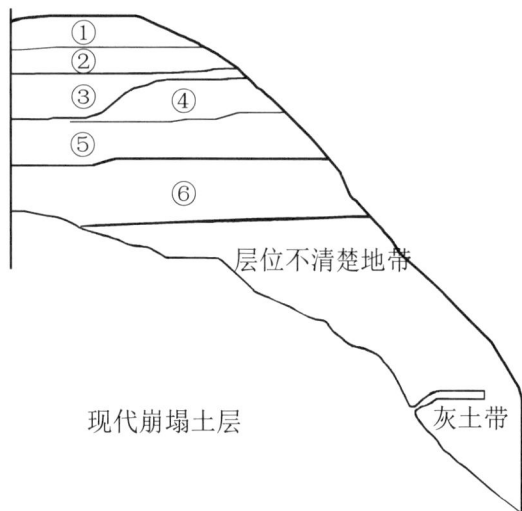

图二〇 山场遗址地层剖面示意图

5. 遗迹

在对山场遗址东部断面进行观察时，发现一道厚约3～7厘米的灰色土层，顶部距地表140厘米，剖面呈长条形，可见长度160厘米。灰色土土质较疏松，通过放大镜观察可见细腻结晶物质，已采样。

6. 遗物

调查共采集石料1，穿孔小玉饰件1，陶片11片。其中新石器时代晚期夹砂红陶3片，可辨器形有鼎足，均素面。周代陶片8件，其中夹砂红陶4片，夹砂灰陶2片，泥质褐陶2片，一件绳纹外，余者均为素面，可辨器形仅见陶鬲。

玉器 1件。

标本10SGSC：1。饰件，方体较小，残断，穿孔，残长0.95厘米，宽0.7厘米，孔径0.05～0.13厘米。年代暂不确定（图二一，1；彩版三一，12）。

鼎 1件。

标本10SGSC：2。鼎足，残，夹粗砂红褐陶。侧装三角形，器体较大，足身宽扁，背部抹平，足根残断。素面。残高9厘米。新石器时代晚期（图二一，2；彩版三一，13）。

鬲 1件。

标本10SGSC：3。鬲足，夹细砂红陶。锥状足，内窝较浅，裆部较矮。足身饰绳纹，陶质较差，纹饰基本脱落。残高5厘米。年代约为西周中晚期（图二一，3）。

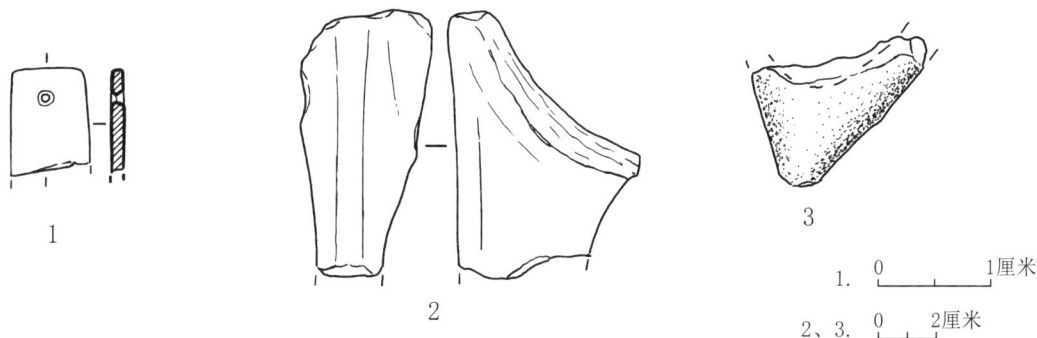

图二一 山场遗址采集玉器、陶器标本
1. 玉器（10SGSC：1） 2. 陶鼎（10SGSC：2） 3. 陶鬲（10SGSC：3）

7. 遗址年代

根据所采集的遗物特点，初步判断该遗址包含新石器时代晚期和西周中晚期两个时期的文化遗存。

（三）管垱遗址

1. 地理位置与环境

管垱遗址是位于舒城县干汊河镇莲墩村管垱村民组东南约400米处，东南距杭埠河干流约760米。遗址为一处沿河的近椭圆形土墩遗址，高出四周地面1～1.5米。东干渠沿着遗址的北、东、南三面对遗址形成半包围状，水运方便。遗址西面约100米处为高庄，北300、南200、东400米皆为通村水泥路，交通便捷，周边人口较密。遗址表面平坦，土质以黄色砂性土为主，适宜农作，现种植水稻和油菜。遗址北缘外有一处林地，东南部坐落若干现代坟（彩版一三，7）。

2. GPS点的位置

在调查过程中对遗址进行全覆盖调查，共在五个10×10米的采集区中采集到陶片（表18）。

表18　管垱遗址调查情况表

遗址名称	编　号	地理坐标	地形	土地利用	采集位置	遗物	备注
管垱遗址	101218SGGD－U003（散点）	E:0485477 N:3474309 H:28米	平地	旱地	表面采集	1	
	101218SGGD－T001（散点）	E:0485469 N:3474367 H:27米	平地	田埂/路	表面采集	2	
	101218SGGD－T002（散点）	E:0485457 N:3474352 H:28米	平地	田埂/路	表面采集	1	
	101218SGGD－U001（P1）	E:0485546 N:3474375 H:19米	墩形	水田	文化层	13	
	101218SGGD－U002（P2）	E:0485576 N:3474281 H:21米	墩形	旱地	文化层	7	

3. 遗址分布范围与现存面积

由于当地村民长期耕作，致使土墩遭一定程度破坏，同时地表难以采集到遗物，仅在遗址西北角和南部暴露的断面上能见文化层堆积，因此遗址的原分布范围应不小于现存的土墩范围，根据遗物分布范围并结合地貌特点，GPS测量面积为6181平方米。

4. 文化层堆积

由于土墩与周边地表相差不太大，故文化层堆积不厚，调查选择两个断面进行观察。

断面（1）位于遗址的西北部，断面长0.5、厚1.6米，呈西北一东南方向，倾斜度为80度，可划分三层。第①层，厚约1米左右，未进一步观察，堆积情况不明；第②层，灰白色土，砂性土质，厚约0.4米，夹杂少量西周陶片；第③层，灰黑色土，含碳粒，土质较软，可见厚度约0.2米，下部不可见（图二二；彩版一四，1）。

断面（2）位于遗址南部，断面长1、厚0.7米，呈东一西方向，倾斜度为80度，暴露部分可划分为两层。第①层，灰黄色土，土质松软；第②层，黄褐色土，土质较硬，可见厚0.3米，夹杂较多偏黄色红烧土块，采集夹砂红陶陶片（图二三）。

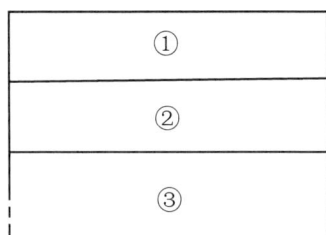

图二二　管垱遗址地层剖面示意图（1）　　图二三　管垱遗址地层剖面示意图（2）

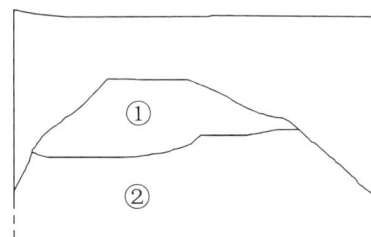

5.遗物

调查所采集的遗物均为陶片，共24片，其中新石器时代晚期陶片14片，周代陶片4片。新石器时代遗物中夹砂陶片11片，泥质陶片3片，陶色以红陶最多，少数灰陶、褐陶。纹饰以篮纹居多，少数素面。可辨器形有鬶。周代遗物中夹砂红陶2片、夹砂灰陶1片，泥质灰陶1片。纹饰为素面、绳纹各2片。可辨器形有鬶。

标本　10SGGD：1。夹砂红褐陶，形体较瘦长，圆锥状中空足，足根近腰部向外凸起一周。素面。残高10.2厘米。年代为新石器晚期（图二四；彩版三三，7）。

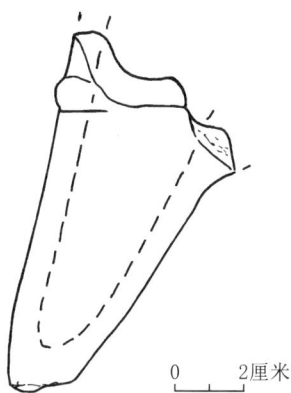

图二四　管垱遗址采集陶器标本
陶鼎足（10SGGD：1）

6.遗址年代

根据采集的陶片特点判断，该遗址为一处普通的新石器时代晚期和西周中晚期时期的聚落址。

四、沙岗小河流域

沙岗小河由位于棠树乡孙家院村西北约135米处的东西两条小溪汇成，向东南经过岗谷于棠树乡竹家庄南210米处，再与发源于大官塘水库的另一小河汇合后，河道变宽，在谢家岗和柿树村之间出岗谷继而转向东部，最后在鲍家庄340米处与南北向的河汇合后注入杭北干渠东干渠。该河流经岗谷和岗前地带，海拔在30~40米之间，低于两边岗地10~15米。调查发现流域古代遗址数量较少，仅5处，分别分布在河流的两岸。

（一）神墩遗址

1.地理位置及环境

神墩遗址位于舒城县棠树乡刘院村孙家畈村民组北100米处，坐落于东西向的两个长条形岗地之间的上游河谷平原地带，地理位置与环境均较优越，宜于人类生存。遗址东、西半部分属孙家畈村民组和袁家岗村民组，孙家畈与袁家岗组的民房均在遗址南面的山岗坡地上，遗址北面75米处为一条无名河流经。遗址四周为农田，海拔37米左右，顶部较平坦，东部稍高，现为旱地（彩版一四，2、3）。

2.GPS点的位置

对遗址进行全覆盖调查，共在五个采集区中采集到陶片，具体情况见下表（表19）。

表19　神墩遗址调查情况表

遗址名称	编号	地理坐标	地形	土地利用	采集位置	遗物	备注
神墩遗址	110112STY-T008	E:0482081 N:3475624 H:38米	墩形	旱地	表面采集		
	110112STY-T009	E:0482066 N:3475621 H:39米	墩形	旱地	表面采集		
	110112STS-Q004	E:0482056 N:3475606 H:40米	墩形	旱地	表面采集		
	110112STS-Q005	E:0482071 N:3475593 H:40米	墩形	旱地	表面采集		
	110112STS-Q006	E:0482155 N:3475552 H:39米	墩形	旱地	表面采集		

3.遗址分布范围与现存面积

除西南角略遭破坏，暴露文化层，遗址基本保存完整，为一土墩型，平面呈椭圆形，顶部高出四周地表约3米。遗址面积应包括整个土墩的范围，GPS测量为6465平方米。

4.遗物

遗址西北部陶片和红烧土散落稍多外，其余偶见陶片。采集的遗物均为陶片，分别有夹砂红陶、印纹硬陶。可辨器形有鬲、盆。

鬲　2件。均为足。

标本11STS：1。鬲足，夹砂灰胎红陶。袋状足，内窝较浅，柱状足根残断。足身饰绳纹，部分饰交错绳纹。残高4.2厘米。年代约为两周之际（图二五，1）。

标本11STS：2。鬲足，残，夹少量细砂灰陶。袋状，内窝较浅，裆部较矮，柱状实足根。足身包括着地面均饰绳纹，部分有抹光痕迹。残高5厘米。年代为两周之际（图二五，2；彩版三二，1）。

盆　1件。

标本11STS：3。口沿，残破，轮制，夹粗砂灰陶。敞口圆唇，斜折沿。素面。残高2.4厘米。年代为西周中晚期（图二五，3）。

罐　1件。

标本11STS：4。口沿，残破，轮制，夹细砂灰陶，烧成温度较高，陶质较硬。敛口，斜折沿，方唇，沿面微凹，短颈微束。肩部饰一道凹弦纹。口径厘米，残高3.6厘米。年代为西周晚期（图二五，4）。

5.遗址年代

根据遗物特点，初步判断遗址的年代约为西周中晚期至春秋早期。

（二）柿树遗址

1.地理位置与环境

　　柿树遗址位于舒城县棠树乡刘院村柿树村民组北50米，处于一东西向山岗的北坡上，岗地北面是两岗之间的狭长河谷平原地带，距遗址约140米处有一河流东西向蜿蜒流经。遗址南为居民点，东距山塝遗址约550米，东北距庙墩遗址约760米，西北距神墩遗址1600米，西侧紧邻水稻田和池塘。周边人口较少，交通不便。遗址地表较平坦，平面形状不规则，有一人工开挖的小沟渠从遗址内穿过，土质以黄色粘土为主，种植有板栗树和油菜，可见度一般（彩版一四，4）。

　　2.GPS点的位置

　　调查过程中共在三个10×10米的采集区中采集到陶片（表20）。

表20　柿树遗址调查情况表

遗址名称	编　号	地理坐标	地形	土地利用	采集位置	遗物	备注
柿树遗址	110111STS－T005	E：0483632 N：3474792 H：37米	岗地（坡）	沟渠（内）		5	夹砂红陶5（鼎足1）
	110111STS－T006	E：0483584 N：3474788 H：36米	岗地（坡）	田埂/路		1	夹砂红陶1
	110111STS－T007	E：0483578 N：3474754 H：41米	岗地（坡）	田埂/路	埂外剖面	3	夹砂红陶3（鼎足1）

　　3.遗址分布范围与现存面积

　　柿树遗址位于岗坡上，地势平缓，东部和南部与岗地相连，地表已无差别，局部遭破坏，故准确范围确难以断定，根据陶片散落的范围并且结合地形地貌对遗址面积做了初步判断，GPS测量面积约2500平方米。文化层堆积状况也不清楚，但从西部暴露的断面看，堆积厚度在1米左右。

　　4.遗物

　　残存的的遗物很少，仅在遗址中部人工开挖的沟渠和西部的断面有所发现，均为夹砂红陶陶片，共9片，其中侧装三角形鼎足2件，其余均为器腹残片，皆为素面。

　　5.遗址年代

　　根据采集遗物的特点，初步判断该遗址年代当为新石器时代晚期。

　　（三）庙墩遗址

　　1.地理位置与环境

　　庙墩遗址位于舒城县干汊河镇莲墩村莲墩村民组西侧，河南岸，周边海拔31米左右，其南20米为干泉路，路边为朝阳河，有机耕路通达遗址，北1.1公里为杭北干渠西渠。该地处于河谷平原前端，县境中部丘陵向平原过渡地带，土质以黄色砂土和黑土为主，遗址四周为农田，地势低平（彩版一四，5）。

　　2.GPS点的位置

　　该遗址共有两个采集区域（表21）。

表21　庙墩遗址调查情况表

遗址名称	编　号	地理坐标	地形	土地利用	采集位置	遗物	备注
庙墩遗址	101218SGM-J001	E：0484139 N：3475377 H：24米	墩形	荒（草）地	表面采集	22	
	101218SGM-K001	E：0484129 N：3475370 H：32米	墩形	旱地	表面采集	6	

3. 遗址分布范围与现存面积

该遗址保存完好，为一椭圆形土墩，顶部高出四周地面4～5米，庙墩村民组位于其上，遗址分布范围约3000平方米。

4. 遗物

遗址西南部有陶片分布。从采集的标本上能看出，夹砂陶较多，泥质陶较少；陶色有红陶、灰陶、红褐陶、灰褐陶等；纹饰除素面外，主要为绳纹和间断绳纹等；可见器形有鬲、簋、豆等。

鬲　3件。分别为口沿和足。

标本10SGM：1。鬲口沿，残破，轮制，夹细砂灰陶，内壁呈黑色。侈口方唇，斜折沿，束颈弧肩，微折。肩部饰两道凹弦纹，腹部饰弦断绳纹。残高8.4厘米。年代为西周晚期至春秋早期（图二五，5）。

标本10SGM：2。鬲足，夹细砂灰胎红褐陶，内壁呈黑色，烧成温度较高，陶质较硬。袋状足，内窝较浅，柱状实足根较短，内收，着地面较小。表面饰粗绳纹，着地面无纹饰。残高6.4厘米。年代为西周晚期（图二五，6）。

标本10SGM：3。鬲足，夹细砂红胎黑衣陶。袋状足，内窝较浅，柱状实足根，足尖略突起呈疙瘩状。表面饰稀疏的竖向绳纹，着地面无纹饰。残高7厘米。年代为西周晚期至春秋早期（图二五，7；图版三六，15）。

簋　1件。

标本10SGM：4。器座，残，轮制，夹粗砂灰褐陶。下腹弧收，高圈足，微束。素面。残高6.2厘米，壁厚0.4～0.6厘米，底内径6.8厘米。年代为西周晚期（图二五，8；图版三六，13）。

豆　1件。

标本10SGM：5。器座，轮制，泥质灰胎黑衣陶。下腹弧收，喇叭状高圈足，圈足底部有明显拉坯痕迹。素面。残高4.6厘米，壁厚0.5～0.6厘米。年代为西周晚期（图二五，9；图版三六，14）。

5. 遗址年代

从遗址采集的遗物来看，该遗址约为西周时期到春秋早期的文化遗存。

（四）龙山庄遗址

1. 地理位置与自然环境

龙山庄遗址位于舒城县干汊河镇龙山村龙山庄村民组南140米处，北距杭北干渠西渠约300米，南距河545米。

遗址处于河谷平原北部岗地东缘，地势西高东低，呈缓坡状，其南北两侧各有一水塘。遗址现地表为旱地，而东部则是农田（彩版一四，6）。

2. GPS点的位置

调查中仅在一个采集区中采集到陶片，具体情况见下表（表22）。

表22　龙山庄遗址调查情况表

遗址名称	编　号	地理坐标	地形	土地利用	采集位置	遗物	备注
遗址 龙山庄	101218SGJ-C001	E:0484442 N:3476280 H:39米	墩形	旱地	表面采集	1	

3. 遗址分布范围与现存面积

遗址为土墩型，保存一般，局部遭破坏，平面形状不甚规则，近似椭圆形。地表散落陶片极少，同时偶见红烧土颗粒。此外，土墩的局部边缘暴露文化。，因此综合微地貌特征等多种信息，初步推断土墩的范围即为遗址的面积，GPS测量数据为5400平方米。

4. 遗物与年代

仅在遗址中部采集一绳纹陶片，夹细砂褐陶，其年代约为春秋早期。

（五）鲍家庄遗址

1. 地理位置与环境

鲍家庄遗址位于舒城县干汊河镇龙山村鲍家庄村民组南410米处，河北岸，南距南距路340米，北距杭北干渠西渠约473米，西距龙山庄遗址约715米。

该遗址处于丘陵向平原过渡地带，地势低缓，周边海拔不足30米。而遗址为一典型土墩，顶部海拔33.4米，高出四周地面约4～5米，现为旱地（彩版一五，1、2）。

2. GPS点的位置

在调查过程中对遗址进行全覆盖调查，在一个10×10米的采集区采集到遗物（表23）。

表23　鲍家庄遗址调查情况表

遗址名称	编　号	地理坐标	地形	土地利用	采集位置	遗物	备注
遗址 鲍家庄	101218SGB-C002	E:0485733 N:3476034 H:26米	墩形	旱地	表面采集	3	

3. 遗址分布范围与现存面积

遗址保存一般，根据陶片散落范围以及遗址地貌特点，确定整个土墩即是遗址的面积，GPS测量数据为3009平方米。

4. 遗物

遗址地表偶见文化遗物，仅采集陶片3片，夹砂灰陶、红陶、红褐陶各1片，纹饰有绳纹、凹弦纹各1片，器形均不可辨。

5.遗址年代

根据采集的遗物特点，初步判断该遗址应为西周时期的文化遗存。

（六）万家桥遗址

1.地理位置与环境

万家桥遗址位于舒城县干汊河镇洪宕村万家桥村民组南100米处，东部有一南北向小路，西180米为人工水渠，南距李家大庄村民组约200米。四周地势低平，多为种植水稻的农田。遗址为旱地（彩版一四，7）。

2.GPS点的位置

调查共在两个采集区中采集到陶片，具体情况见下表（表24）。

表24　万家桥遗址调查情况表

遗址名称	编　号	地理坐标	地形	土地利用	采集位置	遗物	备注
万家桥遗址	101219SGW-C001	E：0485978 N：3475829 H：23米	墩形	旱地	表面采集		
	101219SGW-E002	E：0486036 N：3475828 H：23米	墩形	水田、田埂/路	表面采集		

3.遗址分布范围与现存面积

该遗址为一墩型台地，平面近椭圆形，根据陶片散落的范围和地貌特征确定遗址的范围，GPS测量面积为2537平方米。土地平整对遗址造成一定的破坏。

4.遗物

文化遗物偶见，主要在墩地的顶部采集到陶片，多为泥质陶，以素面居多，另见绳纹、附加堆纹及凸棱，但未见可辨器形。

5.遗址年代

根据采集的遗物特点，初步判断该遗址的年代可能约为春秋早期和汉代。

（七）石家庄遗址

1.地理位置与环境

石家庄遗址位于舒城县干汊河镇龙山村石家庄村民组南，当地俗称"乌龟墩"。遗址西北约180米为杭北干渠，西邻一小河，东南约100米为沙岗小河，北240米有一乡村公路。遗址西北依岗地，东南临开阔的冲击平原，海拔31米，四周为农田。遗址大部分已开垦为旱地，小部分为现代坟地（彩版一五，3）。

2.遗址面积与文化层堆积

现场调查发现，该遗址原为一土墩形台地，平面形状略呈椭圆形，最高处高出四周稻田约1.5米，因当地村民长期开垦致使遗址破坏严重，形成南北两级阶地，南矮北高，并有60厘米左右的断面，但我们推测遗址的范围应该就是土墩的面积，经现场测算约3500平方米。文化层的堆积厚度大约在1～1.5米。

3.文化遗物

整理期间在遗址地表采集到2件绳纹灰陶片，还在遗址中部的两级阶地断面上发现残破的灰陶鼎1件。

标本12SGS临采：1，陶鼎，残破，子母口，失盖，器身为泥质灰陶，足为加粗沙陶。器身整体呈钵形，敛口，斜弧腹，底近平，两附耳略外撇，耳有方穿，底置三个瘦高形兽足。素面。口径20、通高23、足高12厘米。年代约为战国晚期或西汉早期（图二五，10；彩版三二，2）。

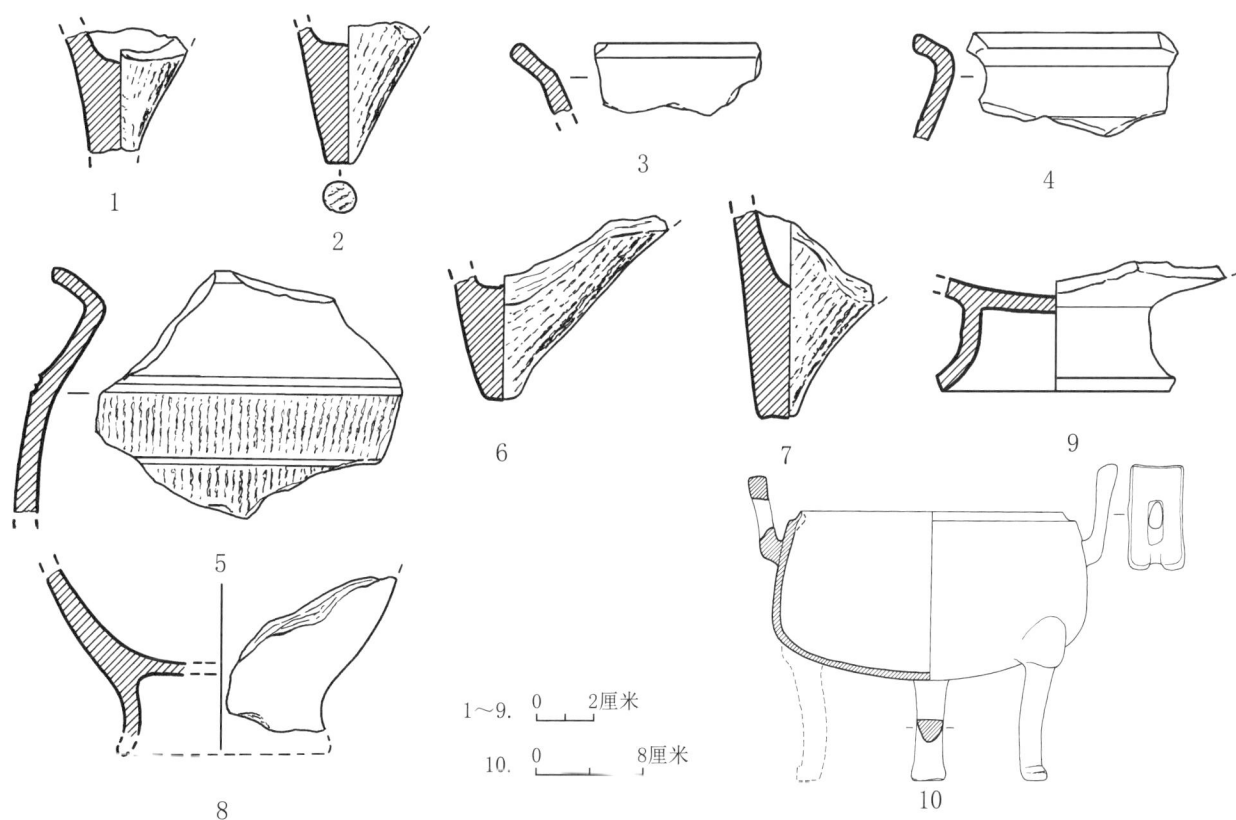

图二五 神墩遗址、庙墩遗址及石家庄遗址采集陶器标本
1～2.鬲足（神墩11STS：1、2） 3.盆（神墩11STS：3） 4.罐（神墩11STS：4） 5～7.鬲（庙墩10SGM：1、2、3）
8.簋（庙墩10SGM：4） 9.豆（庙墩10SGM：5） 10.鼎（石家庄12SGS临采：1）

根据遗物特点，我们初步判断遗址的年代在西周中期到西汉早期。

（八）柿子树遗址

1.地理位置与环境

柿子树遗址位于舒城县干汊河镇西垱村柿子树村民组东。遗址西侧约250米处有一小河（杭北干渠）流经，遗址东面与南面均与稻田相连，东北侧35米为高塘埂遗址。遗址地处县境中部平原地区，海拔在25米左右，土质以黄色粘土为主，适宜农作，主要作物有水稻、小麦和油菜。遗址地表现为旱地，有现代坟，南侧有一通村机耕路（彩版一五，4、5）。

2. GPS点的位置

在调查过程中对遗址进行全覆盖调查，共在九个10×10米的采集区中采集到陶片（表25）。

表25　柿子树遗址调查情况表

遗址名称	编号	地理坐标	地形	土地利用	采集位置	遗物	备注
柿子树遗址	101219SGSZ-J001	E：0487290 N：3477449 H：18米	墩形	旱地	表面采集	4	
	101219SGSZ-J002	E：0487290 N：3477439 H：20米	墩形	旱地	表面采集、文化层	22	
	101219SGSZ-K007	E：0487293 N：3477447 H：18米	墩形	旱地	表面采集	5	
	101219SGSZ-L002	E：0487279 N：3477439 H：23米	墩形	旱地	表面采集	35	
	101219SGSZ-N001	E：0487304 N：3477439 H：29米	墩形	旱地	表面采集	7	
	101219SGSZ-N002	E：0484361 N：3481154 H：27米	墩形	水田	表面采集	39	
	101219SGSZ P1-①	E：0487293 N：3477447 H：18米	墩形		文化层	4	
	101219SGSZ P1-②	E：0487293 N：3477447 H：18米	墩形		文化层	5	
	101219SGSZ P1-③	E：0487293 N：3477447 H：18米	墩形		文化层	5	

3. 遗址分布范围与现存面积

该遗址为土墩形，高出四周地面3～5米，平面近椭圆形。因当地村民长期耕种，遗址面积有所减损，现存面积约2400平方米。

4. 文化层

在遗址顶部东侧选取断面进行文化层观察。断面长度为0.7米，厚度为0.8米，断面方向为360度，倾斜度为85度，GPS位置为E：0487290，N：3477449，H：16米。从该断面观察到文化层可分为三层：①层为灰色土，土质疏松，夹有大量的植物根系，且有绳纹陶片；②层为黄色土，土质较硬，夹有植物根系和红烧土颗粒，夹有罐腹片；③层为褐色土，夹有甗腰、绳纹陶片及红烧土颗粒等（图二 六；彩版一五，6）。

5. 遗物

本次调查采集遗物均为陶片，共123片，其中夹砂陶84片，泥质陶39片。陶色以红褐陶、红胎黑皮

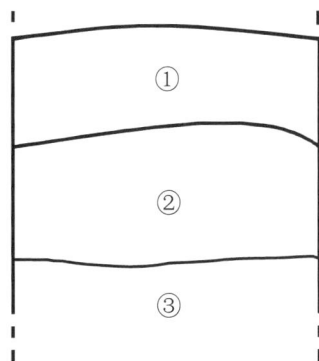

图二六　柿子树遗址地层剖面示意图

陶、灰黑陶为主，少数红陶、灰陶、灰褐陶、褐陶。可辨器形有甗、罐、鬲等。纹饰以绳纹为主，其次为素面，少数间断绳纹、附加堆纹、指窝纹、凹弦纹等。年代均属周代。

甗　1件。

标本10SGSZ：1。甗腰，残，轮制手制并用，加粗石英砂灰胎黑衣陶。束腰，壁较厚。下腹部饰稀疏的竖向绳纹，腰部饰半圆形指窝堆纹一周。残高8厘米，壁厚0.7～1.4厘米。年代西周中期（图二七，1；彩版三二，3）。

鬲　3件。均为鬲足。

标本10SGSZ：2。鬲足，夹砂红陶。锥状实足，内窝较浅。表面饰竖向绳纹，局部纹饰脱落。残高4.3厘米，年代为西周中期（图二七，2）。

标本10SGSZ：3。鬲足，夹细砂红陶。袋状足，内窝较浅，圆锥形足根。足身饰绳纹。残高7厘米。年代为西周中期（图二七，3；彩版三二，4）。

标本10SGSZ：4。鬲足，夹细砂红褐陶。袋状足，内窝较浅，圆柱状足根。表面饰稀疏的竖向绳纹，着地面饰绳纹，足身有两道刻划痕。残高8厘米，壁厚0.6厘米。年代为西周中晚期（图二七，4；彩版三二，5）。

罐　1件。

标本10SGSZ：5。罐底，轮制，泥质灰陶。斜腹，平底微凹。下腹部饰稀疏的竖向绳纹，近底部饰斜向绳纹，底部饰绳纹，不清晰。残高3.8厘米，壁厚0.7～1.4厘米，底径7.6厘米。年代为西周晚期（图二七，5）。

6. 遗址年代

从采集的遗物特点来，该遗址当为西周中晚期时期的文化遗存。

（九）高塘埂遗址

1. 地理位置与环境

遗址位于舒城县干汊河镇西垱村柿子树村民组东。西南35米为柿子树遗址，西北300米有一河流（杭北干渠）流经，南450米有一条乡村机耕路。该遗址为墩形，四周地势低平，海拔在25米左右，为成片相连的稻田（彩版一五，7）。

2. GPS点的位置

该遗址共有六个采集区域（表26）。

表26　高塘埂遗址调查情况表

遗址名称	编号	地理坐标	地形	土地利用	采集位置	遗物	备注
高塘埂遗址	101219SGG-K001	E:0487330 N:3479513 H:15米	墩形	旱地	表面采集	3	
	101219SGG-K002	E:0487341 N:3477456 H:13m	墩形	旱地	表面采集	10	
	101219SGG-K003	E:0487351 N:3477455 H:14m	墩形	旱地	表面采集	5	
	101219SGG-K004	E:0487341 N:3477463 H:15米	墩形	旱地	表面采集	1	
	101219SGG-K005	E:0487343 N:3477465 H:15米	墩形	旱地	表面采集	1	
	101219SGG-K006	E:0487356 N:3477473 H:16米	墩形	旱地	表面采集	3	

3. 遗址分布范围与现存面积

遗址近椭圆形，顶部斜平，西低东高，高出四周地表0.8～1.2米，由于农业生产，导致遗址有一定程度的破坏，现存面积约1100平方米。

4. 遗物

采集的遗物数量较少，均为陶器残片，共26片。其中夹砂陶17片，泥质陶9片。陶色主要为灰陶，其次为灰褐陶、红陶，另有红褐陶、褐陶。纹饰以素面居多，其次为绳纹，另有附加堆纹、间断绳纹。未见可辨器形。

5. 遗址年代

从采集的遗物特点来看，该遗址应为西周中晚期的普通聚落址。

（十）佘家庄遗址

1. 地理位置与环境

佘家庄遗址位于舒城县干汊河镇新陶村佘家庄村民组，东南距干汊河镇约1.5公里，西约115米有一条河流（杭北干渠）流过，同时有一小河紧邻遗址西边，北侧有一较矮土墩，东北290米有一条乡村机耕路可通往干汊河镇。该遗址是一处土墩形聚落址，平面呈不规则形，四周地势较低平，起伏很小，西部略高于东部，海拔在26米左右，遗址地表现为旱地（彩版一五，8）。

2. GPS点的位置

调查过程共在十个10×10米的采集区中采集到陶片（表27）。

表27 佘家庄遗址调查情况表

遗址名称	编号	地理坐标	地形	土地利用	采集位置	遗物	备注
佘家庄遗址	101219SGSJ-J003	E:0487642 N:3478179 H:45米	墩形	旱地、林地	表面采集	5	
	101219SGSJ-J004	E:0487649 N:3478194 H:46米	墩形	树林	表面采集	8	
	101219SGSJ-K008	E:0487654 N:3478142 H:29米	墩形	树林	表面采集	15	
	101219SGSJ-K009	E:0487655 N:3478157 H:32米	墩形	树林	表面采集	6	
	101219SGSJ-K010	E:0487650 N:3478172 H:33米	墩形	树林	表面采集	1	
	101219SGSJ-K011	E:0487647 N:3478170 H:34米	墩形	树林	表面采集	3	
	101219SGSJ-K012	E:0487634 N:3478171 H:34米	墩形	树林	表面采集	红烧土块1	
	101219SGSJ-K013	E:0487634 N:3478183 H:34米	墩形	树林	表面采集	10	
	101219SGSJ-K014	E:0487649 N:3478181 H:34米	墩形	树林	表面采集	4	

3. 遗址分布范围与现存面积

遗址顶部斜平,东低西高,高出周边地表1～2米,由于农业生产,对遗址造成了一定程度的破坏,现存面积5900平方米。未铲刮剖面,文化层堆积状况不明。

4. 遗物

采集的遗物均为陶片,主要集中于遗址东侧,共52片。以夹砂红陶最多,其次为夹砂灰陶,还有夹砂褐陶、灰褐陶以及少数泥质红陶、灰陶和黑陶。纹饰多为素面,鼎足一般饰按窝。可辨器形有鼎足,豆座,均属新石器时代晚期。

鼎 5件。均为鼎足。

标本10SGSJ:1。鼎足,夹砂褐陶。侧装,横剖面近圆形,足根残断。足背近鼎身部有两对称的近圆形按窝,按窝下有切削的痕迹。残高7.6厘米(图二七,6;彩版三二,6)。

标本10SGSJ:2。鼎足,夹砂红陶。侧装三角形足,横剖面形状近圆形,足根残断。鼎身近根部饰篮纹。残高8.2厘米(图二七,7;彩版三二,7)。

标本10SGSJ:3。鼎足,夹细砂红陶。侧装三角形,横剖面形状呈扁椭圆形,足背捏的较薄,足根残断。足背近身处有4个对称近圆形的按窝。残高5.4厘米（图二七，8；彩版三二，8）。

标本10SGSJ：4。鼎足，夹砂灰陶。侧装，横剖面形状近椭圆形。足背近鼎身处捏的较薄，足根残断。足背近鼎身处有一对明显的按窝。残高6厘米（图二七，9；彩版三二，9）。

标本10SGSJ：5。鼎足，夹粗砂红陶。侧装三角形足，器体较大，足较扁平，横剖面形状呈扁椭圆形，足根残断。素面。残高11.8厘米（图二七，10；彩版三二，10）。

5. 遗址年代

从采集的遗物特点看，该遗址应为新石器时代晚期的文化遗存。

（十一）新陶遗址

1. 地理位置与环境

新陶遗址位于舒城县干汊河镇新陶村迎新小学旁。遗址西530米为南北向的河流（杭北干渠），西南方向430米为干（汊河）秦（家桥）公路，东南距干汊河镇约1.4公里，西北方向为一条村级砂石路。

遗址所在地区地势相对低平，起伏不大，海拔一般不超过26米，西部、东部和南部略高于北部。遗址本身为平地而起土墩，平面略呈椭圆形，地表为旱地（彩版一六，1）。

2. GPS点的位置

该遗址共有五个采集区域，GPS坐标分别如下（表28）。

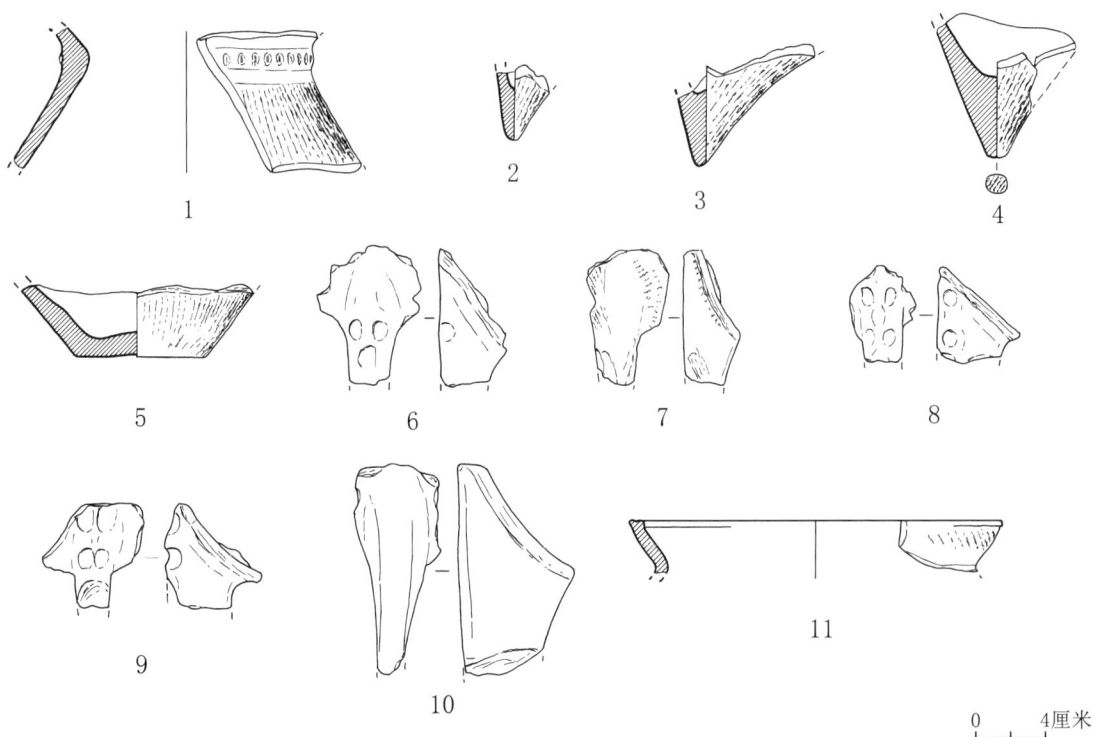

图二七　柿子树、佘家庄、新陶遗址采集陶器标本
1. 甗（柿子树10SGSZ：1）　2~4. 鬲（柿子树10SGSZ：2、3、4）　5. 罐（柿子树10SGSZ：5）　6~10. 鼎（佘家庄10SGSJ：1~5）　11. 罐（新陶10SGXT：1）

表28 新陶遗址调查情况表

遗址名称	编 号	地 理 坐 标	地形	土地利用	采集位置	遗物	备注
新陶遗址	101224SGXT-C001	E:0488324 N:3478747 H:23米	墩形	旱地	表面采集	2	
	101224SGXT-E001	E:0488309 N:3478691 H:21米	墩形	旱地	表面采集	10	
	101224SGXT-I001	E:0488326 N:3478747 H:19米	墩形	旱地	表面采集	1	
	101224SGXT-I002	E:0488331 N:3478733 H:19米	墩形	旱地	表面采集	5	
	101224SGXT-I003	E:0488306 N:3478687 H:20米	墩形	旱地	表面采集	31	

3. 遗址分布范围与现存面积

遗址保存状况一般，根据断面和地貌信息，反映该遗址面积当为整个土墩范围，GPS测量数据为4487平方米。

4. 文化层

遗址顶部高出四周地表3米。选择遗址一断面进行观察，断面位于迎新小学东侧，长度为60厘米，厚度为70厘米，方向为170度，倾斜度为85度，GPS坐标为：E：488324；N：3478747；H：23米。从该断面观察到遗址的局部文化层可分为三层：①层为耕土层，土质为疏松的黄褐色粘土，厚度约0.18米，包含植物根系；②层为致密的灰黄色粘土，厚度约0.29～0.32米，包含少量红烧土颗粒；③层为致密的红褐色黏土，厚度约0.26～0.28米，未到生土，包含红烧土块、陶片（图二八；彩版一六，2）。

5. 遗物

遗址地表散布一定的陶片和丰富的红烧土块。从遗址的地表及文化层采集的遗物来看，陶质绝大多数为夹砂陶，有很少的几何印纹硬陶；陶色主要为红陶、灰陶、灰黑陶、红胎黑衣陶；纹饰主要有绳纹、弦纹以及附加堆纹等；可见器形有鬶、鬲、罐等。另见一汉代泥质布纹灰陶。

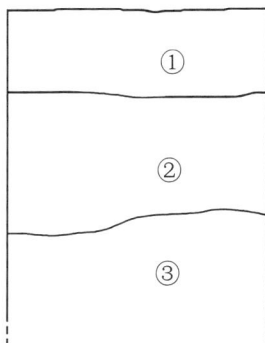

图二八 新陶遗址地层剖面示意图

罐 1件。

标本10SGXT：1。罐口沿，残，轮制，夹细砂灰胎黑衣陶，烧成温度较高，陶质较硬。侈口，厚圆唇，沿面微凹，唇面带一道较浅的凹槽。口外径21厘米，残高3.2厘米，壁厚0.6～0.7厘米。年代为春秋早中期（图二七，11）。

6. 遗址年代

根据采集的陶片标本分析，初步判断遗址的年代约为春秋早中期和汉代。

（十二）大院村鲍墩遗址

1. 地理位置与环境

遗址位于舒城县干汊河镇大院村鲍家墩组西北100米，西50米为杭北干渠西支渠。遗址东、南侧为鲍墩村民组居民点，西和北侧为水田，南67米有一条小路。遗址地处平原地区，地势起伏较小，海拔30米左右，西部略高于东部，气候属北亚热带湿润性季风气候，四季分明，土质以黄砂土和黑土为主，适宜农作。遗址顶部种有油菜，墩南有现代坟并生长杂树（彩版一六，3）。

2. GPS点的位置

调查过程中共在三个10×10米的采集区中采集到陶片（表29）。

表29 鲍墩遗址调查情况表

遗址名称	编号	地理坐标	地形	土地利用	采集位置	遗物	备注
鲍家墩遗址	101217SGB-J001	E：0486165 N：3478790 H：24米	墩形	旱地	表面采集	6	
	101217SGB-L001	E：0486219 N：3478802 H：34米	墩形	旱地	表面采集	陶片9、石器1	
	101217SGB-N001	E：0486207 N：3478809 H：28米	平地	旱地	文化层	6	

3. 遗址分布范围与现存面积

该遗址为馒头状土墩，平面呈椭圆形，高出四周地表4～5米，保存完好，遗址分布范围约12000平方米。

4. 文化层

通过对该遗址进行了全覆盖调查法，并在遗址西侧选取了断面进行观察。断面长度为0.8米，厚度为0.8米，方向为340度，倾斜度为85度。从断面可见该文化层可划分为三层，①层为耕土层，土质疏松，厚0.2～0.3米，包含植物根系；②层土质较上层坚硬，包含红烧土颗粒较多，厚0.2～0.3米；③层为褐色土，土质较坚硬，厚0.2～0.4米（图二九）。

5. 遗物

调查所采集的遗物有石制品残件1，器形不明。陶片21片，以夹砂红褐陶和红胎黑衣陶居多，另有少量夹砂红陶和灰褐陶，以及泥质灰褐陶、灰陶和红陶。纹饰多为素面，有少数绳纹和间断绳纹，可辨器形有鼎、鬲、罐。

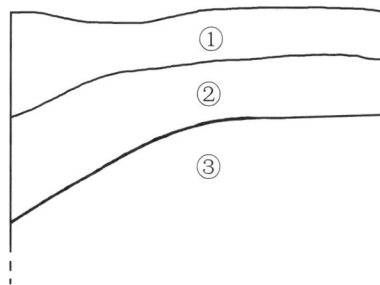

图二九　大院村鲍墩遗址地层剖面示意图

鼎　1件。

标本10SGB：1。鼎足，夹粗砂红陶。横装条形足，仅余根部，器体较小，横截面形状近椭圆形。足面带一道较深的竖向凹槽。残高4厘米。年代为新石器时代晚期（图三○，1）。

鬲　1件。

标本10SGB：2。鬲足，残，夹粗砂（含部分石英砂）红褐陶。内窝较浅，裆部较矮，锥状实足根。制作粗糙，陶质较差，纹饰基本脱落。残高5.4厘米。年代为西周中晚期（图三○，2）。

6. 遗址年代

从遗址采集的遗物来看，该遗址应为包含新石器晚期和西周中晚期两个不同时间段的聚落址。

（十三）西姑墩遗址

1. 地理位置与环境

西姑墩遗址位于舒城县干汊河镇绕山村安南村民组西南约150米处，东50、117米分别为乡村公路和寺庙—"西姑庵"，西490米为杭北干渠。遗址为一土墩形台地，原紧邻遗址四周均有水塘，现西部水塘改造成农田。遗址顶部略呈馒头状，东高西低，现开垦成旱地并有树林以及现代坟（彩版一六，4）。

2. GPS点的位置

调查共在十五个采集区中采集到陶片（表30）。

表30　西姑墩遗址调查情况表

遗址名称	编号	地理坐标	地形	土地利用	采集位置	遗物	备注
西姑墩遗址	101217SGXG－U001	E：0486899 N：3479487 H：40米	墩形	旱地	表面采集		
	101217SGXG－U002	E：0486899 N：3479496 H：39米	墩形	旱地	表面采集		
	101217SGXG－U003	E：0486919 N：3479495 H：37米	墩形	旱地	表面采集		

	101217SGXG−U004	E:0486936 N:3479505 H:35米	墩形	旱地	表面采集		
西姑墩遗址	101217SGXG−U005	E:0486908 N:3479518 H:33米	墩形	旱地	表面采集		
	101217SGXG−Q001	E:0486914 N:3479470 H:37米	墩形	旱地	表面采集		
	101217SGXG−Q002	E:0486920 N:3479491 H:37米	墩形	旱地	表面采集		
	101217SGXG−Q003	E:0486930 N:3479495 H:37米	墩形	旱地	表面采集		
	101217SGXG−Q004	E:0486912 N:3479506 H:34米	墩形	旱地	剖面		
	101217SGXG−Q005	E:0486905 N:3479508 H:32米	墩形	旱地	表面采集		
	101217SGXG−T002	E:0486896 N:3479455 H:47米	墩形	旱地	表面采集		
	101217SGXG−T003	E:0486928 N:3479500 H:40米	墩形	旱地	表面采集		
	101217SGXG−T004	E:0486919 N:3479506 H:36米	墩形		表面采集		
	101217SGXG−T005	E:0486897 N:3479513 H:33米	墩形	旱地	表面采集		
	101217SGXG−T006	E:0486896 N:3479528 H:33米	墩形	旱地	表面采集		

3. 遗址分布范围与现存面积

遗址原为圆墩形，但当地村民在其东北角建造土窑，土窑取土将遗址北部挖掉一半，现存部分呈半月形，GPS测量面积约6026平方米（土墩底面积）。

4. 遗物

采集的遗物相对较多，均为陶器残片，共152片。其中夹砂陶131片，泥质陶18片，几何印纹硬陶3片。陶色主要为褐陶，其次为灰陶、红陶，另有红胎黑皮陶、红褐陶、灰褐陶。纹饰以素面居多，其次有绳纹、间断绳纹、附加堆纹、网格纹，另有交错绳纹等。硬陶均为泥质，其中内红外灰陶2片，灰陶1片，纹饰为间断绳纹、编织纹、凹弦纹。可辨器形有鬲、瓮。

鬲　4件。

标本10SGXG：1。鬲口沿，残，轮制手制并用，夹砂灰黑陶。侈口，方唇，折平沿较宽，肩部微折。肩部饰竖向绳纹，上腹部贴敷一周宽条状堆纹，堆纹上饰斜向绳纹。残高6.4厘米。年代为西周晚期或春秋早期（图三〇，3；彩版三二，11）。

标本10SGXG：2。鬲口沿，残，轮制，夹砂灰褐陶，局部呈红色，由烧成温度不均造成。侈口圆唇，折平沿较宽，素面。残高4.2厘米。年代为西周晚期或春秋早期（图三〇，4）。

标本10SGXG：3。鬲足，夹粗石英砂灰陶，部分呈灰褐色，由烧成温度不均造成。袋状足，器体较大，内窝较浅，裆部较高，截面呈椭圆形，柱状实足根。足面饰较稀疏的粗绳纹，部分交错，着地面饰绳纹。残高10厘米。年代为西周晚期或春秋早期（图三〇，5；彩版三二，12）。

标本10SGXG：4。鬲足，夹砂红陶。袋状足，内窝较浅，圆柱状实足根，足尖微斜，着地面微凹。足表面局部饰绳纹，着地面无纹饰。高6.2厘米。年代约为西周晚期或春秋早期（图三〇，6；彩版三二，13）。

罐　1件。

标本10SGXG：5。罐口沿，残破，轮制，泥质夹细砂灰陶。口微侈，圆唇，长颈微束，器壁较厚，素面。残高6.2厘米，壁厚0.5～1.4厘米。年代为西周晚期或春秋早期（图三〇，7）。

5.遗址年代

通过遗物特点分析，西姑山遗址的年代约为西周晚期至春秋早期。

（十四）梅小庄遗址

1.地理位置与环境

梅小庄遗址位于舒城县干汊河镇绕山村梅小庄村民组北，东476米为杭北干渠东支渠，东86米有一条小水沟连接东、西支渠，西南约640米为乡村机耕路，遗址西、南、北三面被水塘环绕，水塘西边的小路北至马松村，东边的小路通往邓小庄。该遗址地处地势较低平地带，起伏很小，东部稍低于西部，海拔不足32米，为现代农耕区。遗址本身为一典型的土墩，平面近圆形，墩顶地表栽有树林（彩版一六，5）。

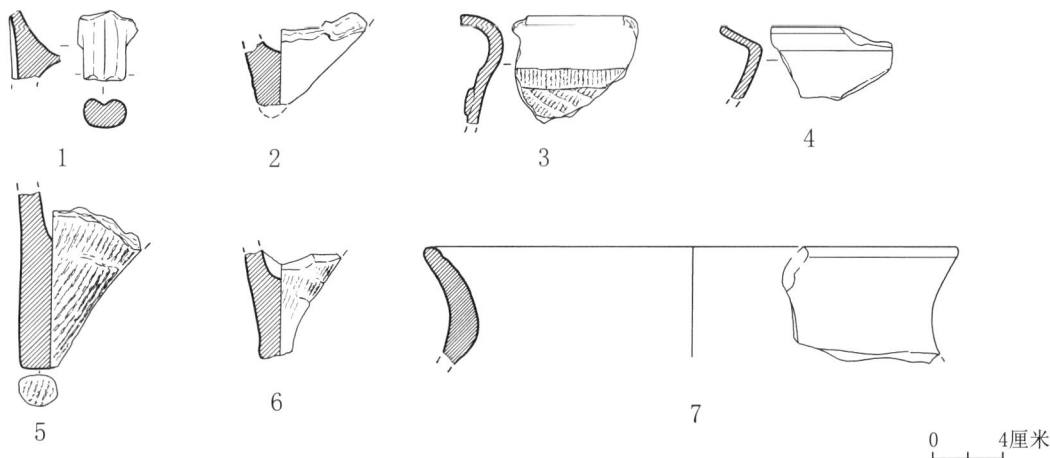

图三〇　大院村鲍墩遗址、西姑墩遗址采集陶器标本

1. 鼎（鲍墩10SGB：1）　2. 鬲（鲍墩10SGB：2）　3～6. 鬲（西姑墩10SGXG：1～4）　7. 罐（西姑墩10SGXG：5）

2.GPS点的位置

调查过程中，在两个10×10米的采集区中采集到遗物（表31）。

表31 梅小庄遗址调查情况表

遗址名称	编 号	地理坐标	地形	土地利用	采集位置	遗物	备注
梅小庄遗址	101221SGM-C001	E:0487630 N:3479710 H:29米	墩形	树林	表面采集	7	
	101221SGM-E003	E:0487629 N:3479746 H:28米	墩形	树林	表面采集	6	

3.遗址分布范围与现存面积

遗址保存一般，根据调查采集的遗物和地貌信息，遗址分布范围即为土墩的面，GPS测量约2000平方米。

4.文化层

选取遗址北部一暴露的断面进行观察。断面长度为0.9米，厚度为0.35米，方向为355度，上下倾斜度为80度。GPS测点为：E：487629；N：3479733；H：23米。断面观察显示，文化层可分为三层：①层为耕土层，土质为疏松的灰色粘土，厚度约0.1~0.16米，包含植物根系、红烧土颗粒；②层为致密的褐色粘土，厚度约0.05~0.1米，包含碳屑、红烧土颗粒；③层为致密的灰白夹黄色斑点粘土，厚度约0.15~0.5米，未到生土，包含红烧土颗粒（图三一；彩版一六，6）。

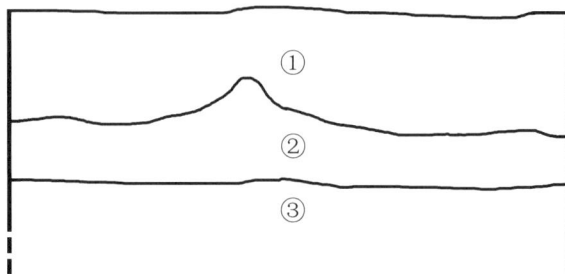

图三一 梅小庄遗址地层剖面示意图

5.遗物

遗址地表偶见陶片，共采集陶片13块。均为夹砂陶，陶色分为红陶、灰陶、灰黑陶、红胎黑衣陶。纹饰以绳纹最多，少数弦纹。器形不可辨。

6.遗址年代

依据采集的遗物特点，初步判断遗址的年代应为西周中晚期。

（十五）蛮塘遗址

1.地理位置与环境

蛮塘遗址位于舒城县柏林乡马松村蛮塘村民组西40米，张家庄居民点西，东南距杭北干渠西支渠约245米，东60米有一条小水沟。遗址南、西、北三面有水塘环绕，东部是较开阔的低地。遗址属平地起墩，墩表为林地和荒地，并坐落若干现代坟，地表可见度极差（彩版一六，7）。

2. GPS点位置

调查过程中，在三个采集区中采集到陶片。（表32）。

表32　蛮塘遗址调查情况表

遗址名称	编　号	地　理坐　标	地形	土地利用	采集位置	遗物	备注
蛮塘遗址	101221SBM -K001-P1②	E：0488039 N：3480330 H：29m	墩形	旱地	文化层、剖面采集	2	
	101221SBM K001-P1③	E：0488039 N：3480330 H：29m	墩形	旱地	文化层、剖面采集	3	
	101221SBM -K001-P1④	E：0488039 N：3480330 H：29m	墩形	旱地	文化层、剖面采集	1	

3. 遗址分布范围与现存面积

遗址平面形状近椭圆形，保存状况一般，存在一定程度的破坏。经GPS测量，遗址分布面积约1449平方米。

4. 文化层堆积状况

选取该遗址的一处断面进行观察，断面厚度为0.8米，方向为345度，上下倾斜度为80度。文化层可分为五层：①层为耕土层，为疏松的灰色粘土，厚度约0.2～0.25米，包含植物根系；②层为致密的黄褐色粘土，厚度约0.1～0.35米，包含少量植物根系、陶片、碳粒、红烧土块；③层为致密的灰褐色粘土，厚度约0.1米，包含碳粒、红烧土颗粒、陶片；④层为致密的灰白夹红烧土颗粒粘土，厚度约0.3～0.4米，包含碳粒、红烧土颗粒、陶片；⑤层为致密的灰色黏土，厚度约0.1米，包含碳粒、红烧土颗粒（图三二；彩版一六，8）。

5. 遗物

遗址地表偶见陶片，从文化层中共采集6块陶片，均为泥质陶，火候较高；纹饰有绳纹和瓦楞纹。

6. 遗址年代

依据采集的遗物以及文化层分析，该遗址年代可能为汉代。

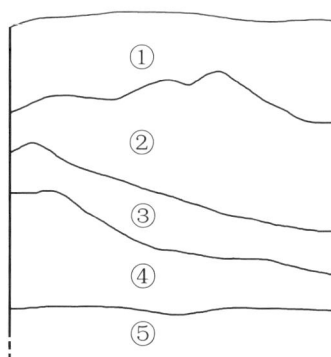

图三二　蛮塘遗址地层剖面示意图

（十六）庵塘遗址

1. 地理位置与环境

庵塘遗址位于舒城县柏林乡马松村沙家老庄村民组东。遗址西侧距沙家老庄约30米，东距王家大庄约160米，东南距杭北干渠东支渠约1100米，北185米有一注入东干渠的小河，南、西、北皆为水塘，四周海拔不足30米。

遗址属土墩型，顶部高出周边地表约4米，其中部种植庄稼，边缘多现代坟，南部二级台地（高差0.7米）向南延伸5米（彩版一七，1）。

2. GPS点的位置

调查共在五个采集区中采集到陶片（表33）。

表33　庵塘遗址调查情况表

遗址名称	编　号	地理坐标	地形	土地利用	采集位置	遗物	备注
庵塘遗址	101222SBA-E001	E：0487833 N：3481122 H：25米	墩形	旱地	表面采集		
	101222SBA-E002	E：0487823 N：3481127 H：28米	墩形	旱地	表面采集		
	101222SBA-I001	E：0491140 N：3473277 H：30米	墩形	旱地	表面采集		
	101222SBA-I002	E：0487839 N：3481111 H：28米	墩形	旱地	表面采集		
	101222SBA-K001	E：0487839 N：3481130 H：23米	岗地（顶）	旱地	表面采集		

3. 遗址分布范围与现存面积

遗址平面呈椭圆形，保存较好，根据遗物散落范围和地貌反映的情况，遗址面积即为土墩的范围，面积约2400平方米。

4. 文化层

选取遗址南缘一断面清理观察，断面长为0.8、厚0.4米，方向为360度，上下倾斜度为85度。GPS测点为：E：487833；N：3481122；H：25米。从断面观察，该遗址文化层可分为四层：①层为疏松的灰黄色粘土，厚度约0.1～0.15米，包含植物根系；②层为疏松的红褐色粉沙，厚度约0.05～0.2米，包含红烧土块；③层为较致密的灰黑色粘土，厚度约0.05～0.1米，包含少量碳粒；④层为致密的灰褐色黏土，厚度约0.05～0.1米，未到生土，包含红烧土颗粒、少量碳粒（图三三）。

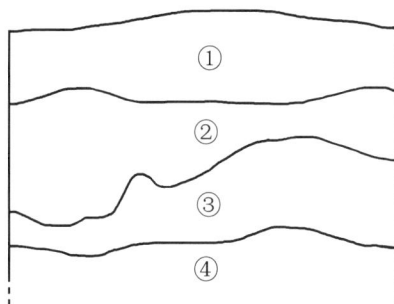

图三三 庵塘遗址地层剖面示意图

5.遗物

遗址地表可见少量的陶片以及丰富的红烧土块，但无法辨识器形。

6.遗址年代

通过地貌和遗物特征分析，初步判断遗址的年代约为西周晚期到春秋早期。

（十七）头涵遗址

1.地理位置与自然环境

头涵遗址位于舒城县干汊河镇新陶村头涵村民组东南，西北距杭北干渠东支渠（当地称"后河"）约240米，东北距岗头村民组约180米，北为六（安）舒（城）公路，有一田间小路通往遗址。周边居民较密集，交通便捷。此地处于县境中西部岗地东缘，属岗地向平原过渡地带，西部地势高于东部，海拔超过20米，气候湿润，土质以黄色粘土为主，宜于农耕，主要经济作物有水稻、油菜、小麦等。此外，遗址周边植被较好（彩版一七，2）。

2.GPS点的位置

在一个10×10米的采集单元内采集到文化遗物（表34）。

表34 头涵遗址调查情况表

遗址名称	编 号	地 理坐 标	地形	土地利用	采集位置	遗物	备注
头涵遗址	101221SGT－T002	E:0489451 N:3480693 H:24米	墩形	旱地	墩表	56	

3.遗址分布范围与现存面积

遗址保存状况较好，为一近岗的土墩，平面形状呈椭圆形，南北长于东西，南部以二级台地向南延伸约15米。遗址高出四周地表约2～3米，底部稍大于顶部，顶部斜平，北高南低，地貌为旱地和荒（草）地，并有若干现代坟。依据采集的陶片和地貌信息，该遗址面积即土墩范围，GPS测量面积约1817平方米。

4.遗物

采集的遗物均为陶器残片，共56片。其中夹砂陶47片，泥质陶6片，几何印纹硬陶3片。陶色主要为灰褐陶，其次为红陶、红胎黑皮陶、灰陶，少量褐陶、黑陶。纹饰以素面为主，其次为绳纹，另有少量间断绳纹、网格纹、凹弦纹。硬陶中泥质陶2片，夹砂陶1片。陶色红陶2片，灰褐陶1片。纹饰为重方格纹+交叉纹组合、变形雷纹以及折线纹。可辨器形有鬲、甗等。

鬲　3件，均为鬲足。

标本10SGT：1。残，夹细砂灰陶。袋状足，内窝较浅，裆部较矮，柱状实足根，足尖略突起呈疙瘩状，足尖上有刻划痕以突出着地面的宽大。表面饰稀疏的竖向绳纹，着地面饰绳纹。残高4.6厘米。年代为西周晚期或春秋早期（图三四，1）。

标本10SGT：2。残，夹粗砂红陶。袋状足，内窝较深，裆部较矮，圆柱状实足根，足尖略突起呈疙瘩状。表面饰稀疏的竖向绳纹，着地面饰绳纹。残高5.4厘米。年代为西周晚期至春秋早期（图三四，2；彩版三二，14）。

标本10SGT：3。残，夹细砂灰陶，外壁略带一小部分黑衣。袋状足，内窝较深，裆部较高，锥状实足根。表面饰稀疏的竖向绳纹。残高8.2厘米。年代约为西周中晚期（图三四，3；彩版三二，15）。

甗　1件。

标本10SGT：4。甗腰，残破，轮制手制并用，夹粗砂灰褐陶。腰部内收。腰部按压一圈半圆形按窝，不规整。残高5.2厘米，壁厚0.5～0.6厘米。年代约为西周晚期或春秋早期（图三四，4）。

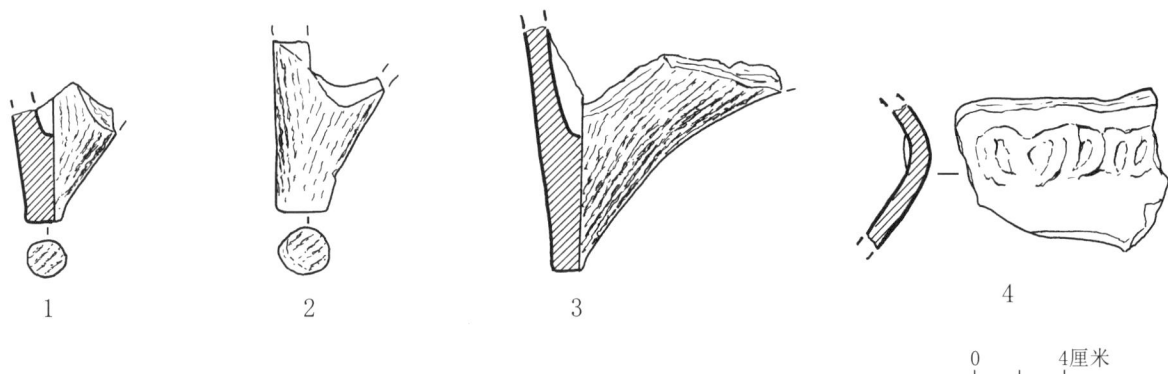

图三四　头涵遗址采集陶器标本
1～3. 鬲足（10SGT：1～3）　4. 甗（10SGT：4）

5. 遗址年代

根据采集的陶片标本分析，可知该遗址当为西周中晚期到春秋早期的普通聚落址。

（十八）花城遗址

1. 地理位置与环境

花城又名"花家城"、"竹子市"、"花园城"。位于舒城县柏林乡花城村花城村民组东，为"二普"时发现，现为省级文物保护单位。其北80米为省道舒（城）六（安）公路，东、南100米均是村庄，南300米有一条杭北干渠东支渠的小支流，西610米为杭北干渠西支渠。遗址处于县境中西部的南北低岗的西缘，其海拔不足30米，四周分别被农田、水塘包围，而遗址内部地貌为旱地、水田、民房以及道路等，除东南角与中东部各有一处突起的土墩（编号D1、D2）外，绝大多数地势平坦，起伏很小（彩版一七，3、4、5）。

2. GPS点的位置

调查共在十三个采集区中采集到陶片（表35）。

表35　花城遗址调查情况表

遗址名称	编号	地理坐标	地形	土地利用	采集位置	遗物	备注
花城遗址	101216SBH－I011	E:0488372 N:3482598 H:32米	平地	旱地	表面采集		
	101216SBH－I012	E:0488398 N:3482990 H:28米			表面采集		
	101216SBH－I013	E:0488349 N:3482982 H:29米			表面采集		
	101216SBH－I013	E:0488349 N:3482982 H:29米			表面采集		
	101216SBH－I014	E:0488296 N:3482559 H:28米	墩形	旱地	表面采集		
	101216SBH－I015	E:0488254 N:3482654 H:28米	墩形	荒（草）地	表面采集		
	101216SBH－F003	E:0488024 N:3482472 H:29米	岗地	旱地	表面采集		
	101216SBH－E007	E:0488299 N:3482576 H:28米	岗地（顶）	旱地、沟渠（堤身）	表面采集		
	101216SBH－E008	E:0488161 N:3482596 H:31米	岗地（顶）	旱地、沟渠（堤身）	表面采集		
	101216SBH－E009	E:0488414 N:3482871 H:33米	岗地（顶）	旱地、沟渠（堤身）	表面采集		
	101216SBH－C008	E:0488409 N:3482911 H:35米	岗地				

3. 遗址分布范围与现存面积

花城遗址面积大，保存状况较好。整个遗址平面略呈正方形，东西长530、南北宽约530米，周缘有明显凸起的土垣，除西北角和东北角土垣遭严重破坏之外，其余土垣均保存较好，南、北两垣略宽于东、西二垣，土垣顶部高出内、外地面，分别约1米和2.5米。在四垣存有多个缺口，宽窄不一，据现场观察，并走访当地村民，当时四垣可能各筑城门一座，其中北城门保存较好（门外似有通往北部的道路），东、西城门并非在城址的中轴线上，而是偏向南，土垣外侧的水面似乎可以相连，疑为护城河（环壕）。根据断面和地表特征，该遗址极可能为一城址，分布面积经GPS测量为274753平方米（不包括城外可能是护城河的面积）。

4. 文化层

除少数土垣断面和纵贯遗址东西的一条人工小沟渠的侧面暴露文化层外，其余难以见到文化层堆积和遗迹现象。对东垣一处暴露的断面进行观察，发现人工堆积明显（是否施夯暂不清楚），该断面长度为0.6、厚度为0.9米，方向360度，倾斜度为90度。GPS 测点为：E：488393；N：3482621；H：27米。土垣堆积至少可分为四层，土质纯，粘性大，失水后很硬，各层土色不同，以黄褐色为主，第②、③、④层内夹杂白土块。

5. 遗物

遗址内外地表散落文化遗物极少，只采集到零星的周代、汉代陶片及宋代和明清时期瓷片（不予统计）。从采集的陶片标本来看，主要为泥质陶，夹砂陶较少；陶色主要有红陶、灰陶、灰褐陶等；除素面外，另见绳纹、附加堆纹、折线纹；未见可辨器形。除此以外，还见有碎砖块等。

6. 遗址年代

综合各类迹象判断，花城遗址的年代可早至周代，汉代、宋代以及明清时期仍有人在此活动，但土垣的形成和使用年代暂时还无法断定。据舒城县志记载，花城遗址在宋代为该县通往六安的官道上的一处屯兵据点（花城遗址附近另有两处同类型的遗址），而且当地村民在从事农耕时曾发现过水井、道路等建筑遗迹，但此次调查未有这方面的新发现，因此花城遗址的性质与功能仍有待进一步考证。

（十九）墩南遗址

1. 地理位置与自然环境

墩南遗址位于舒城县柏林乡花城村墩南村民组西北。遗址坐落在县境中西部的南北向低岗西缘，四周为低平的农田，海拔约26米，西北侧有一水塘，东约100米有一条南北向小河沟流经，南部有若干民房，并有一条村级道路穿过，西北距花城遗址约500米，北1公里为舒（城）六（安）公路（彩版一七，6）。

2. GPS点的位置

调查在七个采集区中采集到陶片（表36）。

表36　墩南遗址调查情况表

遗址名称	编　号	地　理坐　标	地形	土地利用	采集位置	遗物	备注
墩南遗址	101226SBDN－E003	E：0488847 N：3482384 H：28米	墩形	旱地	文化层		
	101226SBDN－E004	E：0488827 N：3482406 H：28米	墩形	旱地	表面采集		

	101226SBDN −F002	E：0488853 N：3482384 H：27米	墩形	旱地	文化层		
墩南遗址	101226SBDN −I007	E：0488855 N：3482401 H：28米	墩形	旱地	表面采集		
	101226SBDN −I008	E：0488840 N：3482400 H：30米	墩形	旱地	表面采集		
	101226SBDN −I009	E：0488843 N：3482392 H：31米	墩形	旱地	表面采集		
	101226SBDN −I010	E：0488837 N：3482393 H：32米	墩形	旱地	表面采集		

3. 遗址分布范围与现存面积

墩南遗址为典型的椭圆台地形居住址，中间高于四周，略呈馒头状，遗址中、北部保存较完整，南部因当地村民建房、修路而被挖去。根据地貌、断面观察并结合地表遗物分布状况，该遗址现存面积为1450平方米（GPS测量数据），而原有的规模应超过这一数字。

4. 文化层

遗址最高处海拔约29米，高出四周地表约3～4米，顶面较平坦。对遗址南部暴露的断面局部进行清理，该断面长0.9、厚1.1米，方向为360度，上下倾斜度为80度，GPS 测点为：E：0488848；N：3482381；H：25米。通过断面观察，发现墩南遗址南部文化层可分为五层：①层为粘土，土色黄褐较致密，厚度约0.2～0.35米，包含有少量的根系、红烧土块、碳粒；②层为灰褐色，粘性，较疏松，厚度约0.2～0.35米，包含有红烧土颗粒、陶片、碳粒；③层为粉砂土，红褐色，较致密，厚度约0.38～0.45米，包含有陶片、红烧土块、碳粒；④层为砂土，灰黄色，较致密，厚度约0.18～0.35米，夹杂有少量红烧土块和碳粒；⑤层为砂性土，深灰色，厚度为0～0.12米，包含少量的红烧土块和碳粒。（图三五；彩版一七，7）

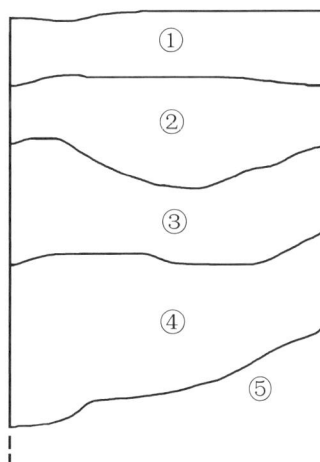

图三五　墩南遗址地层剖面示意图

5.遗物

遗址地表与断面可见一定数量的陶片和红烧土块。从地表和文化层采集的陶片来看，陶质可分为夹砂和泥质。陶色主要有红陶、灰陶、褐陶等，另见少量的几何印纹硬陶。除素面外，另有有绳纹（间断绳纹）、附加堆纹、指窝纹、凸弦纹及刻划纹等。可辨器形有鬲、甗、豆等。

鬲　4件。

标本10SBDN：1。鬲口沿，残，轮制，夹细砂褐陶。侈口方唇，束颈，斜肩。唇面饰一道凹弦纹，肩部饰稀疏的竖向绳纹，上腹部贴敷一周条状堆纹，堆纹上滚压斜向绳纹。口外径22.4厘米，残高7.2厘米，壁厚0.5～0.7厘米。年代约为西周晚期（彩版三三，3）。

标本10SBDN：2。鬲口沿，残，轮制，夹粗砂灰褐陶，局部呈黑色，由烧成温度不均造成。侈口，厚方唇，沿面斜折、近平、较窄，折肩。颈部与肩部饰多道凹弦纹，上腹部饰竖向绳纹。口内径17厘米，残高5厘米，壁厚0.6～0.8厘米。年代约为西周晚期或春秋早期（图三六，1；彩版三三，2）。

标本10SBDN：3。鬲足，残，夹砂红胎黑衣陶。内窝较浅，裆部较高，柱状实足根，足尖略突起呈疙瘩状，足表面有指窝痕。表面饰竖向绳纹，着地面饰绳纹。残高7.6厘米。年代约为西周晚期或春秋早期（图三六，2）。

标本10SBDN：4。鬲足，手制，包足，夹粗砂红陶，鬲身呈黑色。内窝较浅，裆部较低，柱状实足根，足尖略突起呈疙瘩状。足表面饰竖向绳纹，较规整，着地面残，纹饰不清。残高5.6厘米。年代约为西周晚期或春秋早期（图三六，3；彩版三三，1）。

甗　1件。

标本10SBDN：5。甗腰（残），轮制手制并用，夹砂红胎黑衣陶。腰部内收，器壁较厚。腰部贴敷一周条状堆纹，堆纹上按压一圈椭圆形按窝。残高5厘米，壁厚1～2厘米。年代约为西周晚期偏早阶段（图三六，4；彩版三三，4）。

豆　1件。

标本10SBDN：6。豆座（残），轮制，泥质灰褐陶。短把，大喇叭形圈足。素面，抹光。残高4.4厘米，壁厚0.5～0.6厘米，底径15.4厘米。年代为西周晚期或春秋早期（图三六，5；彩版三三，5）。

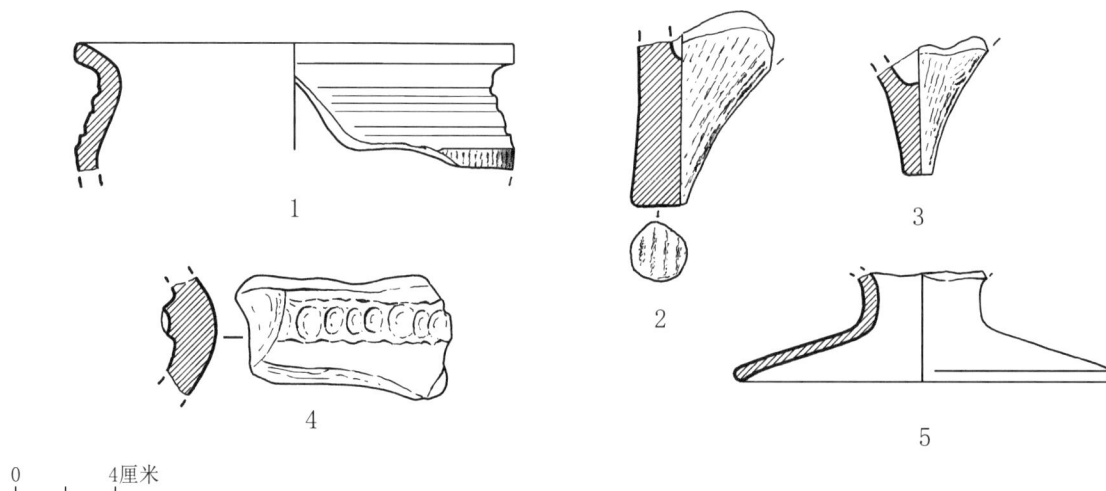

图三六　墩南遗址采集陶器标本
1～3.鬲（10SBDN:1~4）　4.甗（10SBDN:5）　5.豆（10SBDN:6）

综合各类陶器的特点初步判断，该遗址的年代为西周晚期至春秋早期。

（二十）大墩遗址

1.地理位置与自然环境

大墩遗址位于舒城县柏林乡大墩村大墩村民组东南40米处，其东30米为杭北干渠东支渠分出的一条小河，北距舒（城）六（安）公路100米（彩版一七，8）。

该遗址为临河的土墩形遗址，平面略呈圆形，东西稍长，土墩高于东部农田3～4米，现地表为旱地，土壤以深灰土为主，适宜作物生长，遗址周边主要种植水稻和蔬菜。

2.GPS点的位置

调查过程中，在十个采集区中采集到陶片（表37）。

表37　大墩遗址调查情况表

遗址名称	编号	地理坐标	地形	土地利用	采集位置	遗物	备注
大墩遗址	101226SBD－I001	E：0490252 N：3482520 H：20米	墩形	旱地	表面采集		
	101226SBD－I002	E：0490277 N：3482521 H：24米	墩形	旱地	表面采集		
	101226SBD－I003	E：0490287 N：3482521 H：24米	墩形	旱地	表面采集		
	101226SBD－I004	E：0490300 N：3482519 H：23米	墩形	旱地	表面采集		
	101226SBD－I005	E：0490286 N：3482509 H：23米	墩形	旱地	表面采集		
	101226SBD－I006	E：0490286 N：3482494 H：22米	墩形	旱地	表面采集		
	101226SBD－C001	E：0490278 N：3482538 H：28米	墩形	旱地	表面采集		
	101226SBD－C003	E：0490268 N：3482506 H：28米	墩形	旱地	文化层		
	101226SBD－E001	E：0490263 N：3482502 H：17米	墩形	旱地	表面采集		
	101226SBD－E002	E：0490263 N：3482502 H：17米	墩形	旱地	表面采集		

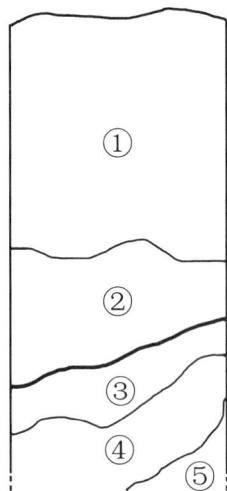

图三七 大墩遗址地层剖面示意图

3.遗址分布范围与现存面积

遗址西北部和西部均遭破坏，余者保存完好，根据断面暴露的文化层和微地貌反映的信息并结合陶片分布范围，GPS测量面积为2382平方米。

4.文化层

选取遗址西南角断面观察。该剖面长度为70厘米，厚度为140厘米，方向为360度，倾斜度为85度。GPS 测点为：E：490268；N：3482506；H：28米。文化层可分为五层：①层为黏土，土色黄褐疏松，厚度约0.6～0.7米，包含有少量陶片、植物根系；②层为粉沙，红褐色，疏松，厚度为0.1～0.25米，包含有红烧土颗粒、碳粒；③层为黏土，黑褐色，致密，厚度为0.07～0.15米，包含有碳粒、草木灰颗粒、陶片；④层为黏土，灰褐色，致密，厚度为0.07～0.3米，包含有碳粒、红烧土颗粒、白膏泥；⑤层为黏土，灰黄色，致密，厚度为0.15～0.26米，未到生土，包含少量的碳粒和花土（图三七；彩版一八，1）。

5.遗物

遗址地表可见少量的陶片和红烧土块。从地表和文化层采集的陶片标本来看，陶质可分为夹砂和泥质。陶色主要有红陶、灰陶、褐陶、红胎黑皮陶等。纹饰有弦纹、绳纹、弦断绳纹、附加堆纹、刻划纹及折线纹。可见器形有甑形盉、鬲等。

甑形盉 1件。

标本10SBD：1。甑形盉箅，夹砂褐陶（图三八，1；彩版三三，6）。

鬲足 1件。

标本10SBD：2。残，体较小，夹砂红陶。尖锥状足，素面。残高3.6厘米。年代西周中晚期（图三八，2）。

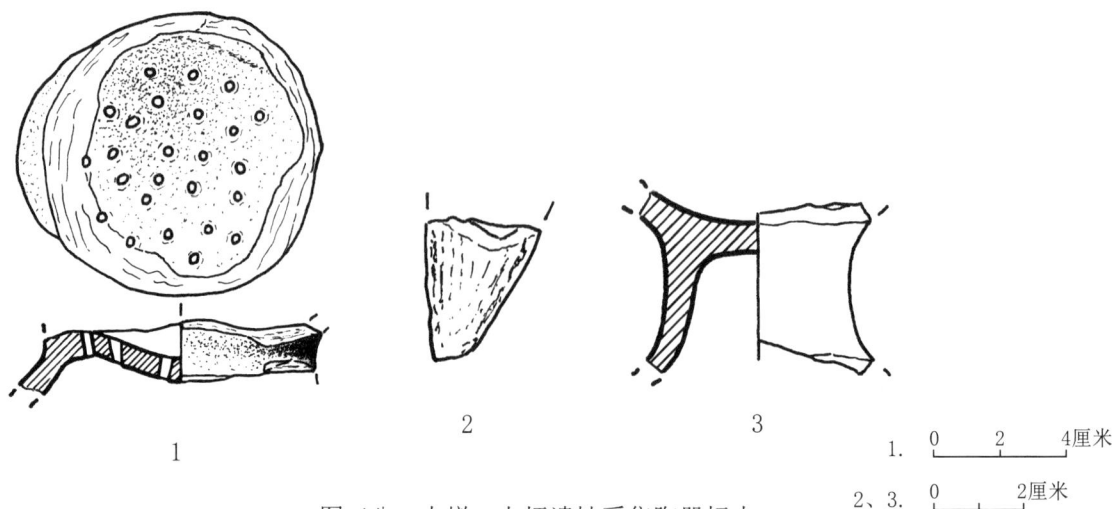

图三八 大墩、上圩遗址采集陶器标本

1.甑形盆（大墩10SBD：1） 2.鬲足（大墩10SBD：2） 3.豆（上圩10SGSW：1）

6.遗址年代

根据文化层观察以及采集的遗物标本判断，该遗址的年代约为西周中晚期至春秋早期。

（二十一）丰墩村鲍墩遗址

1.地理位置与自然环境

鲍墩遗址位于舒城县城关镇丰墩村王庄村民组北300米处，北侧紧邻六舒三公路，东侧有小路连接王庄与六舒三公路，西南约400米处有一条从杭北干渠东支渠分出的无名小河，西约360米为大墩遗址。遗址四周为平坦的农田，顶部现被旱地和荒草覆盖，有大量现代坟（彩版一八，2、3）。

2.GPS点的位置

调查过程中，共在两个10×10米的采集区中采集到陶片（表38）。

表38 鲍墩遗址调查情况表

遗址名称	编号	地理坐标	地形	土地利用	采集位置	遗物	备注
鲍墩遗址	101231SCB-D004	E:0490685 N:3482446 H:32米	墩形	旱地	地面	4	
	101231SCB-D001	E:490719 N:3482441 H:27米	墩形	旱地、荒草地	剖面	2	

3.遗址分布范围与现存面积

遗址为台形遗址，平面略呈椭圆形，顶部不平坦，东高西低，高差约3米，东部最高处与四周地表高差约7米。遗址范围即台地的范围，GPS测量面积为4371平方米。

4.遗物

地表可见度较差，调查仅采集陶片6片，其中夹砂红陶4片，泥质灰陶2片。纹饰有绳纹、交错绳纹各1片，余者均为素面，器形均不可辨。

5.遗址年代

根据遗物特征判断，该遗址年代约为西周中晚期到春秋早期。

（二十二）上圩遗址

1.地理位置与环境

上圩遗址位于舒城县干汊河镇新陶村上圩村民组西南，东约400米为黑虎城遗址，南有南溪河流经。遗址地处县境中西部岗地向平原过渡地带，海拔20余米，西部稍高于东部，气候湿润、雨水较充足。土质以黄色粘土为主，适宜农作（彩版一八，4）。

遗址为不规则岗地型，处于一东西向低缓的岗地边缘，相对高度0.5~1米，由北向南渐低，顶面平坦，分布人工栽培的杨树以及现代坟，四周为农田（主要种植水稻、油菜等）。周边人口较多，交通便捷。

2.GPS点的位置

调查过程中，在一个10×10米的采集区内采集到陶片（表39）。

表39　上圩遗址调查情况表

遗址名称	编号	地理坐标	地形	土地利用	采集位置	遗物	备注
上圩遗址	101228SGSW-C004	E：0489606 N：3479683 H：23米	岗地	旱地	表面采集	6	

3.遗址分布范围与现存面积

遗址保存状况一般，周界不甚清楚，西部因当地村民耕作和取土而减失一部分。根据遗物散落面积和地貌特征分析，经GPS测算面积约1807平方米。

4.文化层

对该遗址西南暴露的断面进行铲刮，剖面长度为0.5、厚度为0.7米，上下倾斜度为85度，GPS坐标为：E：0489606；N：347683；H：23米，文化层堆积为三层：①层为耕土层，土质为疏松的灰褐色粘土，厚约0.4米，包含有植物根系；②层为疏松的灰夹黄色粉砂，厚为0.23～0.45米。包含少量植物根系；③层为致密的黄褐色粘土，厚度为0.1米，未及底。包含红烧土颗粒，出土夹砂篮纹红陶片、泥质红褐陶豆柄等，应属早期文化层堆积（图三九；彩版一八，5）。

5.遗物

遗址地表偶见较少的陶片和红烧土块。共采集6块陶片，其中夹砂红陶2片，泥质红陶2片，泥质灰褐陶4片。除2片篮纹外，其余均素面。可辨器形有鼎足、豆柄。

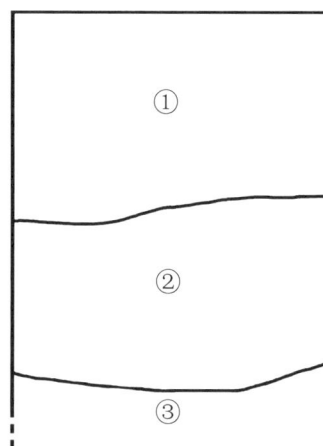

图三九　上圩遗址剖面堆积示意图

豆　1件。

标本10SGSW：1。豆柄，泥质红褐陶，仅余部分豆柄及豆盘，柄与盘之间有粘接痕迹。素面。残高3.9厘米，柄内径4.4厘米。年代约为新石器时期晚期（图三八，3）。

6.遗址年代

根据采集遗物特点初步判断，遗址为新石器时代晚期的临河岗地形居址。

（二十三）黑虎城遗址

1.地理位置与环境

黑虎城遗址位于舒城县城关镇金虎村西面黑虎村民组，南溪河（杭埠河古河道一段）环绕遗址的东南面和南面，临水处因河水冲刷形成陡峭的断崖，河道与遗址之间有宽约30米的旱地，遗址东有电灌站，西靠黄示荡（水面），北为低平的农田（彩版一八，6、7）。

该遗址为沿河土墩型，与四周平地高差约8米，最大高差12米，原平面形状似椭圆形，南北长于东西，窑厂取土挖去西北、东北两角，已呈不规则形状。遗址自南向北渐低，高差约1～1.2米。东部有一凸出地表的高墩，疑为墓葬，中部大部分被旱地与树林覆盖，同时坐落十几户民房，北部地表较平坦，东北与西北角有3个大坑。遗址内有一条乡间小道，南起黑虎村民组，北至上圩村民组。

2. GPS点的位置

调查过程中，共在十六个10×10米的采集区中采集到陶片。此外，未用GPS精确定位以及调查资料整理期间还多次补采遗物（表40）。

表40　黑虎城遗址调查情况表

遗址名称	编号	地理坐标	地形	土地利用	采集位置	遗物	备注
黑虎城遗址	101230SCH-C001	E:0490126 N:3479920 H:30米	墩形	旱地、荒（草）地	表面采集	27	
	101230SCH-C002	E:0490123 N:3479912 H:29米	墩形	旱地、荒（草）地	表面采集	11	
	101230SCH-C003	E:0490121 N:3479897 H:28米	墩形	旱地、荒（草）地	表面采集	11	
	101230SCH-C004	E:0490118 N:3479885 H:29米	墩形	旱地、荒（草）地	表面采集	6	
	101230SCH-C005	E:0490118 N:3479873 H:29米	墩形	旱地	表面采集	3	
	101230SCH-C006	E:0490126 N:3479870 H:30米	墩形	旱地	表面采集	1	
	101230SCH-C007	E:0490124 N:3479848 H:30米	墩形	荒（草）地	表面采集	4	
	101230SCH-C008	E:0490141 N:3479832 H:35米	墩形	旱地	表面采集	4	
	101230SCH-C010	E:0490116 N:3479832 H:30米	墩形	荒（草）地	表面采集	1	
	101230SCH-Q009	E:0490091 N:3479897 H:32米	墩形	旱地		13	
		E:0490056 N:3479910 H:12米	墩形地（坡上）	旱地	表面采集	10（石料1）	有坐标无编号
		E:0490042 N:3479895 H:12米	墩形	旱地		1	有坐标无编号
		E:0490038 N:3479876 H:14米	墩形	路旁	表面采集	5	有坐标无编号
		E:0490056 N:3479595 H:12米	墩形（坡上）	路旁	表面采集	17	有坐标无编号

3. 遗址分布范围与现存面积

遗址大部分保存完好，只是东北、西北角以及西南局部遭减损。除采集遗物外，还通过对遗址全面观察，发现东北、西北三个大坑断面上均暴露文化层，遗址东侧地表则未见文化遗物和遗迹现象，因此推断遗址的范围即为墩形台地的范围，南北长260米，东西宽94米，高5～8米，"二普"测量面积27163平方米，本次测量面积约25000平方米（彩版一八，8）。

4. 文化层堆积

对遗址西北角暴露的大剖面进行局部铲刮、观察记录，清理的剖面长1、厚2.2米，呈西北—东南走向（290度），上下倾斜度为78度，可分为8层：第①层，橙红色土，包含大量红烧土，为红烧土层，致密，厚0.4米；第②层，橙红色土，砂性，致密，厚0.1米；第③层，灰黄色土，黏性，疏松，厚0.4米；第④层，灰褐色土，黏性，疏松，厚0.2米；第⑤层，灰褐色土，黏性，疏松，包含红烧土颗粒，厚0.35米；第⑥层，黄褐色土，黏性，疏松，厚0.12米；第⑦层，灰黑色土，黏性，疏松，包含有有机物腐蚀后的淡绿色物质，厚0.4米；第⑧层，深灰黑色土，黏性，疏松，包含有有机物腐蚀后的淡绿色物质，厚0.4米。除此，调查组还观察另一处窑厂取土形成的断面，发现黑虎城遗址的文化层堆积很厚，而且较有规律，即地层由边缘向内部倾斜（图四〇；彩版一九，1、2、3）。

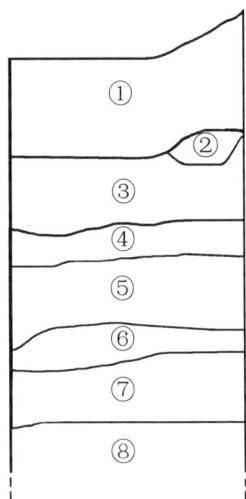

图四〇　黑虎城遗址剖面堆积示意图

5. 遗迹

遗址北缘中部断面暴露一座墓葬，似南北向，竖穴土坑，可见人骨，推测可能是一土坑墓，从所处的层位和文化遗物分析，墓葬的年代不会早于周代。

6. 遗物

遗址散布的遗物较丰富，不仅地表可见，而且在多座民房（建于上世纪六七十年代）的土墙内也发现陶片，抽样采集和整理期间临时采集的遗物共137件，其中石器仅1件石锛，余者皆陶器，计陶片136片。

新石器时期遗物

有段石锛　1件。

标本12SCH临采：1。青灰色泥质板岩，残破，绝大部分精磨，长条形，平顶，有段，横截面呈长方形，单面刃残破。体长5.4、宽1.9厘米，最大厚度1.1厘米，刃宽0.6厘米（图四一，1；彩版三三，11）。

新石器时代晚期陶片8块，所占比例小，以夹砂居多，少数夹蚌末草茎，陶色以红褐陶居多，少数灰陶、红陶，多为素面，见1件按窝纹，可辨器形有鼎、纺轮。

鼎　6件。依装置方式可分侧装、横装两型。

A型　侧装。3件。

标本10SCH：1。鼎足（残），夹粗石英砂灰胎红陶。侧装，足身较宽扁，横剖面形状近扁椭圆形，足根残断。素面。残高9.2厘米。年代为新石器时代晚期(图四一，2；彩版三三，8)。

标本10SCH：2。鼎足（残），夹砂灰褐陶。侧装，足身较宽扁，横剖面形状呈椭圆形，转角较锐折，足根残断，足身有指窝痕。素面。残高7.6厘米。年代为新石器时代晚期(图四一，3)。

标本10SCH：3。鼎足（残），加蚌末灰陶，有较多气孔。侧装，器体较大，足背近根部带鸡冠状扉棱，较宽扁，足根残断，断面呈椭圆形。素面，抹光。残高10厘米。年代为新石器时代晚期(图四一，4；彩版三三，9)。

B型　横装。3件。

标本10SCH：4。鼎足（残），夹细砂红陶，内灰外红。横装长条形足，足身较宽扁，横剖面形状近长方形。正面带三道凹槽。残高8厘米。年代为新石器时代晚期(图四一，5；彩版三三，10)。

标本10SCH：5。鼎足（残），手制，夹粗砂红陶。仅余足根，横装条形足，横剖面形状近椭圆形，足背平直。素面。残高5.2厘米。年代为新石器时代晚期(图四一，6)。

标本10SCH临采：1。鼎足（残），夹蚌末、草茎灰褐陶，有较多气孔。仅余足根部，横装铲形足，近根部抹凹，致足略呈鸭嘴形，着地面平直。素面，抹光。残高5厘米。年代为新石器时代晚期(图四一，7；彩版三三，12)。

豆　1件。

标本10SCH：6。豆盘（残），轮制手制并用，泥质灰陶，烧成温度较低，陶质较软。口微敛，尖唇，折弧腹，深腹，圆底。素面，抹光。口内径17.8厘米，残高5.2厘米，壁厚0.5～0.6厘米。年代为新石器时代晚期(图四一，8；彩版三三，13①)。

圈足器　1件。

标本10SCH：7。圈足器，轮制手制并用，泥质灰陶。仅余圈足，底部下凹呈球形，器壁较薄。底外侧一圈带四个凹窝，凹窝呈狭长的三角形。残高3.7厘米，壁厚0.4～0.5厘米，底径9厘米。年代约为新石器时代晚期(图四一，9；彩版三三，14)。

纺轮　1件。

标本12SCH临采：2。圆饼形，完整，夹砂红陶，中有一孔，单面钻，素面。外径5.5、孔径0.6厘米，厚1.4厘米（图四一，10；彩版三四，1）。

周代陶器。

周代陶器128件，夹砂97片，泥质30片，变形雷纹硬陶1片。陶色以灰褐陶、红褐陶、红胎黑皮陶居多，少数红陶、灰陶，极少数黑陶、灰黑陶、褐陶。纹饰以素面最多，其次为绳纹、间（弦）断绳纹，少数附加堆纹、交错绳纹、网格纹、凹弦纹等。可辨器形有罐、鬲、豆、瓮、钵、盆等。

鬲　12件，多为口部与鬲足。

标本10SCH临采：2。鬲（残），轮制手制并用，夹细砂灰黑（内灰外黑）陶，烧成温度较高，陶质较硬。器体较小，侈口方唇，折沿，沿面微凹，束颈，折肩，直腹。腰部饰弦断绳纹，局部有抹光痕迹，裆部及近足部饰斜向绳纹，局部交错。口内径15.2厘米，残高7.6厘米，壁厚0.6～0.8厘米。年代为西周晚期至春秋早秋(图四一，11；彩版三四，2)。

标本10SCH临采：3。附耳鬲（残），轮制手制并用，夹砂（含少量粗石英砂）灰褐陶，烧成温度较高，陶质硬。较粗大的环状耳贴于腹上，器耳与内壁有手抹痕迹。器耳无纹饰，上腹部饰绳纹与刻划折线纹，下腹部饰弦断绳纹，近耳处纹饰被抹平。内壁附黄色粘结物。残高14厘米，壁厚0.6～0.8厘米。年代约为春秋早期(图四一，12；彩版三四，3)。

标本10SCH：8。鬲口沿（残），轮制手制并用，夹细砂红褐陶，部分呈黑色，由烧成温度不均造成。敛口方唇，折平沿较宽。颈、肩部饰多道凹弦纹以及刻划网格纹。残高3.6厘米，年代为西周中期或春秋早期(图四一，13)。

标本10SCH：9。鬲口沿（残），轮制，泥质灰陶。侈口，尖缘方唇，折沿，沿面较宽。素面。残高3.8厘米，壁厚0.5～0.8厘米。年代为西周晚期或春秋早期(图四一，14)。

标本10SCH：10。鬲口沿（残），轮制，夹细砂红胎黑衣陶，烧成温度较高，陶质较硬。侈口方唇，斜折沿，微束颈。颈部饰两道凹弦纹，肩部饰绳纹。残高3.2厘米，壁厚0.5～0.8厘米。年代约为西周晚期或春秋早期(图四一，15；彩版三四，6)。

标本10SCH：11。鬲口沿（残），轮制，夹细砂红陶。侈口方唇，折沿，束颈。肩部饰两道凹弦纹，腹部饰竖向绳纹，内壁附粘结物。口内径38.2厘米，残高7.4厘米，壁厚0.7～0.9厘米。年代约为西周晚期(图四一，16；彩版三四，7)。

标本10SCH临采：4。鬲足（残）。夹细砂灰黑陶，内黑外灰，烧成温度较高，陶质较硬。袋状足，内窝较深，圆锥状实足根。表面饰竖向绳纹，局部被抹光。内窝附黑色粘结物。残高5.4厘米。年代约为西周中晚期(图四一，17)。

标本10SCH：12。鬲足（残），夹砂灰胎红陶，鬲身外壁附黑衣。袋状足，内窝较浅，足根残，应为锥足。鬲身至裆部饰间断绳纹，袋状足上有抹光痕迹。残高13厘米。年代约为西周中晚期(图四一，18；彩版三四，4)。

标本10SCH：13。鬲足（残），夹砂红陶。袋状足，内窝较浅，足根残断，应为柱状足，近裆部有指窝痕。足表面饰竖向绳纹，不清晰。残高3.8厘米。年代约为西周中晚期(图四一，19)。

标本10SCH：14。鬲足（残），轮制手制并用，夹细砂灰陶。柱状实足，内窝较浅，足尖略突起，着地面斜平。足身除着地面外均饰竖向绳纹，局部被抹平，足尖突起上有若干刻划痕。残高4.2厘米，着地面直径1厘米。年代西周晚期或春秋早期(图四一，20)。

标本10SCH：15。鬲足（残），夹细砂红陶。袋状足，内窝较浅，裆部较高，柱状实足根，足尖微突起呈疙瘩状，突起上有刻划痕以突出着地面的宽大。足身包括着地面饰纵向细绳纹，较规整。残高8.8厘米。年代为西周晚期或春秋早期(图四一，21)。

标本10SCH临采：5。鬲足（残），手制，包足，夹砂红褐陶，内红外褐。袋状足，浅窝，柱状实足根，裆部较矮，足尖略突起。足身及着地面均饰交错绳纹。残高6.8厘米。年代约为春秋早期(图四一，22；彩版三四，5)。

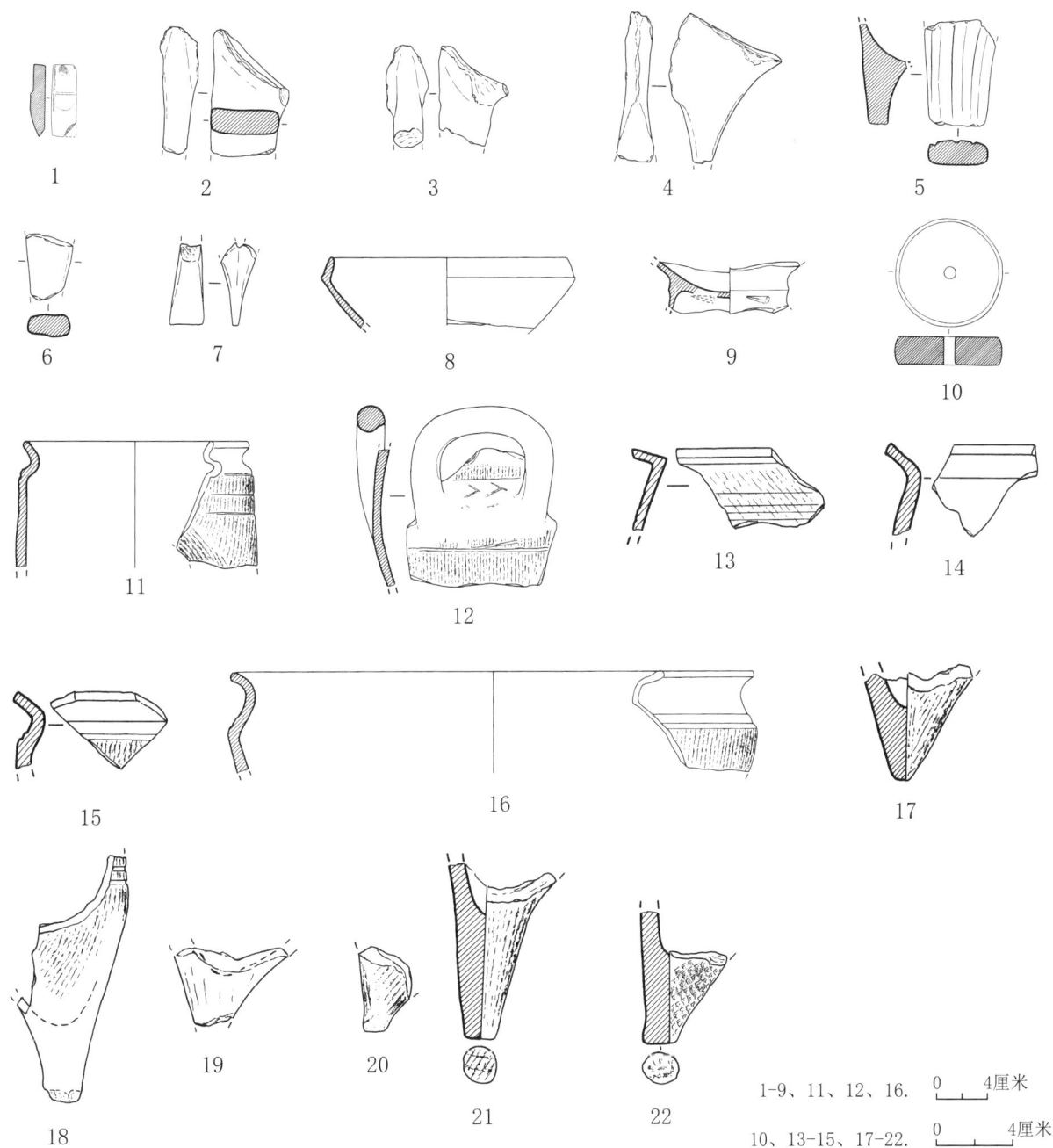

图四一　黑虎城遗址采集石器、陶器标本

1. 有段石锛（12SCH临采：1）　　2～4. A型鼎（10SCH：1、2、3）　　5～7. B型鼎（10SCH：5、6、7）　　8. 豆（10SCH：6）
9. 圈足器（10SCH：7）　　10. 纺轮（12SCH临采：2）　　11～22. 鬲（10SCH临采：2、3，10SCH：8～11，10SCH临采：4，
10SCH：12～15，10SCH临采：5）

豆　3件。

标本10SCH：16。豆盘，残，轮制，夹细砂灰褐陶。钵形，直口，尖唇，浅盘，弧腹，圜底。素面，抹光。口内径18.6厘米，残高4.6厘米。年代约为西周晚期（图四二，1；彩版三三，13②）。

标本10SCH：17。豆盘（残），轮制，泥质红胎黑陶，烧成温度较高，陶质较硬。喇叭形圈足，素面抹光。残高2.5厘米，直径14.4厘米，壁厚0.5～0.7厘米。年代为西周晚期（图四二，2）。

标本10SCH：18。豆座，轮制手制并用，夹细砂灰陶，烧成温度较高，陶质较硬。喇叭形圈足，较高，近底部折成直口。素面，抹光。残高4厘米，壁厚0.8厘米，底径12.4厘米。年代约为西周中晚期(图四二，3；彩版三三，13③)。

罐　5件

标本10SCH：19。罐口沿（残），轮制，夹细砂灰陶，烧成温度较高，陶质较硬。口微敛，圆唇，长直颈微束。沿下饰一道凹弦纹，肩部饰绳纹。口内径23.6厘米，残高6.6厘米，壁厚0.9～1.4厘米。年代为西周晚期或春秋中期(图四二，4)。

标本10SCH：20。罐口沿（残），轮制，夹细砂灰陶，烧成温度较低，陶质较软。口微敛，尖缘方唇，长直颈微束。素面。口内径13.2厘米，残高6.2厘米，壁厚0.5～1.5厘米。年代为西周晚期或春秋中期(图四二，5)。

标本10SCH：21。罐口沿（残），轮制，泥质褐陶。侈口，尖缘方唇，平折沿，沿面微凹，直颈微束。肩部饰竖向绳纹。口内径16.6厘米，残高4厘米，壁厚0.6～0.8厘米。年代为西周中期或春秋早期(图四二，6)。

标本10SCH：22。罐口沿（残），轮制，夹细砂灰陶。侈口，厚方唇，折平沿，沿面较宽，束颈斜肩，器壁较薄。素面。口内径12.6厘米，残高3.7厘米，壁厚0.4～0.5厘米。年代为西周晚期或春秋早期(图四二，7)。

标本10SCH：23。罐口沿（残），轮制，泥质红胎黑皮陶，烧成温度较高，陶质较硬。侈口，厚方唇，折沿，沿面较宽，束颈。肩部饰一道凹弦纹。残高3.6厘米，壁厚0.5～0.7厘米。年代约为西周晚期(图四二，8)。

瓮　3件。

标本10SCH：24。瓮口沿（残），轮制，泥质红胎灰褐陶。侈口，厚圆唇，折沿，沿面较宽广。素面。口内径15厘米，残高5.3厘米，壁厚0.6～0.7厘米。年代为西周晚期或春秋早期(图四二，9)。

标本10SCH：25。瓮口沿（残），轮制，泥质灰陶。直口，方唇，广肩，器壁较厚。唇面饰两道凹弦纹，沿面带两道凹弦纹。口内径31.6厘米，残高5.2厘米，壁厚1.2～1.5厘米。年代约为春秋早中期(图四二，10)。

标本10SCH：26。瓮（残），轮制，泥质红胎黑衣陶。敛口，平折沿，沿面较宽，束颈，广肩。残高4.2厘米，壁厚0.5～0.6厘米。年代为西周晚期或春秋早期 (图四二，11)。

甗形盉　1件。

标本10SCH：27。残，泥质灰陶，火候较低。连体，上钵下鬲，束腰，器壁较薄。通体饰清晰的细绳纹，腰部被抹光。残高7.6厘米，壁厚0.4～0.5厘米。年代约为西周晚期到春秋早期（图四二，12）。

盆　1件。

标本10SCH：28。盆底，轮制，夹细砂红胎黑衣陶。斜腹，平地，器壁上薄下厚。腹部饰间断绳纹，近底部饰较细的绳纹，局部交错，底部无纹饰。残高7.2厘米，壁厚0.6～0.9厘米。年代约为西周

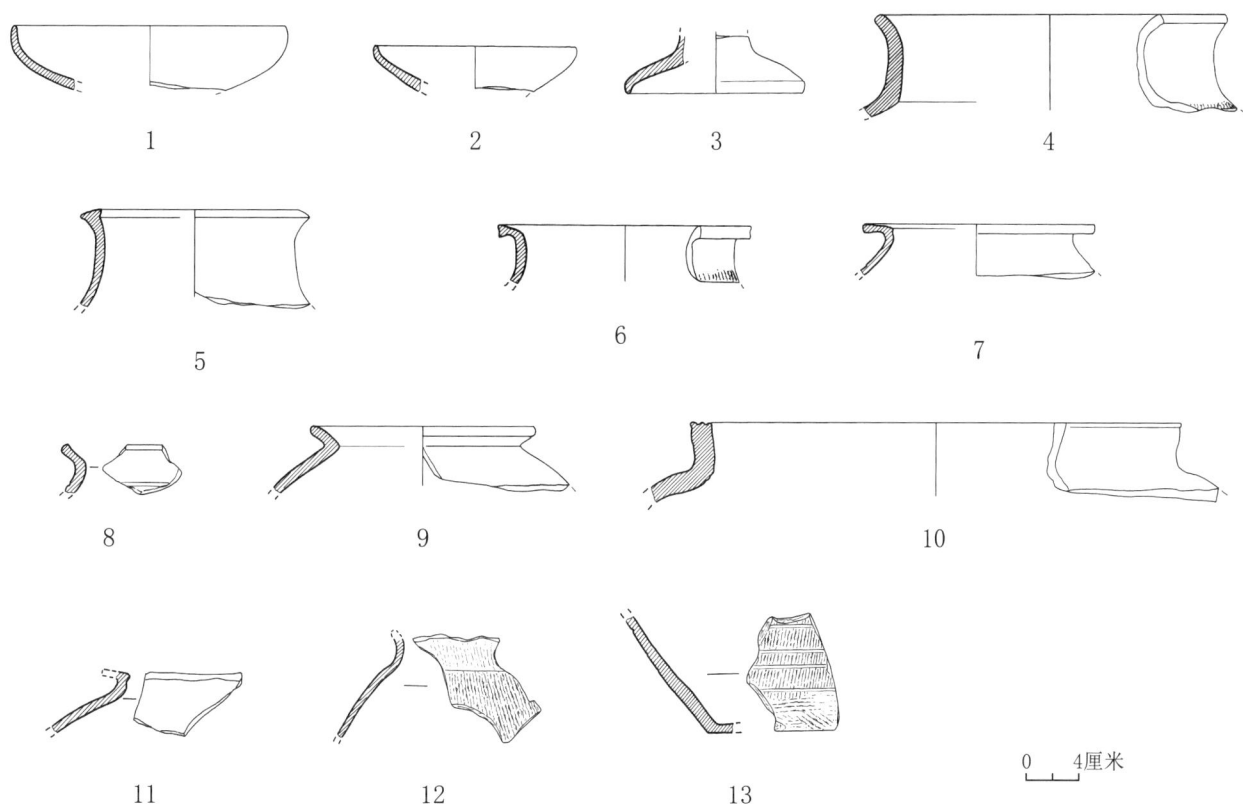

图四二　黑虎城遗址采集陶器标本

1～3. 豆（10SCH：16、17、18）　4～8. 罐（10SCH：19～23）　9～11. 瓮（10SCH：24、25、26）
12. 甗形盉（10SCH：27）　13. 盆（10SCH：28）

晚期至春秋早期(图四二，13)。

7. 遗址年代

从采集的遗物特点判断，该遗址当有新石器时代晚期、西周中晚期与春秋早中期三个早晚不同时段的遗存。

（二十四）李庄遗址

1. 地理位置与环境

李庄遗址位于舒城县城关镇金虎村李庄村民组西南80米处，为本次调查发现的一岗地形居住址。岗地呈东西走向，长约2公里，该遗址位于岗地中部岗顶和岗坡地带，其东南150米处为北河。遗址平面形状不规则，东北部被一土墩（可能为一汉代墓葬）打破，且堆封土时将遗址部分挖去，在遗址靠近土墩的位置留下低于遗址地表的凹地（彩版一九，4）。

2. GPS点的位置

调查过程中，共在五个10×10米的采集区中采集到陶片（表41）。

表41　李庄遗址调查情况表

遗址名称	编 号	地 理坐 标	地形	土地利用	采集位置	遗物	备注
李庄遗址	101229SCLZ－C002	E:0490641 N:3481240 H:29米	墩形	旱地	文化层	5	
	101229SCLZ－C003	E:0490652 N:3481236 H:28米	墩形	旱地	表面采集	2	
	101229SCLZ－C004	E:0490684 N:3481207 H:27米	墩形	旱地	表面采集	3	
	101229SCLZ－E001	E:0490435 N:3481228 H:22米	岗地（顶）	旱地	表面采集	1	
	101229SCLZ－E002	E:0490714 N:3481179 H:22米	岗地（顶）	旱地	表面采集	6	

3. 遗址分布范围与现存面积

由于农业生产、墓葬、现代坟均对遗址产生了一定程度的破坏，遗址现存地表不平坦，GPS侧测量面积为5573平方米。

4. 文化层

对该遗址采用了全覆盖调查法并选取断面进行观察，断面位于李庄遗址西南80米处，断面长0.5、厚0.8米，方向360度，倾斜度80度，GPS坐标：E：0490641；N：3481240；H：29米。通过断面观察，该遗址文化层可分三层：①层为表土层，土质为较致密的灰褐色粘土，厚度约0.3~0.6米，包含植物根系、陶片；②层为致密的灰黄色粘土，厚度为0.08~0.18米，包含少量碳粒；③层为致密的黄褐色粘土，厚度为0.1~0.28米，未到生土，包含红烧土颗粒、碳粒（图四三；彩版一九，5）。

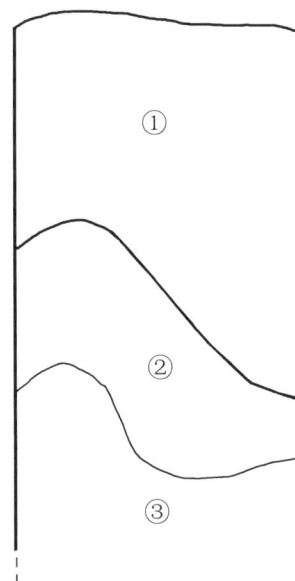

图四三　李庄遗址地层剖面示意图

5. 遗物

遗址地表偶见陶片分布，共采集陶片17片，其中夹砂陶片15片（红陶9片，灰褐陶5片，褐陶1片），泥质灰褐陶1片，几何印纹硬陶1片。纹饰以素面为主，其中印纹硬陶为叶脉纹。可辨器形仅有鼎足。

鼎　1件。

标本10SCLZ：1。鼎足，手制，夹粗砂红陶，侧装三角形足，弓略背呈平弧状。素面。残高8.6厘米，年代应为新石器晚期（图四四，1）。

6. 遗址年代

通过对遗址采集的遗物进行分析判断，该遗址应为新石器时代晚期和西周晚期两个时期的文化遗存。封土墩（疑似墓葬）位于遗址中，打破遗址，估计形成年代下限为汉。

（二十五）万场遗址

1. 地理位置与环境

万场遗址位于舒城县城关镇金虎村万场村民组西南80米处。遗址位于长条形低岗的端头，略凸起于地表，其西部不远处为民房，南部140米有北河，北部120米为乡村水泥公路，南部与东部为平坦的农田。遗址地表高低不平，西高东低，中间地表凹下，上种植油菜，并坐落有现代坟（彩版一九，6）。

2. GPS点的位置

该遗址共有四个采集区域（表42）。

表42　万场遗址调查情况表

遗址名称	编号	地理坐标	地形	土地利用	采集位置	遗物	备注
万场遗址	101229SCW−E003	E：0481263 N：3481255 H：23米	岗地顶端	旱地	表面采集	2	
	101229SCW−E004	E：0491305 N：3481264 H：21米	岗地顶端	旱地	表面采集	1	
	101224SCW−E005	E：0481267 N：3481279 H：20米	岗地顶端	旱地	表面采集	5	
	101224SCW−E006	E：0491242 N：3481279 H：21米	岗地顶端	旱地	表面采集	1	

3. 遗址分布范围与现存面积

该遗址为不规则形居址，局部破坏严重，顶部高出四周地表至少1米。除东缘较清楚外，遗址的其余边界不明，遗迹、遗物难寻，只能依据微地貌特征推测范围，GPS测量面积5650平方米。

4. 遗物

遗址地表偶见陶片，从采集的结果来看，多数为夹砂陶，泥质陶较少。陶色主要为灰陶、灰黑陶等。纹饰多为素面。可辨器形有陶鬲

标本10SCW：1。鬲足，手制，包足，夹细砂灰黑（内灰外黑）陶，锥状足，略宽扁，足尖内收。足面有明显的切削痕。残高6厘米。年代为周（图四四，2；彩版三四，9）。

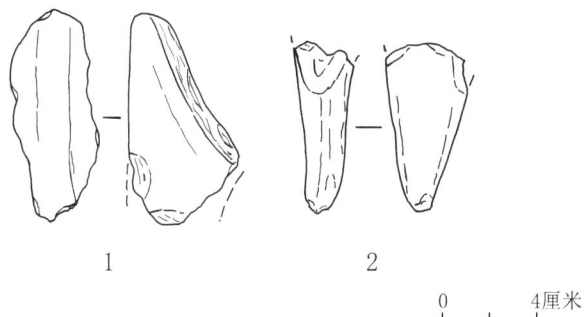

图四四　李庄遗址、万场遗址采集陶器标本
1. 鼎足（李庄10SCLZ：1）　2.（万场10SCW：1）

0 ——— 4厘米

5.遗址年代

根据文化遗物的特征，初步判断该遗址的年代约为西周晚期至春秋早期。

五、南塘小河流域

（一）墩塘遗址

1.地理位置与自然环境

墩塘遗址位于舒城县棠树乡墩塘村墩塘村民组南95米。此地处在县境西部岗地东缘，属向平原过渡地带，西、南、北三面地势高于东面，形似一小马鞍，遗址坐落其中，为一椭圆形土墩，南北长于东西，西侧连接一片水塘，东侧与稻田相连，北100米左右有一条水泥路，南150米有一条东西向的小河沟流经，此外有一南北向道路从遗址中间穿过（彩版二〇，1、2）。

2.GPS点的位置

调查过程中共在两个采集区中采集到陶片（表43）。

表43　墩塘遗址调查情况表

遗址名称	编　号	地理坐标	地形	土地利用	采集位置	遗物	备注
墩塘遗址	101211STD-I001	E：0484219 N：3478926 H：41米	墩形	旱地	表面采集		
	101211STD-I002	E：0484210 N：3478930 H：40米	墩形	旱地	表面采集		

3.遗址分布范围与现存面积

遗址保存完好，顶部较平坦，高出东部地表约5米，遗址面积即是土墩的范围，GPS测量约4300平方米。

4.遗物

遗址顶部的地表偶见陶片的分布，共采集陶片8片，从采集的标本来看，夹砂陶占较大比例，泥质陶较少。陶色可分为红陶、红褐陶、灰陶以及灰褐陶。素面占半，偶见绳纹、弦纹、三角填线纹等。可辨器形有甗、鬲等，但残破较严重。

5.遗址年代

从遗址采集的遗物特征上看，该遗址应为西周中晚期时期的聚落址。

（二）九连庄遗址

1.地理位置与环境

九连庄遗址位于舒城县棠树乡墩塘村九连庄村民组北100米处的岗坡上，南为九连庄居民点，北有一条东西向的乡村机耕路和小河沟，西南326米为墩塘遗址，东40米为三拐墩遗址。该遗址处于县境西部一南北向岗地的东坡边缘地带，海拔40米左右，地势西高东低，东部为平坦的平原区。遗址地表现为旱地（彩版二〇，3）。

2. GPS点的位置

调查过程中，共在两个10×10米的采集区中采集到陶片（表44）。

表44 九连庄遗址调查情况表

遗址名称	编号	地理坐标	地形	土地利用	采集位置	遗物	备注
九连庄遗址	101211STJ-B006	E:0484552 N:3479148 H:37米	岗地（坡）	旱地	文化层	44	
	101211STJ-B007	E:0484543 N:3479152 H:37米	岗地（坡）	旱地	表面采集、文化层	8	

3. 遗址分布范围与现存面积

该遗址属岗地型，保存较差，当地村民平整土地、修路和开挖水塘等不仅对遗址造成严重破坏，而且造成其范围不甚清楚。我们只能根据陶片散落的范围，初步确定遗址的面积，GPS测量为2217平方米。

4. 遗物

调查采集的遗物均为陶器残片，其中新石器时代晚期陶片38片，另有少数西周、春秋时期陶片14片。新石器时代晚期陶片中有37片为夹砂陶质，1片泥质，陶色以红陶居多，极少数红褐陶，纹饰以素面居多，极少数按窝、凹槽、刻划纹，可辨器形有鼎。周代陶片中夹砂10片，泥质4片，陶色有灰陶、灰褐陶、红陶、红胎黑皮陶、褐陶，纹饰以素面居多，见3片绳纹，器形基本不可辨。

鼎 4件，均为鼎足。

标本10STJ：1。夹粗石英砂红陶。横装条形足，横剖面形状近椭圆形，足根残断。足正面带两道较浅的凹槽。残高4厘米，年代应为新石器时代晚期（图四五，1）。

标本10STJ：2。夹粗砂红陶，颜色较浅。侧装三角形，较扁平，横剖面形状呈扁椭圆形，转角较圆弧，足背微弧，足根残断。素面。残高8.4厘米。年代应为新石器时代晚期（图四五，2；彩版三四，8）。

标本11STJ临采：1。残断，休较小，夹砂红陶。侧装扁椭圆体。素面。残高4.8厘米。年代应为新石器时代晚期（图四五，3）。

标本11STJ临采：2。横装条形足，残断，夹粗砂红陶。横截面呈扁椭圆形，足尖平直。素面。残高

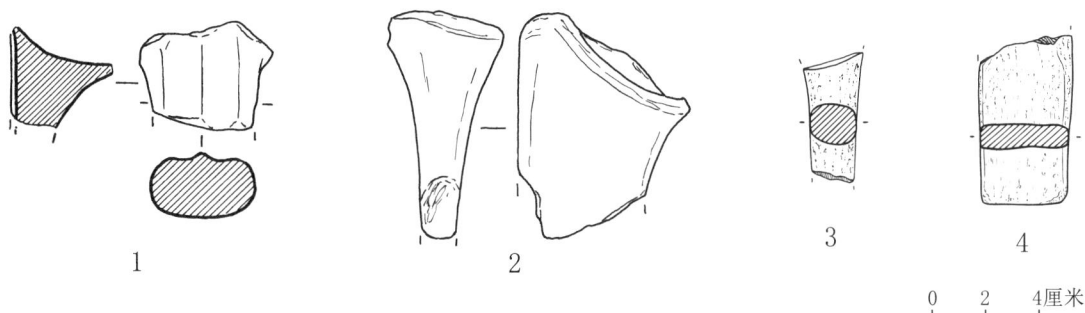

图四五 九连庄遗址采集陶器标本
1～4. 鼎足（10STJ：1、2，11STJ临采：1、2）

6.2厘米。年代应为新石器时代晚期（图四五，4）。

5.遗址年代

从采集的遗物特征，初步判断该遗址可能有新石器时代晚期、西周、春秋三个时代遗存。

（三）三拐墩遗址

1.地理位置与环境

三拐墩遗址位于舒城县棠树乡墩塘村九连庄村民组境内，南为九连庄组居民点，北有东西向乡村机耕路和小河沟，西侧不远处分别为九连庄遗址和墩塘遗址。该遗址处于县境西部一南北向岗地的东坡边缘地带，海拔35米左右，整个地势西高东低，东部为平坦的平原区。遗址地表为旱地，西、南缘坐落现代坟，四周为稻田（彩版二○，4）。

2.遗址范围与文化层堆积

遗址属典型的土墩形台地，平面形状呈椭圆形，东西长于南北，顶部斜平，西高东低，高出四周地表4~4.5米。遗址保存完整，土墩范围应为遗址的面积，测算数值约2200平方米。文化层堆积厚度应为土墩高度。

3.文化遗物与年代

地表遗物极少见，调查资料整理期间采集一件西周时期的鬲档残片和一残碎的绳纹陶片。综合判断，遗址的年代约为西周至春秋。

六、西杨家冲河流域

西杨家冲河发源于舒城县南部丘陵地带，自南向北经该县干汊河镇正安村与城关镇杨家村，最后于丁八房汇入杭埠河干流，河流所经地点分别为狭长岗谷和杭埠河沿岸冲击平原地带。调查发现古代遗址（不包括散点）3处，均分布在河流的西岸（左岸）。

（一）干塝墩遗址

1.地理位置与环境

干塝墩遗址位于舒城县干汊河镇正安村干塝村民组东280米处，是一处位于东西向山岗之间平原区域中心地带的圆形墩地。遗址东、西、北三面为水田，南临干月路，西50米为古墩堰水渠，西北面20米处有小河流过。遗址顶部东南部略高，顶部较平坦，种植有油菜和小树，与平地高差约4米，遗址北部有二级台地，台地宽1~4米，两级台地高差1~2米。遗址地处县境中部丘陵地区，土质以红砂土和黄色粘土为主（彩版二○，5）。

2.GPS点的位置

调查过程中，共在五个10×10米的采集区中采集到陶片（表45）。

表45　干塝墩遗址调查情况表

遗址名称	编号	地理坐标	地形	土地利用	采集位置	遗物	备注
干塝墩遗址	110104SGG－I001	E:0491138 N:3473286 H:33米	墩形	旱地	表面采集	16	
	110104SGG－I002	E:0491150 N:3473281 H:33米	墩形	旱地	表面采集	5	
	110104SGG－I003	E:0491127 N:3473300 H:31米	墩形	旱地	表面采集	5	
	110104SGG－I004	E:0491153 N:3473305 H:31米	墩形	旱地	表面采集	1	夹粗砂灰陶（粗绳纹）1
	110104SGG－I005	E:0491140 N:3473277 H:30米	墩形		文化层	2	P1

3. 遗址分布范围与现存面积

遗址保存完整，破坏程度较轻，其范围应为整个圆形墩地的范围，GPS测量面积2438平方米。

4. 文化层堆积

在遗址西南部选择断面进行观察，可见文化层堆积。该断面长0.9、厚0.9米，呈西北—东南向（317度），倾斜度为80度，分三层堆积：第①层，灰黄色土，砂性，致密，包含少量红烧土块，厚0.5米；第②层，红褐色土，砂性，疏松，夹杂大量红烧土及细碎陶片，厚0.3米；第③层，黄褐色土，砂性，疏松，可见0.1米，未到生土部（图四六）。

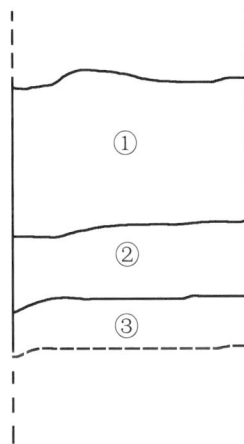

图四六　干塝墩遗址地层剖面示意图

5. 遗物

本次调查采集遗物均为陶片，共29片，其中夹砂陶27片，夹石英砂陶2片。陶色以红胎黑皮陶为主，其次为灰陶、红陶，少数红褐陶、灰褐陶、外灰内红陶、褐陶。可辨器形有罐。纹饰以绳纹居多，其次为素面，少数间断绳纹、凹弦纹以及附加堆纹+绳纹组合。可辨器形仅有鬲裆部和鬲足。

鬲足　1件。

标本11SGG：1。夹砂红陶，体较矮小。袋足，袋窝浅，锥状实足根，横截面呈扁圆形，足尖微残。素面。残高4.4厘米。年代约为西周晚期（图四八，1）。

6. 遗址年代

从采集的遗物来看，该遗址应为西周中晚期的居址。

（二）金墩遗址

1. 地理位置与环境

金墩遗址是位于舒城县城关镇杨家村金墩村民组东，东距小河约250米，西150米为一条南北向乡村水泥道路。该遗址处于河流下游，西依东北—西南走向的岗地。遗址为土墩型，平面形状近圆形，现地表为旱地，可见度极低（彩版二〇，6）。

2. GPS点的位置

调查过程中，在一个10×10米的采集区中采集到陶片（表46）。

表46　金墩遗址调查情况表

遗址名称	编　号	地　理坐　标	地形	土地利用	采集位置	遗物	备注
金墩遗址	110102SCJ-I007	E：0491982 N：3475665 H：25米	墩形	旱地	表面采集	2	

3. 遗址分布范围与现存面积

遗址保存较好，根据地貌和遗物散布分析，其范围即为墩地范围，GPS测量面积1168平方米。

4. 遗物

遗址西南部水沟偶见陶片，遗址南部断面见红烧土块。共采集陶片2片，均为夹砂红陶，器形不可辨。

5. 遗址年代

根据遗物特征，初步判断该遗址为西周中晚期的普通聚落址。

（三）松墩遗址

1. 地理位置与环境

松墩遗址位于舒城县城关镇杨家村胜利村民组西南，西杨家冲河下游，北距杭埠河干流仅560米，西靠岗地，东部是冲击平原，地势低平，海拔约23米，遗址东面30米处有胜利大塘，西面有通村水泥公路经过。该遗址为土墩形，其东北部于2008年取土形成一个缺口，现呈不规则形（彩版二〇，8）。

2. GPS点的位置

调查过程中，共在五个10×10米的采集区中采集到遗物（表47）。

表47　松墩遗址调查情况表

遗址名称	编号	地理坐标	地形	土地利用	采集位置	遗物	备注
松墩遗址	110102SCS-I009	E:0492207 N:3475881 H:28米	墩形	旱地	表面采集	3	夹砂红胎黑皮陶1（绳纹）；夹砂红陶1（绳纹）；夹砂褐陶1
	110102SCS-I010	E:0492217 N:3475904 H:27米	墩形	荒（草）地	表面采集	5	夹砂红陶1；夹砂褐陶3（弦断绳纹3）；夹砂灰褐陶1（弦断绳纹）
	110102SCS-I011	（标签缺失）E:0492228 N:3475881 H:29米	墩形	旱地	表面采集 文化层	17	夹砂红陶2（绳纹1）；泥质灰陶1；夹砂灰陶3（高足根部附绳纹1；绳纹1）；夹砂红胎黑衣陶11（网格纹1；间断绳纹5；绳纹1；绳纹+附加堆纹1；鬲口沿颈部凹弦纹，肩腹部绳纹，绳纹1）
	110102SCS-I013	E:0492238 N:3475862 H:27米	墩形		文化层	14	夹砂红陶2；夹砂红胎黑衣陶4（网格纹2；绳纹1）；夹砂灰陶4（间断绳纹1）；夹砂灰褐陶3（间断绳纹1）
	110102SGS-C001	E:0492238 N:3475878 H:27米	墩形	旱地	文化层	32	夹砂红陶2；夹砂红褐陶12（高足2）；夹砂灰褐陶14（间断绳纹4，网结纹2，刻划纹1）；几何印纹硬陶5（间断绳纹2，折线纹1，重方格纹1，菱形折线纹1，凸弦纹1）

3. 遗址分布范围与现存面积

遗址保存一般，平面形状近圆形，其范围为墩子的范围，面积为2500平方米。

4. 文化层堆积

松墩遗址东北部由于取土形成缺口，暴露出断面，对其局部进行观察，断面长0.8、厚1.45米，呈东北—西南向（44度），上下倾斜度为85度，可分为四层：第①层，黄褐色土，砂性，疏松，顶部距地表1.6米，厚0.5米；第②层，灰白色土，砂性，疏松，厚0.28米；第③层，灰色土，夹红烧土颗粒，疏松，厚0.32米；第④层，灰色土，疏松，厚0.35米（图四七；彩版二一，1）。

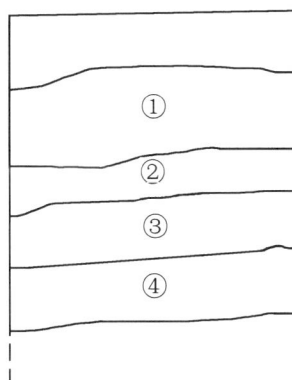

图四七　松墩遗址剖面堆积示意图

5. 遗物

采集的遗物均为陶片，共71片，其中夹砂陶65片，泥质陶1片，几何印纹硬陶5片。陶色以灰褐陶、红胎黑皮陶、红褐陶三种居多，其次为红陶、灰陶、褐陶。纹饰以素面最多，其次为间断绳纹、绳纹，另有网格纹、附加堆纹、凹弦纹。硬陶中泥质陶较多，陶色分为灰陶和外灰内红陶，纹饰有方格纹、重方格纹、折线纹等。可辨器形有鬲、甗、盆、罐、钵等。

鬲　7件，为残破的口沿或鬲足。

标本11SCS：1。鬲口沿，轮制、手制并用，夹粗砂红胎黑衣陶。侈口，折沿，厚圆唇，束颈，折肩。沿下及颈部饰绳纹，肩部饰多道凸弦纹，上腹部饰竖向绳纹，并帖敷一周粗绞索状附加堆纹。口内径28厘米，残高9.6厘米，壁厚0.6～1.4厘米。年代约为西周晚期或春秋早期（图四八，2；彩版三四，10）。

标本11SCS：2。鬲口沿，轮制，夹细砂灰褐陶。侈口，方唇，斜折沿较宽，束颈，肩微折。腹部饰稀疏的竖向绳纹，较规整。口外径28.6厘米，残高6.4厘米，壁厚0.6～0.8厘米。年代约为西周晚期或春秋早期（图四八，3；彩版三四，11）。

标本11SCS：3。口沿（残），轮制，夹细砂红胎黑衣陶。敞口，厚方唇，折宽平沿，颈较长，微束。肩部饰竖向绳纹。口内径35.6厘米，残高5.5厘米，壁厚0.6～0.8厘米。年代约为两周之际（图四八，4；彩版三四，12）。

标本11SCS：4。鬲足，夹粗砂红胎黑衣陶，烧成温度较低，陶质较软。袋状足，内窝较深，柱状实足根，足尖略凸起呈疙瘩状。足表面及着地面均饰绳纹。残高7.6厘米。年代约为西周晚期或春秋早期（图四八，5；彩版三四，14）。

标本11SCS：5。鬲足（残），手制，夹细砂红胎，内壁呈黑色。袋状足，内窝较浅，裆部较低，柱状足根，足尖略凸起呈疙瘩状。表面饰绳纹，着地面绳纹被磨平。残高8.2厘米。年代为西周晚期到春秋早期（图四八，6；彩版三四，15）。

标本11SCS：6。鬲足，残断，夹砂红陶。袋足，体较小，袋窝较浅。足身饰遍绳纹。残高3.8厘米。年代约为两周之际（图四八，7）。

标本11SCS：7。鬲足，夹砂红褐陶。袋足，袋窝较浅，圆柱状实足较矮，足尖斜平。足身饰绳纹，易脱落。残高6.4厘米。年代约为两周之际（图四八，8；彩版三四，13）。

甗　1件。

标本11SCS：8。甗腹片（残），轮制、手制并用，夹细砂灰褐陶，腹片呈弧形。表面饰间断绳纹，并饰一周条状堆纹，堆纹上饰绳纹。残高8.5厘米，壁厚0.5～0.8厘米。年代约为西周晚期（图四八，9）。

盆　1件。

标本11SCS：9。盆腹片，夹粗砂红褐陶，腹片较平，器壁较厚。表面饰竖向绳纹，并帖敷一周条状堆纹，堆纹上饰斜刻划纹。残高9.4厘米，壁厚1～1.3厘米。年代约为西周中晚期（图四八，10）。

罐　2件，均为口沿。

标本11SCS：10。罐（残），夹砂红胎黑衣陶，平折沿，唇部残，折肩弧腹，比较厚。器身肩部饰两道凹弦纹，上腹部饰变形雷纹。残高7厘米，壁厚0.5～0.7厘米。年代约为西周晚期或春秋早期（图四八，11；彩版三四，16）。

　　标本11SCS：11。罐口沿（残），夹砂红胎黑皮陶，侈口，厚方唇，唇面带一道较浅凹槽，折宽平沿，束颈。沿下饰稀疏竖向绳纹，颈部饰多道凸弦纹，肩部饰竖向绳纹。口部内径22.2厘米，残高5厘米，壁厚0.5～1.0厘米。年代为西周晚期或春秋早期（图四八，12）。

　　标本11SCS：12。罐口沿，夹砂红胎黑皮陶，侈口，尖圆唇，折平沿较窄，束颈较高。颈部饰多道凹弦纹。残高5.8厘米，壁厚0.25～0.3厘米。年代为西周晚期或春秋早期（图四八，13）。

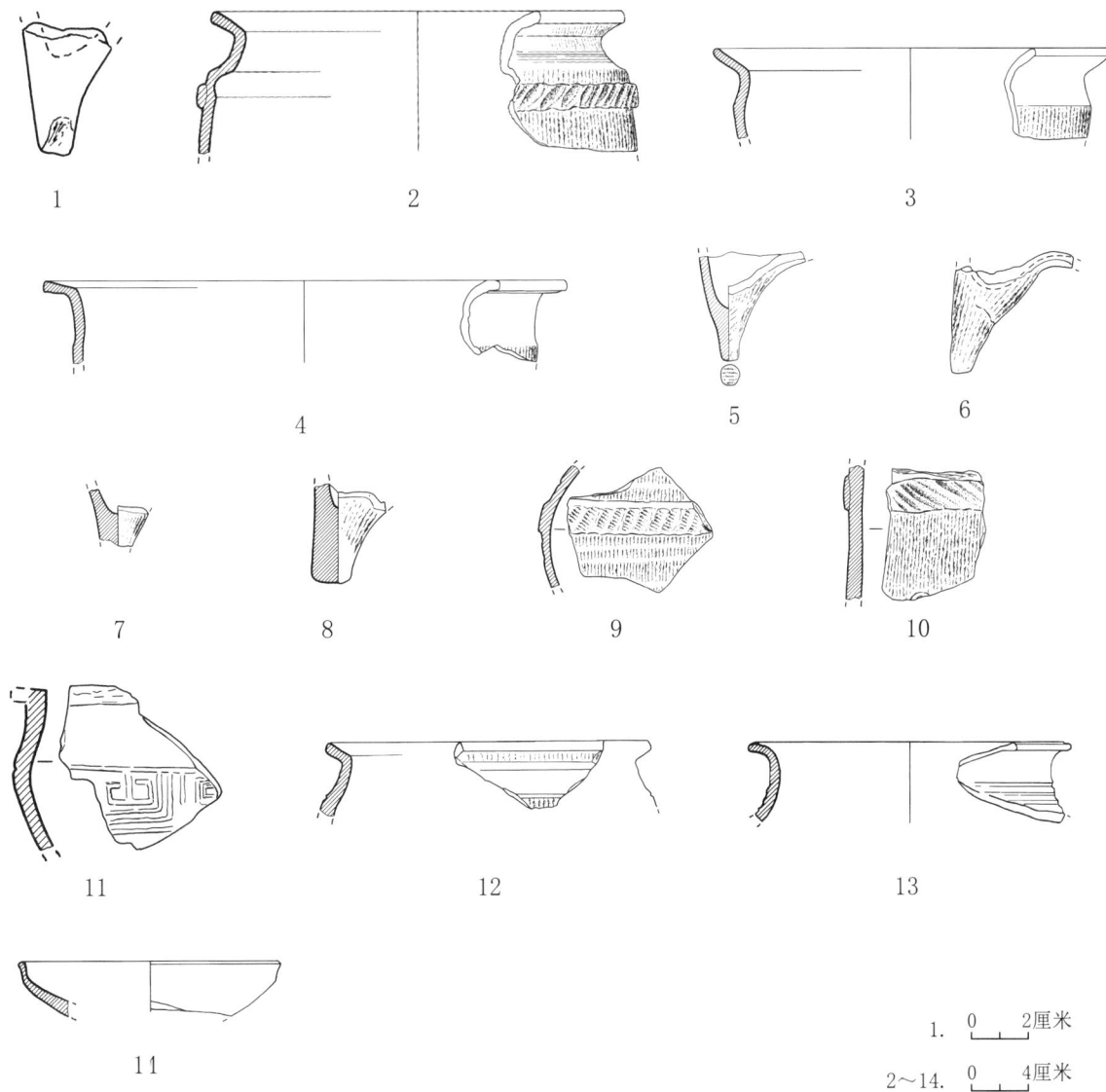

图四八　干塝墩遗址、松墩遗址采集陶器标本
1. 鬲足（干塝11SGG：1）　2～8. 鬲（松墩11SCS：1～7）　9. 甗（松墩11SCS：8）　10. 盆（松墩11SCS：9）　11、12. （松墩11SCS：10、11）　13. 罐（松墩11SCS：12、14）　14. 钵（松墩11SCS：13）

　　钵　1件。

　　标本11SCS：13。口沿（残），泥质灰陶，口微敛，方唇，折腹，浅盘，圜底，底较厚。素面，抹光。口内径17厘米，残高3.6厘米，壁厚0.4～1.0厘米，年代为西周晚期或春秋早期（图四八，14）。

6. 遗址年代

依据遗物的特征，初步判断遗址的年代为西周晚期至春秋早期。

七、东杨家冲河流域

东杨家冲河发源于县境南部春秋山，自南向北经岗谷地带后，出大官塘，再流经杭埠河南岸冲击小平原，至瓦屋庄西侧由人工水渠最后与吴家庄引入杭埠河。该流域调查仅发现2处古遗址。

（一）杨家遗址

1. 地理位置与环境

杨家遗址位于舒城县城关镇杨家村杨家村民组东南，西北378米为居民点，西南为春秋山。遗址所在河谷的上游两侧不远为南北向的岗地。遗址四周为农田，其东40米、北60米均有小河流过。遗址顶部西高东低，现为旱地，高出四周地表3.5～4.5米（彩版二一，2）。

2. GPS点的位置

调查过程中，共在五个10×10米的采集区中采集到遗物（表48）。

表48　杨家遗址调查情况表

遗址名称	编　号	地理坐标	地形	土地利用	采集位置	遗物	备注
杨家遗址	110105SCY-I002	E：0492434 N：3472388 H：36米	墩形	旱地	表面采集	18	
	110105SCY-I003	E：0492420 N：3472390 H：36米	墩形	旱地	表面采集	7	
	110105SCY-I004	E：0492417 N：3472378 H：36米	墩形	旱地	表面采集	5	
	110105SCY-I005	E：0492417 N：3472361 H：35米	墩形	旱地	表面采集	4	
	110105SCY-I006	E：0492432 N：3472326 H：35米	墩形	旱地	表面采集	1	

3. 遗址分布范围与现存面积

该遗址为一近圆形土墩，保存状况一般，局部遭破坏。综合微地貌与遗物散布分析，遗址范围应为整个墩地范围，GPS测量面积为2245平方米。

4. 文化层堆积

选择遗址东北部一断面进行观察，见文化层堆积。该断面长0.5、厚1米，呈西北—东南向（340度），上下倾斜度为85度，可划分为三层：第①层，灰黄色粉沙土，疏松，包含植物根茎、碳粒及少量红烧土颗粒，厚0.44～0.5米；第②层，红褐色粘性土，疏松，包含红烧土块及碳粒，厚0.44～0.67

米；第③层，黄褐色粘性土，致密，包含红烧土颗粒和少量碳粒，可见0.09米厚，未及生土（图四九；彩版二一，3）。

5．遗物

遗址地表陶片散落较少，而红烧土较则较丰富。采集的陶片共26片，其中夹砂陶24片，泥质陶2片。陶色以红陶最多，其次为褐陶，另有灰陶、红褐陶、灰褐陶。纹饰以素面为主，绳纹其次，另有少量附加堆纹、间断绳纹、凹弦纹。可辨器形有鬲、缸等。

6．遗址年代

根据采集的遗物特点，初步判断遗址的年代包括西周、春秋两个不同时期。

（二）官塘遗址

1．地理位置及环境

官塘遗址位于舒城县城关镇幸福村官塘村民组东南，是一处岗地间河谷平原北端的墩形台地，当地俗称"大墩"，四周地表海拔不足25米，地势平坦，其距离东西岗地分别约400米和300米，遗址西面80米处为池塘，南275米为大官塘水库。遗址顶部地表北高南低，呈微凸弧状，现为旱地，南部植杉树（彩版二一，4）。

2．GPS点的位置

调查过程中，共在五个10×10㎡的采集区中采集到遗物（表49）。

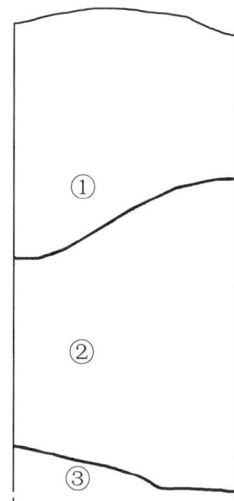

图四九　杨家遗址地层剖面示意图

表49　官塘遗址调查情况表

遗址名称	编号	地理坐标	地形	土地利用	采集位置	遗物	备注
官塘遗址	110105SCG－Q006	E:0492988 N:3475246 H:21米	墩形	旱地	表面采集	3	
	110105SCG－Q007	E:0493005 N:3475254 H:22米	墩形	旱地	表面采集	陶片1、石料1	
	110105SCG－T004	E:0492985 N:3475216 H:19米	墩形	旱地	表面采集	5	
	110105SCG－T005	E:0492984 N:3475279 H:23米	墩形	旱地	表面采集	15	
	110105SCG－T006	E:0492972 N:3475278 H:23米	墩形	旱地	表面采集	7	

3．遗址分布范围与现存面积

遗址保存较完整，范围即为整个土墩范围，GPS测量面积为4435平方米。

4. 遗物

共采集石料1件，陶片31片。陶片中夹砂陶27片，泥质陶2片，几何印纹硬陶2片。陶色以灰陶居多，其次为红陶、红胎黑皮陶，另有灰褐陶和褐陶。纹饰以素面最多，极少数绳纹、间断绳纹和附加堆纹。硬陶均为泥质内红外灰陶，1片重方格纹，1片折线纹。可辨器形有鬲、罐等。

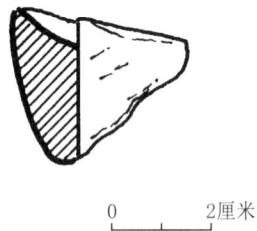

图五〇　官塘遗址采集陶器标本
鬲足（11SCG：1）

鬲　1件。

标本11SCG:1。鬲足（残），手制，夹粗砂灰陶。器体较小，矮锥状，袋窝较浅，体较粗糙。素面。残高3厘米。年代约为西周中晚期（图五〇）。

5. 遗址年代

从陶器的特征判断，该遗址约为西周中晚期。

八、曹家河流域

曹家河发源于县境中部低山区，流经狭长的岗谷后，经杭埠河南岸冲击平原，最后注入杭埠河，此河为杭埠河南岸一条重要支流。调查显示该流域的古代遗址数量较多，共11处（不包括散点）。

（一）河边遗址

1. 地理位置与环境

河边遗址位于舒城县城关镇卓山村河边村民组西20米处，东邻村庄，东距南北向乡村水泥公路约150米，西侧有一小河流过，河道宽10～15米不等，西北距老虎墩遗址约350米，遗址周边均为农田。

遗址位于县境中部偏东地区，为岗地向平原过渡地带，其南、东、西为岗地，北为河流冲积的岗间小平原，土质以黄褐色夹砂土为主。遗址地表平坦，南部为人工栽植的杨树、板栗树，北部为村民的蔬菜地，中间低洼处为农田（彩版二一，5）。

2. GPS点的位置

调查过程中共在两个10×10米的采集区中采集到陶片（表50）。

表50　河边遗址调查情况表

遗址名称	编号	地理坐标	地形	土地利用	采集位置	遗物	备注
河边遗址	110108SCH-F001	E:0495208 N:3472595 H:33米	墩地	旱地	表面采集	3	
	110108SCH-T001	E:0495237 N:3472517 H:29米	墩地	旱地	表面采集	5	

3. 遗址分布范围与现存面积

遗址为典型的土墩形台地，保存一般，北部与南部较完整，中部偏东南（人工形成的洼地）和西缘遭不同程度破坏。遗址高出四周地表约1～2米，高出西边河床4～5米。遗址范围应为墩形台地的全部范围，GPS测量面积为9686平方米。调查未见遗迹现象，文化层暴露不明显。

4.遗物

地表难见文化遗物，仅采集陶片8块，均为残片，其中夹砂红陶、灰陶、褐陶各2片，泥质灰陶、几何印纹硬陶各1片。

5.遗址年代

根据遗物特点判断，该遗址应为西周时期的普通居址，年代约在西周中晚期。

（二）老虎墩遗址

1.地理位置与环境

老虎墩遗址位于舒城县城关镇邓岗村李家长庄村民组东南280米，为不规则墩形台地遗址。遗址东面有无名河流自南向北流经，遗址西北有李家长庄散点遗址。遗址表面现为树林和荒地（彩版二二，1）。

2.GPS点的位置

调查过程中，共在四个10×10m²的采集区中采集到遗物（表51）。

表51　老虎墩遗址调查情况表

遗址名称	编号	地理坐标	地形	土地利用	采集位置	遗物	备注
老虎墩遗址	110108SCL-I001	E：0495186 N：3472986 H：33米	墩形	荒（草）地	表面采集	19	
	110108SCL-I002	E：0495135 N：3472976 H：35米	墩形	荒（草）地	表面采集	7	
	110108SCL-I003	E：0495137 N：3472991 H：34米	墩形	荒（草）地	表面采集	7	
	110108SCL-I004	E：0495126 N：3472975 H：34米	墩形	荒（草）地	表面采集	3	

3.遗址分布范围与现存面积

遗址面积即为墩形台地的全部范围，GPS测量数据为4121.6平方米。

4.文化层堆积

根据断面观察可见文化层堆积，该断面位于遗址西北部，长0.7、厚1米，呈东北—西南向（210度），倾斜度为80度，可划分为三层：第①层，黄色粘土夹黑斑，致密，包含植物根茎、红烧土颗粒，厚0.2～0.25米；第②层，灰褐色粘土，致密，包含红烧土颗粒，厚0.2～0.28米；第③层，黄色粘土夹黑斑，致密，包含红烧土颗粒，可见厚度0.45～0.55米，未到生土（图五一；彩版二二，2）。

5.遗物

采集的文化遗物包含新石器时代与周代两个不同的时期，基本为残破的陶片，可辨器形较少。

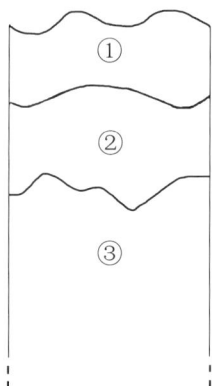

图五一　老虎墩遗址地层剖面示意图

鼎　1件。

标本11SCL：1。鼎口沿（残），轮制手制并用，夹细砂灰陶，器表有指窝痕，局部呈褐色，由烧成温度不均造成。侈口方唇，折沿，沿面微凹，束颈，口沿与颈部交接处有明显折痕。肩腹部饰斜篮纹。口内径19.2厘米，残高4.8厘米，壁厚0.5～0.9厘米。年代为新石器时代晚期（图五二，1；彩版三五，1）。

鬲　1件。

标本11SCL：2。鬲足（残），手制，夹粗砂红陶。器体较大，内窝较浅，裆部较高，柱状实足根，足根近裆部略起棱，足尖微内收，近地面处略突起呈疙瘩状。足面包括着地面均饰致密的细绳纹，较规整。残高9.6厘米。年代约为西周晚期或春秋早期（图五二，2；彩版三五，2）。

6. 遗址年代

依据采集遗物的特点，初步判定遗址年代包括新石器时代晚期和两周之际两个不同时期。

（三）船形地遗址

1. 地理位置与环境

船形地遗址位于舒城县城关镇三松村船形地村民组境内，处于岗间河谷前端，西10米为舒(城)船（形地）公路，北紧邻村民点，东距春秋塘墓葬群约650米，而西、南两侧均有无名小河流过，小河西南面200米为岗地区域（彩版二一，6）。

2. GPS点的位置

调查过程中，在一个10×10米的采集区中采集到遗物（表52）。

表52　船形遗址调查情况表

遗址名称	编　号	地　理坐　标	地形	土地利用	采集位置	遗物	备注
船形地遗址	110107SCC-I001	E：0495481 N：3474360 H：24米	河床、墩形	荒地	表面采集	14	

3. 遗址分布范围与现存面积

遗址原为一土墩形台地，平面形状近似椭圆形，顶部较较平坦，与四周地表差约2米，面积约2000平方米，现因村民建房，遗址仅剩北部极小部分。

4. 遗物

调查时在遗址被推平的地表和残留的断面，发现较多文化遗物，全部为陶片，以夹细砂红褐陶为主，另有少量的泥质灰陶。可辨器形有鬲、盆、钵等，均为残破口沿或器足。

鬲　4件。

标本11SCC：1。鬲口沿（残），轮制，夹砂灰黄陶。侈口方唇，束颈，肩部微折。沿下绳纹被抹平，肩腹部饰弦断绳纹。口外径29.4厘米，残高8厘米，壁厚0.3～0.5厘米。年代约为西周晚期（图五二，3；彩版三五，3）。

标本11SCC：2。鬲足，细砂红陶，内壁呈黑色。袋状足，内窝较浅，高圆柱状实足根，足尖明显突起呈疙瘩状。表面饰竖向绳纹，着地面无纹饰。残高9.6厘米。年代约为春秋中期（图五二，4；彩版三五，4）。

标本11SCC：3。鬲足，手制包足，夹细砂红胎黑衣陶。袋状足，内窝较浅，足根残断。表面饰稀疏的竖向绳纹。残高4.4厘米。年代约为西周中晚期（图五二，5）。

标本11SCC：4。鬲足，手制包足，夹粗砂红胎黑衣陶。袋状足，器体较大，内窝较浅，扁圆柱状实足根，残断。表面局部饰竖向绳纹。残高8.8厘米。年代约为两周之际，即西周晚期后段至春秋早期前段（图五二，6；彩版三五，5）。

罐　1件。

标本11SCC：5。罐口沿（残），轮制，夹细砂灰胎黑衣陶。侈口方唇，唇面带一较浅的凹痕，斜折沿，束颈弧肩。素面。口径14.2厘米。年代约为西周中晚期（图五二，7）。

甗　1件。

标本11SCC：6。上半部（甑部），轮制，夹砂红胎褐陶。侈口方唇，唇面上有一道较浅的凹槽，折沿，弧肩，深腹。腹部饰多道间断绳纹。口外径32厘米，残高12.4厘米，壁厚0.6～0.8厘米。年代约为西周晚期（图五二，8；彩版三五，6）。

盆　1件。

标本11SCC：7。盆底（残），轮制，夹粗砂灰黑胎灰褐陶（夹粗石英砂比例较大）。下腹弧收，底

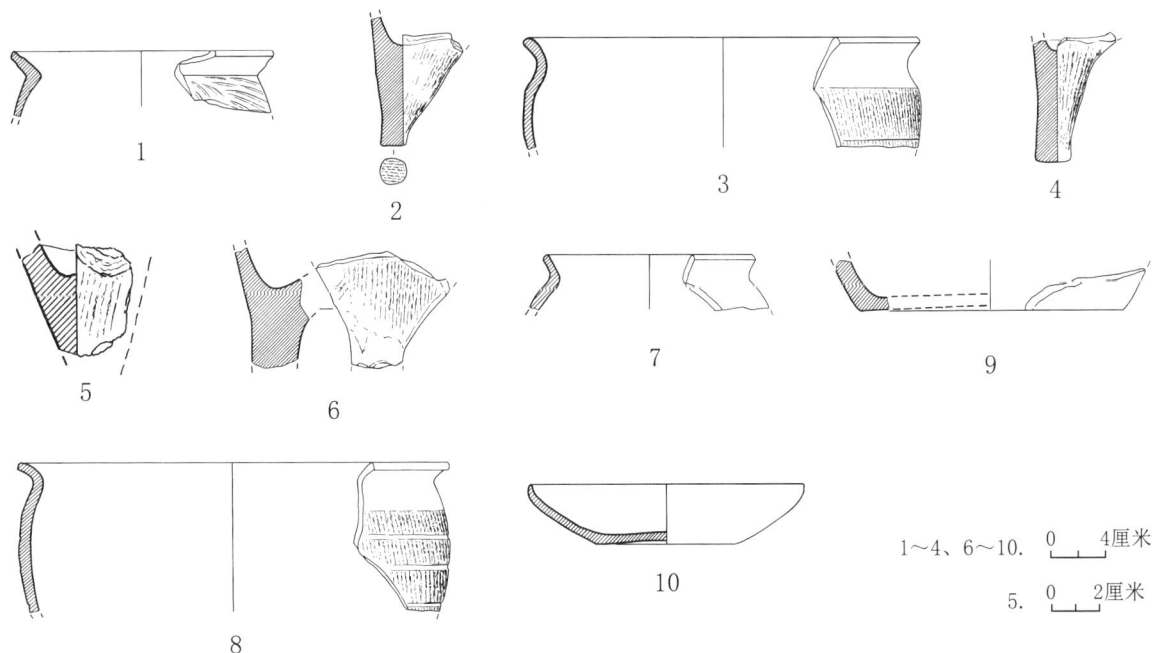

图五二　老虎墩遗址、船形地遗址采集陶器标本

1. 鼎（老虎墩11SCL：1）　2. 鬲（老虎墩11SCL：2）　3～6. 鬲（船形地11SCC：1～4）　7. 罐（船形地11SCC：5）
8. 甗（船形地11SCC：6）　9. 盆（船形地11SCC：7）　10. 钵（船形地11SCC：8）

近平，壁较厚。素面。残高3.4厘米，底内径17.6厘米，壁厚0.8～1.2厘米。年代约为西周晚期或春秋早期（图五二，9）。

钵　1件。

标本11SCC：8。钵（残），轮制，泥质灰褐陶。口微敛，尖唇，弧腹较深，平底，器壁较薄。素面。口外径20厘米，残高4.2厘米，壁厚0.2～0.5厘米，底径10厘米。年代约为西周中晚期（图五二，10）。

5. 遗址年代

综合采集陶器特点，初步判断船形地遗址应为一处西周中期到春秋中期的普通聚落址。

（四）山头遗址

1. 地理位置与环境

山头遗址位于舒城县城关镇三松村三头村民组南部，西距杨家老庄遗址约700米，东南距船形地遗址约430米，南距乡村水泥公路约500米，北距原马河口镇（现归属城关镇）镇政府2200米，东缘50米为曹家河，东北1200米为国道206线。

遗址地处西南—东北走向低矮岗地东北角，海拔30～38米，东、南、北三面地势低平，为杭埠河及其支流冲积平原区，岗地顶部与四周平原区域的高差约10米。遗址地表现被旱地、稻田及房屋覆盖（彩版二二，3）。

2. GPS点的位置

调查过程中，在一个10×10米的采集区中采集到陶片（表53）。

表53　山头遗址调查情况表

遗址名称	编　号	地理坐标	地形	土地利用	采集位置	遗物	备注
山头遗址	110107SCS-I002	E：495090 N：3474612 H：34米	岗地（坡）	田埂/路	文化层	4	

3. 遗址分布范围与现存面积

遗址大致坐落在岗地的末端，由于被居民点覆盖，地表可见度极低，无法确定具体范围与面积，但局部暴露的断面可见文化层堆积，初步测算面积约为3000平方米。

4. 文化层堆积

选择一断面进行清理观察。该断面长1.5、厚1.5米，呈东北—西南向（190度），上下倾斜度为80度，可划分五层：第①层，黄褐色砂性土，致密，厚0.6米；第②层，灰黄色土夹白斑，砂性，致密，厚0.1米；第③层，黄褐色砂性土，致密，厚0.3米；第④层，灰褐色砂性土，致密，厚0.2米；第⑤层，黄褐色砂性土，致密，夹杂少量夹砂陶片，厚0.2米（图五三；彩版二二，4）。

5. 遗物

调查采集遗物极少，仅陶片4块，均为夹砂红陶，除素面外，见一附加堆纹，其中可辨器形的仅有一鬲足。

6. 遗址年代

根据遗物特点，初步判断该遗址年代为西周中晚期，属于一处普通的居址。

（五）月形地遗址

1. 地理位置与环境

月形地遗址位于舒城县城关镇河口村月形地村民组境内，东邻南北向的岗地，处在县境平原向岗地过渡地带。遗址东南距春秋塘约500米，西南距船形地遗址约590米，东距206国道约500米，西587、410米处分别有一条河流和乡村公路经过，同时东侧也有一条南北向小河流经。遗址属典型的土墩形台地，顶部海拔26.2米，四周为平坦的农田，相对高度约2.0～2.5米有几座民房坐落在遗址南部（彩版二二，5）。

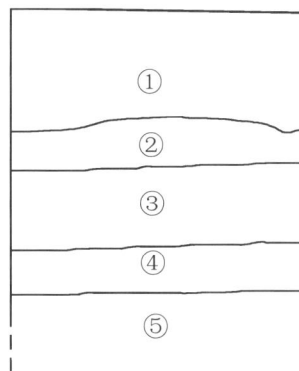

图五三　山头遗址地层剖面堆积示意图

2. 遗址范围与文化层堆积

从现场调查看，遗址西南部遭村民取土破坏严重，仅剩底部，但未及生土，其余保存较好，土墩的范围即为遗址的原有面积，经测算约3500平方米，平面形状呈椭圆形，南北长于东西。从村民取土暴露的断面观察，文化层的堆积厚度不低于1.5米。

3. 文化遗物

整理期间临时采集的遗物主要分布在被破坏的区域，但数量并不多，基本是残碎的陶片，器类和可辨器形均较少，主要是鬲、罐、盆、豆、甗等。

鬲　1件。

标本11SCYX临采：3。鬲足，夹砂红褐陶。袋足，足窝较浅，截尖锥状实足根。足身饰遍绳纹。残高7.0厘米。年代约为西周中晚期（图五五，1；彩版三五，7）。

罐　1件。

标本11SCYX临采：2。罐口沿，泥质红黄陶。侈口，斜沿，尖圆唇，束颈，颈与肩有较明显分界。颈部有多道凹弦纹，肩部饰小凸方块纹。残高7.2厘米，器壁厚0.4厘米。年代约为西周晚期至春秋早期（图五五，2；彩版三五，8）。

盆　1件。

标本11SCYX临采：1。盆口沿，夹砂灰陶。口微侈，宽平沿，方唇，器壁较薄。颈部饰多道凹弦纹，其余部位素面。残高4.0厘米。年代约为西周晚期（图五五，3）。

豆　1件。

标本11SCYX临采：4。豆盘，夹砂灰黄陶。口微敛，尖圆唇，弧腹较浅，平底。素面。残高4.4厘米。年代为西周晚期（图五五，4；彩版三五，9）。

4. 年代

综合遗址特征以及采集的陶器特点，初步判断遗址年代为西周晚期至春秋早期。

（六）杨家老庄遗址

1. 地理位置与环境

杨家老庄遗址位于舒城县城关镇三松村杨家老庄村民组东部的岗地东端，此岗地为南北向低矮的丘陵岗地，地势总体西高东低，岗地平均宽度250米，坐落有多座民房，县道从遗址西350米处经过。

遗址北侧是开阔低平的平原，与垣顶平地高差约10米，主要为水稻田与旱地。东部是岗地的坡脚地带，地势稍低凹，紧邻杭埠河小支流，河流以东为冲击的河谷地带，东约400米处为南北向大岗地。南为狭长的岗间谷地，一条东西向乡村水泥公路从其间穿过，东南200米处为舒乐轮窑厂。近邻遗址西北、西南部各有一水塘。遗址现被水田、旱地、树林等覆盖，杨家老庄村民组房屋均坐落在遗址上方（彩版二三，1）。

2. GPS点的位置

调查过程中，共在八个10×10米的采集区中采集到陶片（表54）。

表54　杨家老庄遗址调查情况表

遗址名称	编号	地理坐标	地形	土地利用	采集位置	遗物	备注
杨家老庄遗址	110106SCYL－T001	E:0493073 N:3474531 H:35米	岗地（顶）	旱地	表面采集	1	
	110106SCYL－T002	E:0494223 N:3474442 H:28米	岗地（坡）	田埂/路	表面采集	1	
	110106SCYL－T003	E:0494393 N:3474602 H:20米	岗地（坡、顶）	荒（草）地	西北断面	3	
	110106SCYL－T004	E:0494391 N:3474546 H:22米	平地	荒（草）第、沟渠（堤身）、田埂/路	表面采集	15	
	110106SCYL－F001	E:0494254 N:3474499 H:28米	岗地（坡、顶）	旱地	表面采集	4	
	110106SCYL－F002	E:0494341 N:3474612 H:27米	岗地（顶）	旱地	表面采集	5	
	110106SCYL－Q003	E:0494218 N:3474639 H:30米	岗地（脚、坡、顶）	旱地	表面采集		
	110106SCYL－Q004	E:0494298 N:3474620 H:30米	岗地（脚、坡、顶）	旱地	文化层	13	

3. 遗址分布范围与现存面积

遗址坐落于岗地东端的顶部、东坡处，平面形状近椭圆形，南、北、西三部分地势高丁中部和东部。西部、北部地貌形态较为明显，西北和西南转角清楚，呈弧状，北部有明显凸起的东西向狭长形土垣（彩版二三，2），宽窄不一，中间有长约25米的缺口，东端因取土而缺失一部分，土垣顶部平坦，最宽约10米，局部暴露文化层剖面。东缘和南缘不规则，且不见突起的土垣。余下部分均为梯状的农田。因水土流失、村民建房造坟、开挖水塘以及农业生产，对遗址造成局部破坏，故遗址分布范围不明确，只能依据采集的陶片和残留的现状判断，经GPS测算面积约48000平方米（彩版二三，3）。

4. 文化层堆积

虽然遗址局部暴露文化层，但由于未钻探，文化层总体堆积情况不明。调查中在遗址北部土垣选择一暴露的断面进行观察，可见文化层堆积。该断面长0.7、厚1.2米，呈西北—东南向（139度），倾斜度为70度，可分为四层：第①层，黄褐色粘性土，致密，厚0.5米；第②层，灰褐色粘性土，致密，厚0.2米；第③层，黄褐色砂土，致密，夹少量碎陶片及红烧土颗粒，厚0.3米；第④层，黄色粘土，致密，厚0.2米，未及生土（图五四；彩版二三，3）。

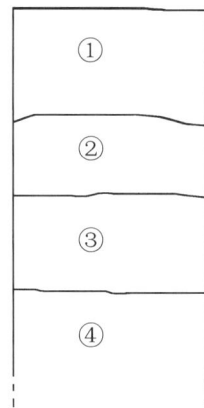

图五四　杨家老庄遗址地层
剖面示意图

5. 遗物

采集遗物均为陶片，分别采集于遗址北缘长条形墩子和南部，计42片。以夹砂红陶居多，其次有夹砂灰褐陶、夹砂灰陶、夹砂红胎黑衣陶，以及极少量的泥质红褐陶和泥质红胎黑皮陶。除素面，另见篮纹陶片。可辨器形有鼎足、甑、罐口沿等。

鼎　3件，均为侧装鼎足。

标本11SCYL：1。残，夹粗砂红陶。侧装三角形足，较宽扁，横剖面呈扁椭圆形，足根残断。素面。残高7.6厘米（图五五，5；彩版三五，10①）。

标本11SCYL：2。鼎足（残），手制，夹粗砂红褐陶。侧装三角形足，足身较宽扁，横剖面呈扁椭圆形，转角较锐折，足根残断。素面。残高7.6厘米（图五五，6；彩版三五，10②）。

标本11SCYL：3。鼎足（残），手制，夹粗砂红陶。侧装三角形足，仅剩足根部足背平直。足背近鼎身处有一较深的圆形按窝。残高4.4厘米（图五五，7；彩版三五，11）。

甑　1件。

标本11SCYL：4。残破，手制、轮制并用，夹砂灰褐陶。器外壁斜弧，壁较厚，内壁加一圈宽沿状的隔档以承箅。素面。残高6.4厘米，壁厚0.8～1.0厘米，隔档宽约1.8厘米（图五五，8；彩版三五，12）。

罐　1件。

标本11SCYL：5。罐口沿（残），轮制，夹细砂红胎黑皮陶。口微敛，卷圆唇，长颈，微束。素面。口内径14.8厘米，残高4.2厘米，壁厚0.5～0.7厘米（图五五，9）。

器腹　1件。

标本11SCYL：6。陶器腹片，夹砂红陶，弧腹。饰篮纹。壁厚（图五五，10）。

6. 遗址年代

综合遗址形态和陶器特征判断，遗址年代约为新石器时代晚期。

（七）方冲遗址

1. 地理位置与环境

方冲遗址位于舒城县城关镇幸福村方冲村民组西南20米处，东北为较宽广的杭埠河南岸平原区，东距县道约300米，西临幸福轮窑厂，北侧为现代民房，南距县殡仪馆约400米。

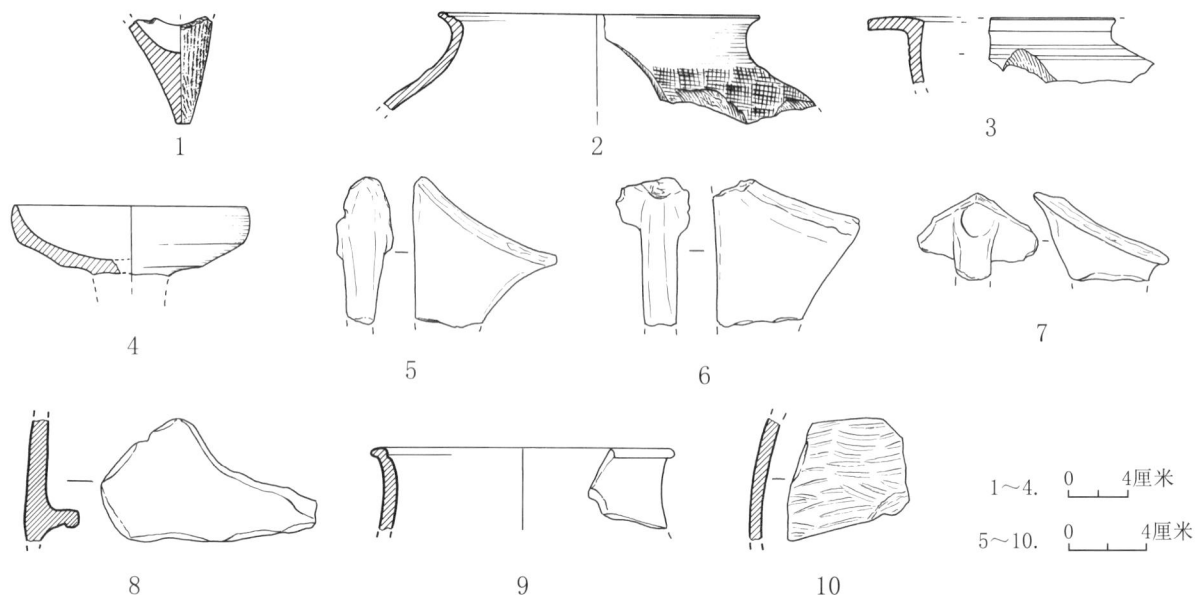

图五五 月形地遗址、杨家老庄遗址采集陶器标本

月形地：1.鬲（11SCYX临采：3） 2.罐（11SCYX临采：2） 3.盆（11SCYX临采：1） 4.豆（11SCYX临采：4）
杨家老庄：5～7.鼎（11SCY1：1～3） 9.罐（11SCYL：5） 10.器腹（11SCYL：6）

遗址地处县境中部岗地向平原过渡地带，北为平原，南为丘岗区。气候湿润、雨水较充足。土质以黄色粘土为主，适宜农作，主要作物有水稻、油菜、茶叶等。遗址坐落在岗地的北端东部缓坡上，地表为旱地，东南有一小水塘，北、东部为居民点和小树林（彩版二二，6）。

2.GPS点的位置

调查过程中，共在两个10×10米的采集区中采集到陶片（表55）。

表55 方冲遗址调查情况表

遗址名称	编号	地理坐标	地形	土地利用	采集位置	遗物	备注
方冲遗址	110105SCF-Q003	E：0493516 N：3475166 H：36米	岗地（坡）	旱地	表面采集	1	
	110105SCF-Q004	E：0493530 N：3475195 H：29米	岗地（坡）	旱地、树林	表面采集	8	

3.遗址分布范围、现存面积与文化层堆积

遗址为岗地形，平面形状不规则，边界不甚清楚，总体南北长于东西，西部被轮窑厂取土破坏严重。地表散布的文化遗物极少，偶见陶片和红烧土颗粒。文化层暴露不明显，但通过铲刮局部剖面与观察地表，仍能确认有文化层堆积，只是堆积厚度与层次不清。GPS测量现存面积约4000平方米。

4.遗物

采集遗物均为陶片，计9片。其中夹砂红陶7片，夹砂灰褐陶2片。纹饰以素面居多，另有篮纹腹片和带凸棱陶片各一。可辨器形有鼎足。

5.遗址年代

根据采集遗物特征，初步判断该遗址年代约为新石器时代晚期。

（八）杨店遗址

1.地理位置与环境

杨店遗址位于舒城县城关镇河口村杨店村民组西10米处，为一长条形台地，遗址西面110米处杭埠河支流流过，西南距山头遗址约300米，500米处为岗地顶端，北面为平原区域，东面约200米处有乡村水泥公路经过。遗址表面平坦，与四周平地高差2～2.5米，现植有杨树和茶树，南部有现代坟，遗址西、南两边缘有二级台地，与顶部高差约1米。该遗址地处县境中西部岗地向平原过渡地带，气候湿润、雨水较充足。土质以黄色粘土为主，适宜农作，主要经济作物有水稻、油菜、小麦等。遗址周边人口较密集，交通便捷（彩版二三，5）。

2.GPS点的位置

调查过程中共在七个10×10米的采集区中采集到陶片（表56）。

表56　杨店遗址调查情况表

遗址名称	编号	地理坐标	地形	土地利用	采集位置	遗物	备注
杨店遗址	20110107SCYD-E001	E:0495304 N:3475038 H:21米	墩形	旱地、荒（草）地	表面采集	9	
	20110107SCYD-E002	E:0495294 N:3475024 H:21米	墩形	旱地、荒（草）地	表面采集	3	
	20110107SCYD-E003	E:0495272 N:3474988 H:28米	河漫滩洼地	旱地、荒（草）地	表面采集	5	
	20110107SCYD-F001	E:0495288 N:3475015 H:24米	墩形	旱地	表面采集	13	
	20110107SCYD-F002	E:0495303 N:3475017 H:29米	墩形	旱地	表面采集	8	
	20110107SCYD-F003	E:0495310 N:3474980 H:32米	墩形	旱地	表面采集	5	
	20110107SCYD-I002	E:0495291 N:3475016 H:32米	墩形	旱地	文化层	3	

3.遗址分布范围与现存面积

遗址保存较好，只是西部与南部遭一定程度破坏。其范围包括长条形墩形台地的全部范围，GPS测量面积为4665平方米。

4.文化层堆积

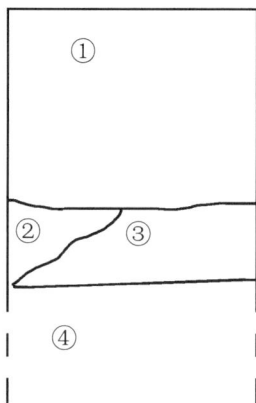

图五六　杨店遗址地层剖面示意图

通过铲刮遗址西部的断面，可见文化层堆积，该断面宽0.85、厚1米，呈东北—西南向（190度），倾斜度为85度，可划分为四层。第①层，浅灰色砂土，疏松，厚0.75米；第②层，灰褐色砂土，疏松，厚0.15米；第③层，灰白色砂土，疏松，厚0.15米；第④层，深灰色砂土，疏松，夹杂陶片、烧土颗粒，可见0.1米，未到底（图五六；彩版二三，6）。

5.遗物

本次调查采集的遗物均为陶片，共46片，其中新石器时代晚期陶片16片，周代陶片30片。新石器时代遗物均为夹砂陶片，以红陶最多，其次为红胎黑皮陶，及少数褐陶和外灰内黑陶。纹饰除素面外，另见篮纹、按窝装饰。可辨器形有鼎。周代遗物中有夹砂陶片24片，泥质陶片6片，以红陶、灰褐陶居多，少数灰陶、红褐陶、红胎黑皮陶、外黑内灰陶。纹饰以素面居多，计11片，其次为绳纹（间、弦断以及交错绳纹）、凸弦纹、附加堆纹与指窝装饰。可辨器形主要是鬲。

鼎　3件，为口沿和足部残片。

标本11SCYD：1。鼎口沿（残），轮制，夹粗砂红胎黑皮陶。侈口，尖缘方唇，斜折沿，沿面较宽微凹。颈、肩部各饰一道凸弦纹。残高6.2厘米，壁厚0.4～0.5厘米。年代为新石器时代晚期（图五七，1）。

标本11SCYD：2，鼎足（残），手制，夹细砂（夹细石英砂比例较大）红陶。侧装，横剖面呈扁椭圆形，转角较锐折，足跟残断。背带两凹窝，足背饰两按窝。残高7.6厘米。年代为新石器时代晚期（图五七，2；彩版三五，13）。

标本11SCYD：3。鼎足（残），手制，夹粗石英砂灰褐陶。侧装，横剖面呈椭圆形，转角较圆钝，弓背。素面。残高7厘米。年代为新石器时代晚期（图五七，3；彩版三六，1）。

鬲　2件。

标本11SCYD：4。鬲（残），轮制，夹粗砂（含较多石英砂）灰褐陶。侈口方唇，折沿，折肩，腹较直。肩部饰两道凹弦纹，弦纹之间饰绳纹，被抹平，腹部饰竖向粗绳纹。内口径21厘米，残高9厘米，壁厚0.4～0.7厘米。年代为西周中晚期（图五七，4；彩版三六，2）。

标本11SCYD：5。鬲足（残），手制，夹粗砂（含较多石英砂）红褐陶。袋状足，内窝较浅，圆锥状足跟。表面饰绳纹，局部被抹平。残高7.4厘米。年代为西周中期（图五七，5；彩版三六，3）。

6.遗址年代

根据采集遗物的特征判断，该遗址应为新石器时代晚期和西周两个时期的聚落址。

（九）蔡家洼遗址

1.地理位置与环境

蔡家洼遗址位于舒城县城关镇舒玉村蔡家洼村民组北侧，北边有一条通村水泥路，东南方向约50米有一水塘，西南约750米为206国道。遗址处于县境中部丘岗地区，土质以黄色粘土为主，适宜农作，遗址表面现为旱地和荒地（彩版二三，7）。

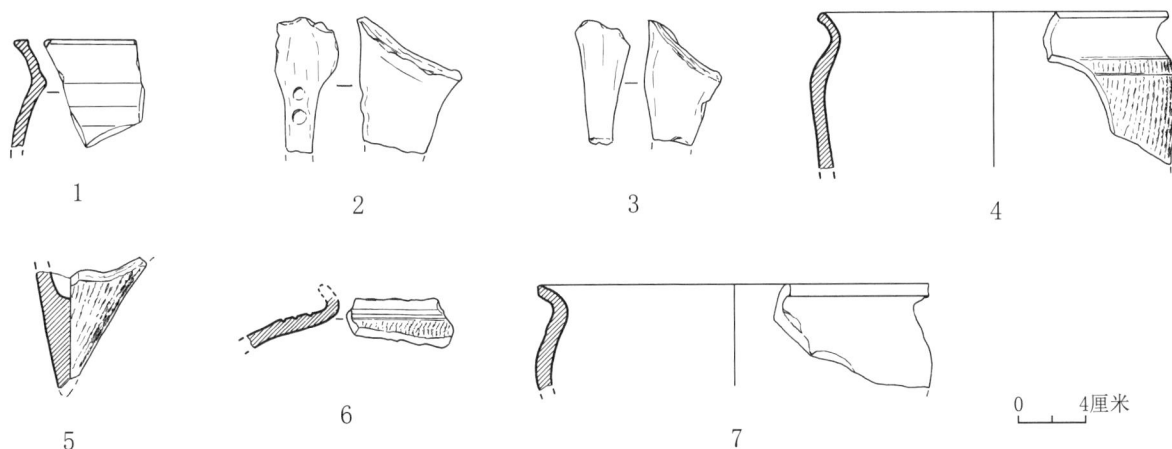

图五七　杨店遗址、樊家庄遗址、卞家墩遗址采集陶器标本

1. 鼎口沿（杨店11SCYD：1）　2、3. 鼎足（杨店11SCYD：2、3）　4、5. 鬲（杨店11SCYD：4、5）
6. 瓮（樊家庄11SCF：1）　7. 鬲（卞家墩11SCB：1）

2.GPS点的位置

调查中仅在一个10×10米的采集区中采集到陶片（表57）。

表57　蔡家洼遗址调查情况表

遗址名称	编　号	地　理坐　标	地形	土地利用	采集位置	遗物	备注
蔡家洼遗址	101211SCC-Q001	E：0496870N：3475916H：36米	岗地	旱地、荒草地、田埂/路、茶地	表面采集	5	

3.遗址分布范围与现存面积

该遗址处于岗地的垄头上，属岗地形遗址，平面形状呈圆形，相对于四周高出约1～5米，因村民修路，对遗址造成了一定程度的破坏。根据遗物分布和地貌信息，GPS测量面积约3600平方米。

4.遗物

遗址顶部地表偶见陶片，仅采集4片，均为泥质灰褐陶，素面，器形不可辨。

5.遗址年代

从遗址采集的遗物特点判断，该遗址应为西周时期遗存。

（十）樊家庄遗址

1.地理位置与环境

樊家庄遗址位于舒城县城关镇幸福村樊家庄村民组北120米处，现为不规则墩形遗址，其西面有乡村道路通过，路东边即是曹家河，东北距卞家庄遗址和206国道分别为220米与580米，西北不远处有河流经过。遗址顶部现为旱地（彩版二四，1）。

2.GPS点的位置

调查过程中，共在五个10×10米的采集区中采集到遗物（表58）。

表58   樊家庄遗址调查情况表

遗址名称	编 号	地理坐标	地形	土地利用	采集位置	遗物	备注
樊家庄遗址	110106SCF-I006	E:0494534 N:3476213 H:21米	墩形	旱地	表面采集	3	
	110106SCF-I007	E:0494530 N:3476190 H:21米	墩形	旱地	表面采集	1	
	110106SCF-I008	E:0494563 N:3476174 H:21米	墩形	旱地	表面采集	3	
	110106SCF-I009	E:0494544 N:3476159 H:21米	墩形	旱地	表面采集	3	
	110106SCF-I010	E:0494546 N:3476181 H:21米	墩形	旱地	表面采集	8	

3.遗址分布范围与现存面积

保存状况一般，遗址局部遭破坏，范围为整个墩形台地范围，GPS测量面积为3490平方米。

4.遗物

遗物少见，仅采集陶片18片，均为夹砂陶。陶色以灰陶最多，其次为红陶，另有灰黑陶、外灰内红陶、红胎黑皮陶。纹饰以绳纹最多，其次为素面，少量间断绳纹、凹弦纹。可辨器形仅瓮和鬲等。

瓮   1件。

标本11SCF:1。口沿，残破，轮制，夹粗砂红胎黑衣陶。侈口，短束颈，斜广肩微鼓。肩部饰三道凹弦纹与竖绳纹。残高2.8厘米，壁厚0.6～0.8厘米。年代约为西周晚期或春秋早期（图五七，6）。

5.遗址年代

从采集的遗物特点分析，遗址的年代约是西周晚期到春秋早期。

（十一）卞家墩遗址

1.地理位置与环境

卞家墩遗址位于舒城县城关镇河口村河口粮站，为一土墩形遗址，平面近椭圆形，其东南面紧邻水塘，西距曹家河约360米，西南为樊家庄遗址。现遗址顶部为河口粮站（现代房屋），东北距206国道约210米。遗址周边地势低平，墩顶植有树木（彩版二四，2）。

2.GPS点的位置

调查过程中，共在两个10×10米的采集区中采集到陶片（表59）。

表59　卞家墩遗址调查情况表

遗址名称	编　号	地　理坐　标	地形	土地利用	采集位置	遗物	备注
卞家墩遗址	110106SCB-I003	E:494890 N:3476396 H:20米	墩形	旱地	文化层	3	
	110106SCB-I005	E:494879 N:3476376 H:20米	墩形	旱地	表面采集	1	

3. 遗址分布范围与现存面积

遗址保存状况一般，局部遭破坏，致使平面形状不规整，经GPS测量，现存面积为2400平方米。

4. 文化层堆积

选择遗址东北角断面进行观察，可见文化层堆积。该断面长0.6、厚1.2米，呈东西向（90度），上下倾斜度为85度，可划分成四层。第①层，灰白色粉砂土，疏松，包含植物根茎，厚0.45～0.6米；第②层，红褐色粉砂土，较致密，包含红烧土块和碳粒，厚0.1～0.25米；第③层，灰黄色粉砂土，疏松，夹杂少量红烧土颗粒，厚0.1～0.25米；第④层，灰褐色粉砂土，疏松，夹杂少量红烧土颗粒，可见0.15米，未到生土（图五八；图版二四，3）。

5. 文化遗物

调查采集遗物仅陶片4片。夹砂红胎黑皮陶、灰陶、褐陶，以及泥质灰陶各1片。纹饰见绳纹、间断绳纹、附加堆纹。可辨器形有一件鬲（盆）口沿。

标本11SCB：1。残破，轮制，夹细砂红陶，火候较高，陶质较硬。侈口方唇，斜折沿较窄，弧腹内收。素面。内径22.2厘米，残高6厘米。年代为西周晚期（图五七，7；彩版三六，4）。

6. 遗址年代

根据遗物特点，初步判断该遗址年代为西周晚期。

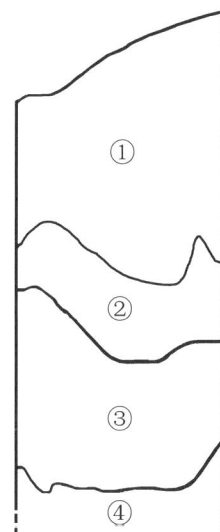

图五八　卞家墩遗址地层堆积示意图

九、南港河流域

南港河为杭埠河南岸的重要支流，分别穿越低山、丘陵岗地和冲击平原地带。本次调查所涉该流域范围极小，仅为与曹家河流域的交界地带的前进村，复查"二普"发现的一处遗址——亚夫城遗址。

（一）亚夫城遗址

1. 地理位置与环境

亚夫城遗址位于舒城县南港镇前进村北，处在一西北—东南走向的高岗地东缘上，岗地土质为黄棕壤，粘性较大，而四周大多是农田。遗址西北距县城9公里，西距206国道1500米，东南侧为熊家榜村民组，北为谢家角村民组，东南角为前进窑厂厂区，有一机耕路通南周公路。遗址顶部现已开垦为水田，四周土垣上为旱地、杂树和野草（彩版二四，4、5）。

2.遗址面积与现状

该遗址为岗地型，地势由北向南渐低，高差超过1米，遗址东北角由于前进窑厂取土破坏，现存平面近弧角六边形，南北最长约350、东西最宽约210米，面积约58000平方米；东、南、西三面土垣和疑似城门缺口保存较好，土垣顶端距周边地面高8～10米，其中东垣残高5.1米、基宽27米、顶宽14米，而北面几乎不见凸起地表的土垣。此外，仔细观察发现遗址的西、南两侧似有环壕遗迹（彩版二四，6、7；二五，1、2）。清光绪《续修舒城县志》记载，周亚夫曾筑东西二城作为屯兵之用。此为一城，另一城尚未发现。

3.遗物

采集的文化遗物可分石器和陶器两类。

石器共计84件，除少数砺石（磨石）外，器体均较小，器形有石杵、穿孔石器、石锛、石凿等。

砺石　1件。

标本11SNY临采：5。灰红色花岗岩，残断，体厚，呈椭圆柱状，一面留有打磨石器留下的凹弧面。残高8.2、宽7.5、厚5.1厘米（图五九，1；彩版三六，5）。

石杵　2件。

标本11SNY临采：6。灰白色花岗岩，残断，横截面呈扁椭圆形。残长4.5、宽6.0、厚2.8厘米（图五九，2）。

标本11SNY临采：7。灰白色花岗岩，残断，椭圆柱形，一端有明显使用痕迹。残长11.6、厚4.2厘米（图五九，3；彩版三六，6）。

穿孔石铲　1件。

标本11SNY临采：3。灰褐色，残断，通体精磨，中间厚两侧略薄，横截面呈扁椭圆形，平直背，体上留有一钻孔。残长6、残宽3.7、厚1.0厘米（图五九，4；彩版三六，7）。

石锛　1件。

标本11SNY临采：2。青灰色泥质岩，残破，系石器第二次利用，长方体较薄，通体精磨，平直背，近顶部还残留钻孔，双面刃。通长5.5、残宽3.0、厚0.9、刃宽0.8厘米（图五九，5；彩版三六，8）。

石凿　1件。

标本11SNY临采：1。长方体，残断，灰白色泥质岩，局部精磨，单面刃。残长5.1、宽2.3、厚1.6厘米，刃宽0.4厘米（图五九，6；彩版三六，9）。

石镞　1件。

标本11SNY临采：4。青灰色板岩，残断。通体精磨。柳叶状，镞尖锐利，横截面呈菱形，两侧刃磨制锋利，扁圆锥状铤残。残长6.5、宽1.1、厚约0.3厘米（图五九，7；彩版三六，10）。

余者皆为新石器时代晚期残破陶器，计180片，其中夹砂陶片156片，占86.67%，泥质陶片24片，占13.33%。陶色以红陶最多，其次为褐陶、灰陶、灰褐陶，另有少数红褐陶、黑陶、外黑内灰陶、红胎黑皮陶以及黑褐陶。纹饰以素面最多，少数篮纹、弦纹、按窝和磨光装饰。可辨器形有鼎、缸、杯等，多残破的口沿或器足，其中纯黑陶细柄杯多见，但残破程度严重。

鼎 7件，分别为口沿和鼎足。

A型 侧装。5件。

标本10SNY：1。鼎口沿（残），轮制，夹粗砂（粗石英砂比例较大）灰褐陶，局部呈黑色，由烧成温度不均造成。侈口，折沿，沿面内凹，颈部微束。素面。残高5、壁厚0.6～1.0厘米（图五九，8）。

标本10SNY：2。鼎足（残），手制，夹细砂灰褐陶。侧装，器体较小，横截面形状近椭圆形，转角圆钝。素面。残高6厘米（图五九，9）。

标本10SNY：3。鼎足（残），手制，夹细砂红陶。侧装，器体较小，足背捏得较薄。素面。残高4.6厘米（图五九，10）。

标本10SNY：4。鼎足（残），手制，夹粗砂灰褐陶。侧装，足身较宽扁，横剖面形状呈扁椭圆形，足根残断，器体较厚、宽扁。素面，背部近跟处饰三个按窝。残高9.5厘米（图五九，11）。

标本10SNY：5。鼎足（残），手制，夹粗砂红褐陶。侧装，足身较瘦长，横剖面近椭圆形，足背捏得较薄。素面。残高8.4厘米（图五九，12）。

B型 2件。

标本10SNY：6。鼎足（残），手制，夹细砂红褐陶。仅余足根，器体较小，横剖面形状呈椭圆形，足根呈凿形。素面。残高2.6、壁厚0.2～1.0厘米（图五九，13；彩版三六，11②）。

标本11SNY临采：13。鼎足，残断，手制，夹粗砂红陶。条形足，横截面呈扁椭圆形，足面饰三道竖向刻槽。素面。残高2.6厘米（图五九，14；彩版三六，11①）。

杯 1件。

标本11SNY临采：11，泥质纯黑陶，细高柄杯，残，柄与座为粘结而成，柄为管状。素面磨光。残高1.7厘米（图五九，15；彩版三六，12）。

盆 3件。

标本10SNY：8盆口沿（残），轮制手制并用，夹粗砂红陶。器体较厚重，微弧。贴敷一条竖向堆纹。残高4.4、壁厚1.8～3.6厘米（图五九，16）。

标本11SNY临采：8。盆口沿（残），轮制手制并用，夹粗砂灰褐陶。器体较轻，侈口，斜沿，尖圆唇。唇下贴敷一周附加堆纹。残高2.8、壁厚0.8～0.9厘米（图五九，17）。

标本11SNY临采：9。盆口沿（残），轮制手制并用，夹砂灰褐陶。侈口，斜沿，厚圆唇。唇下有一周凹弦纹。残高4.6、壁厚0.4厘米（图五九，18）。

标本11SNY临采：10，盆口沿（残），轮制手制并用，夹粗砂灰褐陶，胎为深灰色，器体较厚重。直口，折平沿，圆唇较厚。素面。残高3.4、壁厚0.9厘米（图五九，19）。

罐 1件。

标本11SNY临采：12，口沿，夹砂红陶。沿微向外撇，沿内面弧凹，尖圆唇。素面。残高6.9、器壁厚0.5厘米（图五九，20）。

陶器腹片 1件。

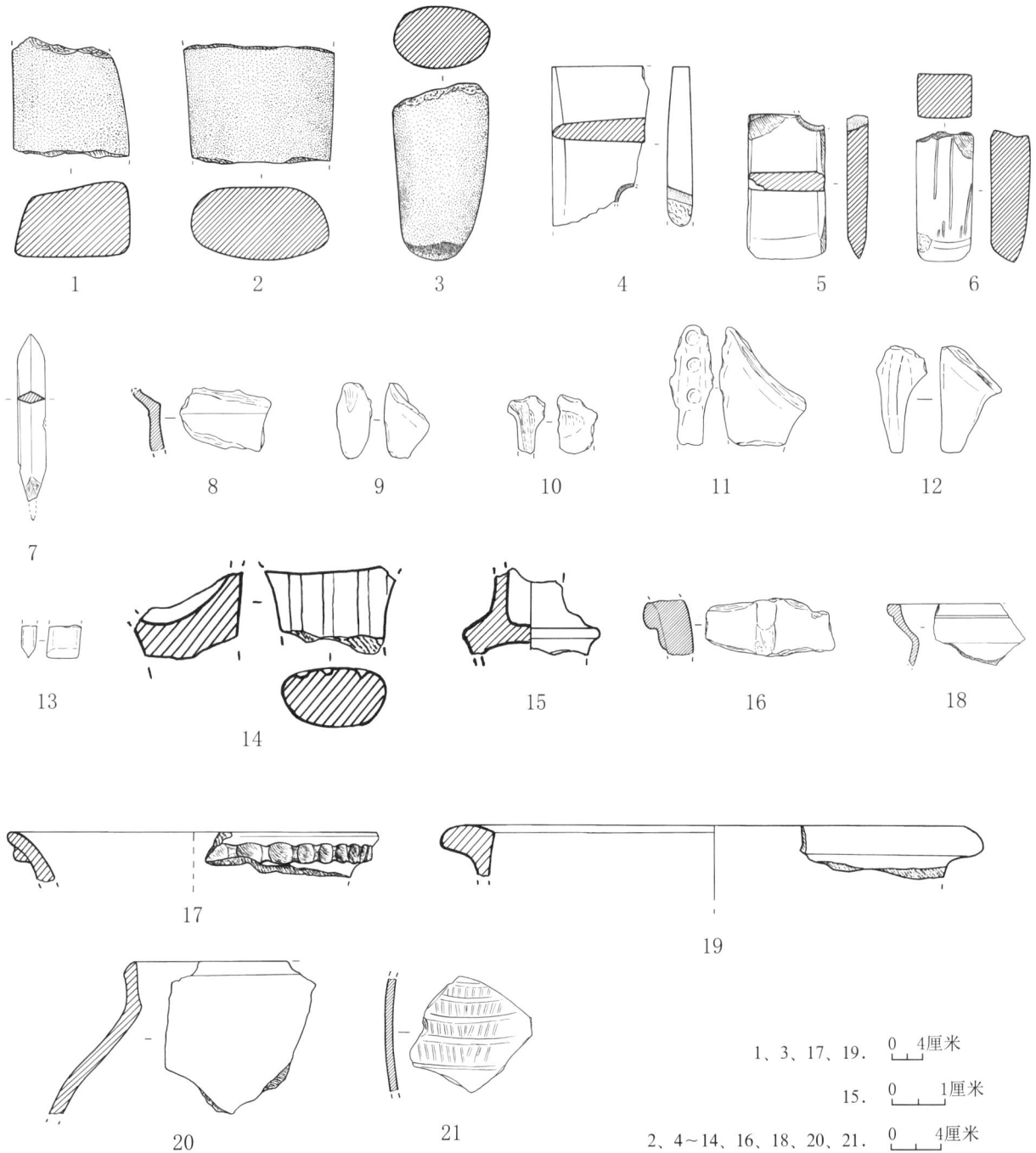

图五九　亚大城遗址采集石器、陶器标本

1. 砺石（11SNY临采：5） 2、3. 石杵（11SNY临采：6、7） 4. 穿孔石器（11SNY临采：3） 5. 石锛（11SNY临采：2） 6. 石凿（11SNY临采：1） 7. 石镞（11SNY临采：4） 8～12. A型陶鼎（10SNY临采：1～5） 13、14. B型鼎（10SNY：6、11SNY临采：13） 15. 杯（11SNY临采：11） 16～19. 盆（10SNY：8、11SNY临采8～10） 20. 罐（11SNY临采：12） 21. 陶片（10SNY：9）

　　标本10SNY：9。器腹片（残），轮制、手制并用，泥质红胎黑皮陶。腹部残片，微弧。表面饰间断折线条纹。残高9、壁厚0.6～0.7厘米（图五九，21）。

4. 遗址年代

　　根据采集的陶片特征判断，遗址的年代当为新石器时代晚期和周代。

第二节　墓葬

此次调查记录墓葬（包括疑似的墩形墓）共33处（群、单体）（附表一九），主要分布于干汊河、城关、柏林、棠树等乡镇的岗地上，墓葬多成群分布，排列有序，地表有较完整的封土堆，少数墓葬封土体量大，颇为壮观（彩版四）。墓葬年代绝大多数界于春秋到汉代。

一、苏家老庄墓葬

苏家老庄墓葬位于舒城县柏林乡杨店村苏家老庄村民组。墓葬所处为西南-东北向"林大寺-清塘稍"岗地顶岗东侧缓坡上。墓葬现存封土为馒头状，顶部为旱地，底平面近似圆形。墓葬海拔高度为34米，面积估测360平方米，相对高度约4.5米，封土坡面倾角约30度（彩版二五，8）。

墓葬时代约为汉代。

二、涂家庄墓群

涂家庄墓群位于舒城县柏林乡杨店村涂家庄村民组。墓葬所在岗地为"西塘-清塘稍"岗地，岗地为西南-东北走向，从棠树乡林大寺至柏林乡的清塘稍，全长约7000米，平均宽约在600米。岗脊在岗地的中部，以岗脊为界，地势向东、西两侧缓慢降低，岗地北端的高度约在30～65米之间。该岗地为杭埠河流域北部地区和丰乐河流域南部地区的分水岭。墓葬沿岗地的主岗脊，排列于岗脊东侧。墓葬从东北至西南分别编号为D1、D2、D3（彩版二八，2）。

D1：位于涂家庄村民组北侧，地图标注名为"西峰墩"。该墓葬地表现存封土为墩形，顶部因种树等农作已作过平整。墓葬底平面近似圆形，周边因建房、修渠作过修整。封土底平面面积估测为1000平方米，海拔高度约45米，相对高度约9米，封土坡面倾角为45度。墓葬封土上现为杨树林及杂草。

D2：位于涂家庄村民组西北侧。墓葬地表现存封土形状不规则，平面约呈东北西南向较长、西北东南向较短的长条形。封土底部面积估测602平方米，墓葬海拔高度为34米，封土最大底径约22米，相对高度约5米，封土坡面倾角约30度。墓葬封土上现为杨树林及杂草。

D3：位于涂家庄村民组西侧。墓葬现存封土为馒头状，平面近似圆形。封土底部面积估测1000平方米，墓葬海拔高度为40米，封土最大底径约15米，相对高度约3米，封土坡面倾角约50度。墓葬封土上现为旱地及杂草。

剖面情况：

选取在D2的东南侧封土处作一长70厘米、厚160厘米的剖面，共分五层，剖面内未见遗物，情况如下：

灰黄色粘土、土质疏松、厚约24~38厘米、包含有植物根系；

黄褐色粘土、土质疏松、厚约16~50厘米、包含有少量植物根系；

浅黄色粘土、土质致密、厚约15~50厘米、包含有水锈斑点；

灰褐色粘土、土质较致密、厚约30~40厘米，包含有大量水锈；

黄灰色粘土、土质较致密、厚约15~26厘米、包含有大量水锈；

该墓葬时代约为汉代。

三、新庄墓葬

新庄墓葬位于舒城县棠树乡墩塘村新庄村民组，处在"林大寺-清塘稍"岗地东侧缓坡上，海拔高度37米，周边地势较平坦。墓葬为平地突起，封土形状约馒头状，平面略呈圆形，封土底部面积估测100平方米，相对高度约3米。因村民农作影响，现顶部变平，底部被修整。墓葬西、北侧为水田，东、南侧各有一水塘，顶部现为旱地、树林。墓葬周边村民家中、道路旁及墓葬西北侧发现多处散落墓砖，墓砖尺寸约35×18×7.5厘米，砖侧饰有菱形纹、大乳钉纹等。

墓葬时代约为汉代。

四、三圩庄墓群

三圩庄墓群位于舒城县棠树乡寒塘村三圩庄村民组，新庄墓葬东北侧。处在"林大寺-清塘稍"岗地东侧缓坡上，海拔高度30米，周边地势较平坦。因当地正在进行土地整理工作，原有的封土已不可见，在地表可见散落的墓砖，尺寸约35×17.5×7.5厘米，墓砖侧面有菱形纹，另见楔形砖一块。在东西约90米，南北约60米的椭圆形动土区内，可见5处墓葬填土。

墓葬时代约为汉-六朝。

五、赵家庄南墓群

赵家庄南墓群位于舒城县棠树乡寒塘村赵家庄村民组，处在"林大寺-清塘稍"岗地西北端缓坡上，海拔高度36米，接近于岗脊。墓群周边地势较为平坦，其西北侧紧临水塘。因当地正在进行土地整理工作，封土不见，地表散落大量的墓砖。墓砖侧面纹饰有：菱形纹、钱纹、大乳钉纹，尺寸约20×17.5×6厘米。墓砖散落于一东西约127米、南北约140米的长方形范围内，具体数量不清。从墓砖的分布面积、堆集情况推测，该处墓葬约在3处以上。

墓葬时代约为东汉-六朝。

六、张家大庄墓群

张家大庄墓群位于舒城县棠树乡墩塘村张家大庄村民组，处在一东北西南走向的岗地东南侧缓坡上，接近于岗脊。墓群西侧为岗顶大水塘，东侧为张家大庄村民点。墓葬区原先是水田和旱地，因当地的土地整理工作使得水田下部分墓葬暴露在外。在南北约200米、东西约120米的范围内，可见散落的墓砖。在墓群的中心区域内，发现一座砖室墓，东侧水沟剖面内发现一砖室墓，所见墓砖色青灰，形制较小，无纹饰。在墓群的东侧，靠近张家大庄村民组处，发现散落于地表的青釉碗口沿、青花瓷碗底等。

墓葬时代约为唐-明

七、胡家圩墓葬

胡家圩墓葬位于舒城县棠树乡寒塘村胡家圩村民组，处在"林大寺-清塘稍"岗地东南侧坡脚处，周边地势平坦。墓葬周边现为水田，墓葬现存封土为馒头形，高出周边约1～2米，墩脚因农作已部分修整，墓葬底平面近似于方形，面积约200平方米。在墩的东侧水沟剖面上可见墓砖，端部饰有几何纹、大乳钉纹。

墓葬时代约为汉代。

八、春秋塘墓葬群

春秋塘墓葬群位于舒城县城关镇舒玉、河口、卓山三村交界处。其西北3000米处为城关镇马河口办事处，东南2000米处为南港镇政府所在地。墓葬群分布在南北向的"二尖山-姚家山坎"岗地的北端岗头处，岗地的海拔高度由南至北逐渐降低，海拔高度值约在25～140米内。岗地的北侧为杭埠河冲积区，东侧为龙潭河西部冲积区，西侧为小河流冲积区，南部为二尖山。此南北向岗地的北端地形稍有区分，岗地东部绵延相连，西部依地形可细分为"西北-东南"向的六条小型岗地，以此六个小型岗地划分为六个调查区域，分别编号为A-F。调查区域内或多或少地貌都有改变，特别是A-C区为国营春秋塘茶林场生产用地，为方便种植，在上世纪六、七十年代曾在上面进行过土地平整，现存地貌较为平缓（彩版二五，3、4、5）。

（一）A区

位于舒城县城关镇卓山村，处于此次调查墓葬区的最南端，大致范围：东至一条连通春秋塘的西北-东南向小河流，南至徐家庄村民组-蒋庄村民组南侧，西至北家山坎村民组东侧，北至仇小冲-邓家小庄村民组-邓家老庄村民组一线，面积约0.7平方公里。A区因处在岗头的南端，延续二尖山的整体走向，整体高度是墓葬区内最高的，海拔高度约32～55米。区域内有三个较大型的人工拦水修埂形成的水塘，呈东、中、西并列，一条东西向的通村水泥路在区域内穿过。区域内基本无耕地，大都为经济作物，如树林、茶园、旱地等，人口密集度较高，在0.7平方公里的范围内计有卓山村村部一个，徐家庄、蒋庄、徐家庄、卞庄等四个村民组。在区域的西北部小岗头处，有卓山村的太平窑厂，已生产多年，对该处破坏较重。A区调查的墓葬有一处，编号为AD1。

AD1：位于整个调查区域的西北岗地，太平窑厂西南侧，西100米为北家山坎村民组，南20米为通村水泥路。墓葬处于岗地的西侧岗脊尽头，北侧因窑厂取土，地形已改变。南侧因修路，有部分封土被取走。现存墓葬封土为馒头状，平面形状不规则，该墓底径约20米，封土底部面积估测为310平方米，相对高约3米，封土因生产影响，四周坡度有较大的变化，北侧较缓，南侧较陡。

（二）B区

位于舒城县城关镇河口村，处于整个墓葬区的西南侧、A区的北侧，大致范围：东至春秋塘，南至仇小冲-邓家小庄村民组-邓家老庄村民组北侧，西至杨庄村民组-山嘴村民组一线，北部至小河流冲积区，面积约0.6平方公里。B区为一西北东南向的丘岗，其岗脊在春秋塘茶场四队驻址处一分为二，一条岗脊紧靠春秋塘，高度约40～45米；一条岗脊向西延伸至杨庄村民组，高度约35～45米。两条岗脊间为一冲积的低凹地。在岗脊上有一条机耕路，从岗地的最北端向南连通卓山村村部。岗地的中心区域为春秋塘茶场四队驻地，在岗地的西侧为杨庄村民组、山嘴村民组居民点。该岗地土地为国营春秋塘茶林场生产用地，其上全部为茶园。B区调查的墓葬主要分布在岗脊上，大略沿岗脊延伸方向，自东南向西北依次编号为BD1-BD3。

BD1：位于B区的东南部，沿岗脊走势机耕路的西侧，其西北200米处为茶场四队的厂房。墓葬四周为平缓的岗地，其上为茶园，墓葬处向上隆起，似为馒头状，其底平面为圆形，估测面积为400平方米，海拔高度为45米。因其东侧在机耕路旁，被修路时挖掉部分。墓葬底径约25米，相对高度为3米，封土坡面倾角为18度。

BD2：位于B区的北部，乔家庄村民组居民点的北侧岗地上，其东侧20米为机耕路。墓葬四周起伏不大，较为平缓，墓葬封土为馒头状隆起，其上为茶园。平面为圆形，海拔高度为45米。封土底径约30米，面积估测为450平方米，相对高度为3.8米，封土坡面倾角为21度。

BD3：位于B区的北部，在BD2北侧约150米，其四周皆为小径，东250米为春秋塘。墓葬封土为馒头状突起，上种有茶树，较为平缓，底部平面为圆形，海拔高度为43米。封土底径约35米，底面积估测为500平方米，相对高度为2.6米，封土坡面倾角为15度。在墓葬西侧小路旁，作一宽80厘米、厚80厘米的剖面，剖面呈 "表层土—黄土—褐色带黑点土"的地层特征，褐色土较致密，颜色不纯，局部有白斑，与在该区域内调查中看到的挖水渠暴露出的地层有细微差别，水渠中第三层内无白斑。

（三）C区

位于舒城县城关镇舒玉村，处于墓葬区的中部、B区的东北侧，大致范围：东至国道206公路以西，南至仇家小庄村民组-仇家老庄村民组一线、马河口第二轮窑厂北侧，西至春秋塘，北至舒玉陶瓷厂，面积约0.8平方公里。C区为一西北东南向的丘岗地，岗脊在岗地的中部偏东侧，地势从东南到西北逐渐降低，岗地的连续性在中段被春秋塘茶场厂房打断，厂房的西北侧为一条高约30～40米的岗地，其宽度约120～180米，只在最北端稍宽，厂房的东南侧岗地高度约35～44米。整个丘岗地的东南端人口密集度较高，分布有塘岗、仇家小庄以及仇家老庄等三个村民组，自塘岗村民组向西延伸出一小型的岗地。该岗地土地为国营春秋塘茶林场生产用地，其上全部为茶园。该区域内发现的墓葬最多，大都沿岗地的岗脊分布，处于岗地的中部及西北部。墓葬多为两两相对排列，靠近春秋塘的东侧。根据墓葬排列方式，从春秋塘茶场场部向西北方向编号为CD1-CD12，在场部西侧及南侧墓葬编号为CD13-CD16。

CD1：位于C区中部春秋塘茶场场部西侧偏北40米处，西距春秋塘100米。墓葬处于岗地的漫坡顶部，封土为馒头状隆起，海拔高度为32米，平面为不规则形，其上种满矮小的茶树。由于早期生产性的破坏，墓葬封土的原始高度应高于现存高度。封土底部面积估测为320平方米，相对高度约6米，封土坡面倾角为35度。

CD2：位于春秋塘茶场场部东北侧35米处，隔岗顶机耕路与CD1相对，间距约60米。CD2也为馒头状，较CD1稍低，海拔高度约30米，底平面为圆形，其上种满矮小的茶树。墓葬底径约20米，封土底面积估测为298平方米，相对高度约4米，封土坡面倾角为35度。

CD3：位于CD1的西北侧，两者相距约120米。墓葬封土为馒头状，中部隆起，底平面为圆形。其西侧较为和缓，东侧因修路的影响，较为高耸，封土上种有矮小的茶树，海拔高度约36米。封土底径约15米，面积估测为230平方米，相对高度约10米，封土坡面倾角为30度。

CD4：位于CD2的西北侧130米、CD3的东北侧40米，隔沿岗脊的机耕路与CD3相对。墓葬封土为馒头状，在其顶部有输变电的钢架，为春秋塘变电所的回电线路设施，钢架四周种有茶树。墓葬的海拔高度约36米，其底平面为圆形。墓葬底径约16米，面积估测为220平方米，相对高度约4米，封土坡面倾角为20度。

CD5：位于CD3的西北侧，春秋塘的北侧。该地为整个岗地内唯一未种植茶树的区域，上个世纪在CD5的东侧及顶部有取土修路行为。现存的墓葬封土为馒头状，高度有所降低，海拔高度约34米。其上为荒草和现代坟。墓葬封土底平面近似圆形，底径约14米，面积估测为210平方米，相对高度约1.5米，封土坡面倾角为60度。

CD6：位于CD5的东北侧，隔机耕路与其相对，间距约80米。墓葬封土为馒头状隆起，底平面近似圆形，在其顶部立有牛角冲至春秋塘变电所的输变电钢架。2005年4月，在埋设钢架时，于该地出土了两件春秋时期的青铜器：曲柄短流匜形盉（基本完整，只在腹部有一小孔）和鼎（存三足二耳、三分之一带腹口沿）。现墓葬封土上种有茶树，海拔高度约31米。底径约26米，封土底面积估测为346平方米，相对高度约6米，封土坡面倾角为45度。

CD7：CD7和CD8是该岗地上保存最为完好的两座墓葬，两墓皆处于整个岗地的北端。CD7位于CD5的西北侧，春秋塘的正北方向，距春秋塘约120米，为一大型的馒头状突起，海拔高度约42米。封土表面被人为的做成了六层台阶，每层上种有一周茶树。因农业生产的影响，坡脚处的东、北侧被修整过，馒头平面呈圆中略方。封土底径约34米，面积估测为664平方米，相对高度约7米，封土坡面倾角为55度。

CD8：位于岗地的最北侧，西南距CD7约50米，隔机耕路与其相对，东20米处为金仪陶瓷有限公司围墙。CD8为该岗地上最为硕大的一个墓葬，为一大型的馒头状隆起，海拔高度约45米。封土表面被人为的做成了七层台阶，每层上种有一周茶树。在其顶部立有一电信部门的发射架。墓葬封土底平面为圆形，底径约50米，面积估测为1270平方米，相对高度约10米，封土坡面倾角为55度。

CD9：东距CD7约100米，该墓葬已不在岗脊或近岗脊处，而位于岗脊的西侧缓坡上。墓葬封土为馒头状，隆起不明显，海拔高度约38米。表面种有茶树，封土底平面略呈圆形。底径约40米，面积估测为410平方米，相对高度约3米，封土坡面倾角为35度。

CD10：位于CD9的北侧约70米处，为岗地西北侧的缓坡上。墓葬封土为馒头状，起伏不大，海拔高度约30米。封土表面种有茶树，底部平面近似圆形。底径约46米，面积估测为390平方米，相对高度约5米，封土坡面倾角为40度。

CD11：位于CD9的南侧约80米处，在岗头北端的最西缘缓坡上，其南50米为春秋塘北侧水坝。墓葬封土为馒头状，起伏较小，海拔高度为35米。封土表面为荒草及现代坟，底平面约圆形。底径约30米，面积估测为360平方米，相对高度约2.5米，封土坡面倾角为30度。

CD12：位于CD3与CD5间，向西延伸入春秋塘内。其四面环水，一段约20米长的小路与岗地西部外侧相连。墓葬四周有人为影响，现存封土近于方墩形，底部略圆形，在其北侧可见一宽约10米，高约1.2米的剖面，剖面上可见较清晰的层位关系。顶部已被村民平整，现作菜地使用。CD12海拔高度约32米，底径约32米，面积估测为242平方米，相对高度约2米，封土坡面倾角为60度。

CD13：位于春秋塘茶场场部西侧缓坡上，其西北约100米处为CD1，西150米为春秋塘，东30米为茶场场部围墙。墓葬封土为馒头状，隆起不明显，表面种有茶树。其西部与岗地相连，边界不清，应为茶场生产做过平整。墓葬海拔高度约33米，封土底平面形状不规则，底径约30米，面积估测为280平方米，相对高度约3米，封土坡面倾角为20度。

CD14：位于春秋塘茶场宿舍西侧缓坡上，其北约150米处为CD13，西120米为春秋塘鱼场，东20米为茶场宿舍。墓葬封土为馒头状，起伏较小，边界不清晰，表面种有茶树。其海拔高度为33米，封土底平面形状不规则，底径约40米，面积估测为442平方米，相对高度约5米，封土坡面倾角为20度。

CD15：位于春秋塘茶场宿舍西南侧缓坡上，其北约60米处为CD14，西为春秋塘鱼场，东20米为茶场宿舍。墓葬封土为馒头状，起伏较小，边界不清晰，表面种有茶树。其海拔高度为32米，平面形状不规则，底径约40米，面积估测为450平方米，相对高度约4米，封土坡面倾角为15度。

CD16：位于春秋塘茶场宿舍南侧岗脊的西侧，其东紧临沿岗脊的机耕路，再东40米为池塘。墓葬封土为馒头状，起伏较小，西侧边界不清晰，表面种有茶树。其海拔高度为35米，平面形状不规则，底径约40米，面积估测为426平方米，相对高度约4米，封土坡面倾角为25度。

（四）D区

位于舒城县城关镇舒玉村，处于整个墓葬区的中部、国道206线的北侧，大致范围：东至夏庄村民组-先锋闸村民组一线，南至国道206线东北侧，西至杨庄村民组，北侧据自然冲积低凹地与E区相隔，面积约0.9平方公里。D区岗地为北-南-东南走向，岗脊靠近岗地的东侧，地形以岗地中部春秋塘变电所为界，在变电所的东南侧，岗地为正西北东南向，和国道206走向相仿。地势从西北至东南逐渐升高，海拔高度约35～44米；在变电所的西北侧，岗地走势向北偏转，约南北向，地势由变电所向北逐渐降低，海拔高度约28～39米，同时岗地宽度也由此向北渐次变窄。岗地上居民较多，由西北至东南分布有杨庄、陶庄、徐庄、杨家大庄、朱庄、夏庄、先锋闸等六个村民组，中部为（六变电）22万伏春秋塘变电所驻地。岗地土地大部属春秋塘茶林场，其上种有茶园以及村民的旱地、树林等。该区域内墓葬大都集中在变电所的北侧，按调查的先后顺序编号为DD1-DD11。

DD1：位于春秋塘变电所西侧偏北位置，处于岗脊西侧缓坡上，其西南100米处为国道206线。墓葬封土为馒头状，起伏较小，表面皆为茶树。海拔高度为32米，平面为椭圆形，底径约22米，面积估测为360平方米，相对高度约1.5米，封土坡面倾角为6.8度。

DD2：位于春秋塘变电所西侧，DD1东南50米处，为缓坡上的馒头状突起，其南侧被一条田间小路削去大半。整个突起，起伏较小，表面种有茶树。海拔高度为34米，相对高度约0.5米。墓葬底平面略呈圆形，底径约27.8米，面积估测为380平方米，封土坡面倾角为3度。

DD3：位于春秋塘变电所西北侧，DD1东25米处，接近岗脊处。其东、南部为沿岗脊的机耕路。墓葬封土为馒头状，表面起伏不大，其东、南部被机耕路切削，剩余部分表面种有茶树。封土底平面呈圆形，海拔高度约34米，相对高度约1米，其底径约20.5米，面积估测为290平方米，封土坡面倾角约6度。

DD4：位于春秋塘变电所西北侧，东南距DD3约50米，为岗脊的西侧缓坡上，其顶部有小路经过。墓葬封土为馒头状，表面起伏不大，其上种有茶树。墓葬底部平面呈圆形，海拔高度约34米，相对高度约1.5米，其底径约26米，面积估测为295平方米，封土坡面倾角约7度。

DD5：位于春秋塘变电所北侧，西南距DD4约100米，为岗脊的西侧缓坡上，其东南侧被沿岗脊的机耕路削去一部分。墓葬封土为馒头状，表面种有茶树，其平面呈圆形，海拔高度约34米，相对高度约0.8米，其底径约27.8米，底部面积估测为327平方米，封土坡面倾角约4.7度。在其南侧被机耕路切削处作一剖面，剖面厚度为60厘米，剖面方向1度，坡度85度。观察土层分为二层：第①层土质为粘土，土色为浅灰白夹红色颗粒，质地较疏松，厚度约10～21厘米，其包含物有：植物根系、浅黄色颗粒；第②层土质为粘土，土色为黄褐色夹白斑，质地较致密，厚度约40厘米，包含物有少量植物根系，疑似烧土颗粒等。

DD6：位于春秋塘变电所北侧，东距DD4约150米，为岗脊的东侧缓坡上。墓葬封土为馒头状，表面起伏不大，其上种有茶树。封土底平面呈圆形，海拔高度约43米，相对高度约0.8米，其底径约29.6米，底部面积估测为340平方米，封土坡面倾角约3.2度。

DD7：位于春秋塘变电所北侧，北距DD6约35米，为岗脊的东侧缓坡上。墓葬封土为馒头状，表面起伏较小，其上种有茶树。封土底平面呈圆形，海拔高度约43米，相对高度约0.5米，其底径约20米，面积估测为280平方米，封土坡面倾角约3度。

DD8：位于春秋塘变电所北侧，东北距DD7约30米，为岗脊的东侧缓坡上，墓葬封土为馒头状，表面起伏较小，其上种有茶树。封土底平面呈圆形，海拔高度约40米，相对高度约0.5米，其底径约20米，面积估测为280平方米，封土坡面倾角约3度。

DD9：位于春秋塘变电所东南侧，距变电所东南角约15米，为岗脊的西侧缓坡上，其西北侧被变电所围墙切削去一部分。墓葬封土为馒头状，表面起伏不大，其上种有茶树。封土底平面呈圆形，海拔高度约44米，相对高度约1.6米，其底径约20米，面积估测为285平方米，封土坡面倾角约7.9度。在墓葬的顶部偏东侧有一椭圆形坑，大小约1.5×1米，深约0.3米，似为盗洞。

DD10：位于春秋塘变电所东南侧，距变电所东南围墙约170米，南120米为杨家大庄村民组民房，为岗脊的西侧缓坡上。墓葬封土为馒头状，表面起伏不大，其上种有茶树。封土底平面呈圆形，海拔高度约43米，相对高度约1米，其底径约17米，面积估测为180平方米，封土坡面倾角约4度。

DD11：位于春秋塘变电所东南侧，南距DD10约50米，其南65米为杨家大庄村民组民房，为岗脊的西侧缓坡上。墓葬封土为馒头状，表面起伏不大，其上种有茶树。封土底平面呈圆形，海拔高度约45米，相对高度约1.1米，其底径约34米，面积估测为384平方米，封土坡面倾角约4度。在墓葬顶部偏北侧发现南北向的椭圆形小坑，大小约1×0.8米，深约0.3米，似为盗洞。

（五）E区

位于舒城县城关镇舒玉村，处于墓葬区的北端中部，大致范围：东至乌鸦塘及其东南低凹地，南至许家老庄村民组北侧，西与D区相望，北至蔡家洼-崔子窑一线，面积近1平方公里。E区岗地为西北东南偏南北的走向，岗脊在岗地的中部。岗地以其东南部的椿树岗村民组为最高，分别向北、向东南逐渐降低，海拔高度在30～43米间，岗地宽度在300～600米间。椿树岗村民组北侧有两个较大的岗顶蓄水塘，两塘之间以及东侧水塘东部有两条自东南向西北流淌的水渠。岗地上居民点分布在岗地的北部及东南部，有蔡家洼、云岗、椿树岗、陈庄村、仇庄以及许家老庄六个村民组。岗地上大都为村民的旱地、树林、菜园，有少量的茶园，在岗地的最北端有崔子窑窑厂。调查的墓葬编号为ED1-ED11，其中ED1-ED6位于椿树村民组北侧及东部，大体由西向东排列。

ED1：位于E区的中部，椿树岗村民组的西北侧，其东部有一条沿岗脊的机耕路，再东有一岗顶的蓄水塘。墓葬处于岗头西侧的缓坡上，封土为馒头状突起，其上有松树和杂草。封土底平面呈圆形，海拔高度约41米，相对高度约1.2米，其底径约13米，面积估测为123平方米，封土坡面倾角约15度。

ED2：位于ED1北侧约15米处，形状与ED1相仿佛。馒头状封土上为杂树与杂草。封土底平面呈圆形，海拔高度约43米，相对高度约1米，其底径约10米，面积估测为78平方米，封土坡面倾角约15度。

ED3：位于ED1、ED2的东部约200米处，岗顶蓄水塘在其西侧，墓葬的东侧有一条南北向的岗顶水渠。墓葬位于岗头缓坡上，馒头状封土顶部已被平整，其上为杂树与杂草，墓葬周边为菜地及旱地。封土底平面呈圆形，海拔高度约44米，相对高度约1.5米，其底径约18米，面积估测为248平方米，封土坡面倾角约30度。

ED4：位于ED3东侧约80米处，南北向的岗顶水渠在其西侧。墓葬处在岗头的边缘处，为一长锥形突起，封土上长有杂树。封土底平面呈长方形，海拔高度约40米，相对高度约2米，其底径约12米，面积估测为120平方米，封土坡面倾角约40度。

ED5：位于ED4东南约70米处，其东侧也有一岗顶蓄水塘，西南紧临椿树村民组的民房。墓葬封土为馒头状，顶部为村民的菜地，四周为荒草、旱地。封土底平面呈圆形，海拔高度约32米，面积估测为550平方米，相对高度约2.2米，其底径约40米，封土坡面倾角约70度。

ED6：位于通过椿树村民组的西南东北向水泥路的东侧，西北90米处为ED5，东侧为岗顶水渠，北40米为民房。墓葬封土为馒头状，顶部已被村民平整，现为村民的菜地，墓葬外缘为杂树丛。周边为荒草、旱地。封土底平面呈圆形，海拔高度约42米，相对高度约4米，其底径约30米，面积估测为530平方米，封土坡面倾角约45度。

ED7：位于仇庄村民组的东部，其东为岗顶蓄水塘，西40米为岗顶水渠，北50米处为民房。墓葬封土为馒头状，顶部已被平整，其上为荒草，周边为旱地。封土底平面呈圆形，海拔高度约44米，相对高度约1.5米，其底径约20米，面积估测为300平方米，封土坡面倾角约15度。

ED8：墓葬紧临仇庄村民组民房，为馒头状，顶部已平整，现为村民菜地。封土底平面为圆形，残存封土边缘作一剖面，土色灰白夹红褐色斑点。海拔高度约42米，相对高度约1.3米，其底径约20米，面积估测300平方米，封土坡面倾角约35度。

ED9：位于云岗村民组的东南部约350米，处于岗脊东侧的缓坡上，其西为一岗顶水渠，东50米处为输变电线铁塔。墓葬封土为馒头状，顶部已被平整，其上为荒草、杂树，周边为旱地、荒地。封土底平面呈圆形，海拔高度约44米，相对高度约2.5米，其底径约15米，面积估测150平方米，封土坡面倾角约60度。

ED10：位于岗脊东侧的缓坡上，与ED9相对排列，南距ED9约70米。墓葬封土为馒头状，其上为荒草、杂树，周边为旱地、荒地。封土底平面呈圆形，海拔高度约41米，相对高度约3.5米，其底径约15米，面积估测为150平方米，封土坡面倾角约60度。

ED11：位于E区最北端的岗顶上，崔子窑村民组的西北侧约40米处。墓葬封土为馒头状突起，其上为荒草、杂树，周边为旱地、荒地。封土底平面呈圆形，海拔高度约41米，相对高度约4.5米，其底径约25米，面积估测为325平方米，封土坡面倾角约60度。

（六）F区

位于舒城县城关镇舒玉村，处于墓葬区的最北端偏东部，大致范围：东至谢家拐村民组，南至亚夫城新石器时代遗址，西隔乌鸦塘与E区相邻，北至姚家山坎村民组，面积约0.5平方公里。F区约南北的走向，因水流的作用，岗脊的连续性较差，在整个岗地上约分布有六个相对较独立的高地。整个岗地的海拔高度约在34～44米之间，岗地中部有一条南北向的小河。该岗地只在其北部有姚家山坎一个村民组，余皆为荒地，岗地四周有多处现代坟。调查墓葬编号为FD1。

FD1：位于F区北端姚家山坎村民组南侧分支岗地的顶部，墓葬封土为馒头状突起，海拔高度为35米，相对高度约2.5米。平面近似于椭圆形，东西向上略长于南北向，长边约15米，底面面积估测为120平方米。封土坡面倾角约50度。

墓葬年代约在春秋至汉代之间。

九、袁庄墓葬

袁庄墓葬位于舒城县棠树乡寒塘村袁庄村民组，其北侧、西侧为岗地间的小河。墓葬处于一东北-西南向岗地的西侧缓坡上，周边地势较为平坦，墓葬南300米处为袁庄村民组的居民点，周边为水田。墓葬封土为馒头状突起，顶部被平整，周边长满杂树和荒草。封土底平面为圆形，面积约50平方米，周边散落有几块残断的汉砖。墓葬海拔高度约34米，相对高度约1.2米，封土坡面倾角约50度。

墓葬时代约为汉代。

十、青年碑墓葬

青年碑墓葬位于舒城县棠树乡寒塘村青年碑村民组内，其周边为该村民组的房屋。墓葬处于一东北-西南向岗地的东侧坡地上，与袁庄墓葬隔岗地间平坦区相望。墓葬封土为馒头状突起，海拔高度为48米，相对高度为1.3米，封土坡面倾角为45度。封土底平面呈圆形，面积约200平方米。墓葬周边为荒地，间或有一些林地散布。

墓葬时代约为汉代

十一、赵家庄北墓葬

赵家庄北墓葬位于舒城县棠树乡寒塘村赵家庄村民组，处在一东北-西南走向的岗地西北侧缓坡上，接近于岗脊。墓葬西北约100米处为盘龙城遗址，西南约200米处为赵家庄南墓群。墓葬地势较高，周边较平坦，四周有旱地，余为荒地。墓葬坐落在一处圆形土墩上，土墩直径约100米，高出地表约3米，在圆形土墩的地表可见两处馒头状突起，在其北侧土墩剖面上发现土墩为回填的五花土质，而土墩四周地表土质松软，可见多处冲沟，该土墩南侧紧临另一独立的土墩，土质同上。该地因土地平整及农田整治，土墩四周已平整，在地表可见散落的汉砖等。墓葬中心部位海拔高度约50米，遗物散落面积约300平方米。

墓葬时代约为战国-汉代。

十二、徐家庄墓葬

徐家庄墓葬位于舒城县柏林乡三桥村徐家庄村民组，坐落在岗地以外的平坦地区内。墓葬南侧、东侧皆为小河，其西南240米处为盘龙城遗址，东侧隔小河与杨家岗头遗址相望，墓葬周边现为旱地及林地。墓葬封土为一馒头状的突起，顶部因种有旱地而高度下降，海拔高度约35米，相对高度为1米，封土表面倾角约25度；封土底平面呈圆形，面积约250平方米。

墓葬时代约为汉代。

十三、南塘墓葬

南塘墓葬位于舒城县棠树乡西塘村南塘村民组，坐落在一南北向的岗地的东侧缓坡上，其东、北分别有一条小河从岗地外侧流过，其南侧220米处为南塘（岗地间的小型水库）。墓葬封土为馒头状突起，其上为林地，间以杂草，周边为水田。墓葬的海拔高度约42米，相对高度约2.1米。其封土底平面呈圆形，面积约230平方米。

墓葬时代约为汉代。

十四、南塘水库墓葬

南塘水库墓葬位于舒城县棠树乡黄岗村贾岗村民组，处在南塘水库的中间，为一独立的馒头状突起。墓葬上为杂树和杂草，周边为荒地，其作为水库中唯一的一个土墩，渔作、水的侵蚀对其影响较大，有一条南北向的小路通过墓葬中部。封土底平面略为圆形，面积约600平方米，其海拔高度约43米，相对高度约5米，封土坡面倾角为35度。

墓葬时代约为汉代。

十五、谭家冲墓葬

谭家冲墓葬位于舒城县棠树乡龙山村谭家冲村民组，处在南北向岗地的东侧缓坡上，周边地势较为平坦。墓葬为一独立的馒头状突起，其四周为水田，有一条田埂通往，其上边缘为杂草，中央处有几棵杂树。海拔高度为34米，相对高度为1米，封土坡面倾角为53度。墓葬周边因农田的耕作影响，大部已被挖毁，封土仅存三分之一，现平面呈椭圆形，面积约40平方米。当地村民曾在墓葬的西北侧挖出过汉代的墓砖。

墓葬时代约为汉代。

十六、赵小庄墓群

赵小庄墓葬位于舒城县棠树乡龙山村赵小庄村民组，其西300米为万年场村民组，谭家冲墓葬在其东南。墓葬处在岗地的东侧缓坡，比谭家冲墓葬高一级的台地上。该墓葬区原为一处椭圆形高台地，近日因农田改造，大部分封土被推平，地表多处可见汉墓砖块，还有近代墓葬，此处应为一处年代跨度较大的墓葬群。墓葬区的中心部位海拔约37米，遗物散落面积约400平方米。

墓葬时代约为汉代。

十七、新塘墓葬

新塘墓葬位于舒城县棠树乡大院村新塘村民组，其北30米处有一条东西向的小河流过，东北100米处有一较大的水塘。墓葬坐落在岗地的东部外侧，周边地势平坦，其四周为水田。该墓葬封土为馒头状突起，顶部因农作已被平整，其上现为菜地，边缘部为杂草等。新塘墓葬海拔高度约33米，相对高度为2.5米，封土底平面呈圆形，底部直径约50米，面积估测为450平方米。在其北侧作一小剖面，其剖面可见明显的五花土质，且剖面包含物内发现一汉砖残块。

墓葬时代约为汉代。

十八、万家墩墓群

万家墩墓群位于舒城县千汊河镇莲墩村万家桥村民组，其西南约30米处为彭家庄。万家墩墓群的南部和北部分别有一条东西向的岗地，海拔高度在40～60米之间。作为夹在两条岗地间的河冲地带，万家墩墓群的地势较其东侧平坦地区稍高，墓群即分布在高地和平原的分界处。万家墩墓群为东西相对的两组共四个大形土墩组成，其北部一组的东侧近水渠墓葬编号为D1，西侧为D2；南部近彭家庄一组东侧墓葬编号为D3，西侧为D4。南北两组墓葬相距约60米，D1与D2间相距约30米，D3与D4间相距约40米。在D2的北侧作一剖面，观察其土质为五花土质。

D1：位于四个墓葬的东北侧，其东为一条新修的水渠，西30米处为D2。D1的封土近似于馒头形，顶部有几棵小树，余为荒草，在封土周边为一圈现代坟。墓葬封土的高度因长期的水土流失以及人为的葬坟、农作而有所降低，其范围也因之有所扩大。墓葬海拔高度约30米，相对高度约5米。封土底平面呈圆形，面积约400平方米，封土坡面倾角为35度。

D2：D2位于D1的西侧，隔一条南北向的小路与D1相对，且与之相距约30米。墓葬封土为方棱锥状，四周较为陡直，顶部较为平整，周边有村民种菜而开垦出来的台地，其南侧、西侧为水田。顶部有小树，坡脚处有几处现代坟。墓葬海拔高度约26米，相对高度约6米。封土底平面略呈方形，面积约900平方米，封土坡面倾角为50度。调查时在其封土北侧坡脚处作一小的剖面，可见五花土质。

D3：穿过D1与D2间的小路从D3的东侧绕过，南北两侧为水田及旱地。墓葬封土形状与D2相似，近方棱锥状，四周较为陡直，其顶部被村民平整后作为菜地使用，在封土的东侧近小路处有十几棵杉树。墓葬海拔高度约39米，相对高度约7米。封土底平面略呈方形，面积约800平方米，封土坡面倾角为50度。

D4：D4位于整个墓群的西南角，与D3东西相对排列，其西南侧50米处为彭家庄村民组的零散民房。墓葬封土为馒头状，其上因村民的农作，形成了几级小台地，作菜地使用。其顶部长有几棵小树，余为杂草。墓葬海拔高度约38米，相对高度约8米。封土底平面呈圆形，面积约900平方米，封土坡面倾角为38度。

墓葬时代约为战国-汉代。

十九、查家老庄墓群

查家老庄墓群位于舒城县柏林乡花城村查家老庄村民组，东北距花城遗址西南角约500米。墓群处在西南丘岗地区与东北平原地区的交界区域内，周边地势较为平坦，海拔高度在26～28米之间，由西北至东南海拔高度缓慢降低。四周除水田、旱地外，沟渠、水塘夹杂其间，由西北至东南向流淌的小河位于墓群的东北部，流入花城东部的水渠。在查家庄以东、观音寺以北、付家庄以西、黄家庄以南的区域内分布着3座独立的封土堆。土堆因长期农业生产的影响，顶部大都已平整，其上多为菜地。四周较为陡直，相对高度约在1～3米之间，突兀的分布在四周的农田之内。依调查的先后顺序分别编号为D1-D3。

D1：位于墓群的东南角，其南180米处为观音寺。封土顶部为菜地，周边为杂草、松树和现代坟。墓葬封土为馒头状，四周较陡直，海拔高度约30米，相对高度约2米。封土底平面呈圆形，面积约1190平方米，封土坡面倾角为48度。

D2：位于D1的北部稍偏东处，二者相距约20米，其北部约40米处有一个较大的水塘。墓葬封土为馒头状，其东部略高，由东向西渐低。四周较陡直，在封土北侧边缘，可见夹在其间的汉代墓砖，端部饰菱形纹。墓葬海拔高度约30米，相对高度约1～1.5米。封土底平面呈圆形，面积约500平方米，封土坡面倾角为52度。

D3：位于D2的北侧，二者相距约10米。除去农作的影响外，D3明显较D1、D2小。墓葬封土为馒头状，其上有二座现代坟及荒草。墓葬海拔高度约29米，相对高度约1米。封土底平面呈圆形，面积约190平方米，封土坡面倾角为40度。

墓葬时代约为汉代。

二十、邹家庄墓葬

邹家庄墓葬位于舒城县柏林乡大墩村邹家庄村民组，其东侧20米处为南北向的通村水泥路，南、西侧为水田。墓葬所处为平原地区，周边地势较为平坦，封土为馒头状，其顶部因有旱地而作了平整，周边长有一些小树。墓葬海拔高度约34米，相对高度为4.5米，封土底平面呈圆形，面积约560平方米，局部因葬现代坟及修水渠而有小的破坏，其东侧水渠处暴露的断面未见明显文化层堆积，只在封土表面采集到一隋唐时期的黄绿釉四系盘口壶口部（彩版二五，6）。

墓葬时代约为汉代。

二十一、猪头尖墓葬

猪头尖墓葬位于舒城县经济技术开发区金虎村汪庄村民组，其北侧约350米处为杭北干渠。墓葬处在县城城区的西侧，周边平坦，四周大都为水田。其封土为馒头状，外观因葬现代坟而有所改变。墓葬海拔高度约33米，相对高度为3.5米，封土底平面形状不甚规则，略呈圆形，底部面积约400平方米。另在该墓葬封土西北约30米处发现被破坏的宋代砖室墓葬一座（彩版二五，7）。

墓葬时代约为汉代。

二十二、复元双墩墓葬

复元双墩墓葬位于舒城县干汊河镇复元村桥庄村民组。墓葬处在"打石山-许家山嘴"岗地西北部一条较大的分支岗地的北端，该岗地为南北向的岗地，杭埠河从岗地的西侧而来，流经其北部。岗地的西侧、北侧为河流冲积平地，土壤中含沙量较大，岗地的东侧为两岗地间的小型河冲地带-吴家冲。由于杭埠河从岗地的西侧而来，因此整个岗地的西侧较高，东侧较为平缓，岗脊偏向西侧，海拔高度在40～42米之间，由西向东高度缓慢下降，至吴家冲约在30米左右。复元双墩墓葬在岗脊的东侧，地势较高处，其北400米处为杭埠河河道，西侧250米处为县保单位摩旗墩遗址。墓葬为两个相对独立的封土墩，东西相对而立，间距约30米，两墩之间以漫坡相连。据当地村民介绍东侧土墩上曾出土过一清代墓碑。调查时东侧土墩编号为D1，西侧土墩编号为D2（彩版二八，3）。

墓葬时代约为春秋-汉代。

D1：位于岗地北端的东侧，其南30米处为村民居住点，东侧、北侧为旱地。墓葬的封土较高，其上种有松树和茶叶。封土的南、北两侧因居住和旱地的影响，缓坡被打断。墓葬封土为馒头状，海拔高度为43米，相对高度为5米。墓葬底部平面略呈椭圆形，长径约20米，面积约300平方米，表面坡度南北两侧较陡，约60度，而东西两侧较缓，约45度（彩版二八，4）。

D2：位于D1西侧稍偏南约30米处，其西侧为一条岗地上的小路，北为旱地，南侧为民房。墓葬封土较D1略低，其上为茶树和杂草。封土为馒头状，海拔高度为40米，相对高度为4.5米，底部平面呈圆形，面积约240平方米，封土表面倾角约在50～65度之间。在墓葬北侧临旱地一侧较陡处作一宽为70厘米，厚约80厘米的剖面，可见明显的五花土，土色偏黄，内夹有颜色较深的颗粒（彩版二八，5）。

二十三、束家老庄墓群

　　束家老庄墓群位于舒城县干汊河镇正安村束家老庄村民组。墓葬所处的岗地为发端于打石山(最高海拔约120米)的一条大型岗地,岗地为西南-东北走向,从打石山至杭埠河南岸的许家山嘴,全长约4500米,最宽处约2700米,最窄处约600米。岗脊在岗地的中部,以岗脊为界,地势向东、西两侧缓慢降低,岗地北端的高度约在30～50米之间。束家老庄墓群坐落在整个岗地的北部、岗脊以西的一个小土岗上,其南北因水流冲刷而形成较为低凹的沟地,西侧为较大的冲积地带,西北方向约350米处为杭埠河,土岗的东侧和岗脊相连。小土岗顶部为杂木林和荒草,南、北侧缓坡上为旱地。由东向西单体墓葬编号为D1-D14。

　　该区墓葬大都位于小土岗的东西向岗脊上和岗脊南侧缓坡上。其中D5、D6、D7、D8、D9在岗脊的北侧,D2、D3、D4、D10、D11在岗脊的南侧,余皆位于岗地南侧缓坡上。

　　D1:位于墓群东侧的南端,在土岗南侧的缓坡上,周边生长着一些杂树。墓葬封土为馒头状,其上长有一些杂草,海拔高度为43米,相对高度为1.5米。封土底平面呈圆形,面积约30平方米,封土表面倾角约28度。

　　D2:位于岗脊的南侧,D1的正北方向,与D1相距约25米。墓葬封土为馒头状,其上长有几棵杂树和一些杂草,海拔高度为44米,相对高度为1.5米。封土底平面呈圆形,面积约35平方米,封土表面倾角约30度。

　　D3:位于D2的东侧,两者相距约20米。墓葬封土为馒头状,其上长有一些杂草,海拔高度为44米,相对高度为1.5米。封土底平面呈圆形,面积约30平方米,封土表面倾角约30度。

　　D4:位于D2、D3之间,靠近于岗脊。墓葬封土为馒头状,其上长有一些杂草,海拔高度为43米,相对高度为1.2米。封土底平面呈圆形,面积约25平方米,封土表面倾角约28度。

　　D5:位于岗脊的北侧与D2相对。墓葬封土为馒头状,其上长有一些杂草,周边为林地。墓葬海拔高度为45米,相对高度为1.7米。封土底平面呈圆形,面积约35平方米,封土表面倾角约30度。

　　D6:位于岗脊的北侧与D4相对。墓葬封土为馒头状,其上长有一些杂草,周边为林地。墓葬海拔高度为44米,相对高度为1.6米。封土底平面呈圆形,面积约32平方米,封土表面倾角约30度。

　　D7:位于岗脊的北侧与D3相对。墓葬封土为馒头状,其上长有一些杂草,周边为林地。墓葬海拔高度为43米,相对高度为1.4米。封土底平面呈圆形,面积约40平方米,封土表面倾角约25度。

　　D8:位于岗脊的北侧,东距D5约40米。墓葬封土为馒头状,其上长有一些杂草,海拔高度为46米,相对高度为1.8米。封土底平面呈圆形,面积约38平方米,封土表面倾角约32度。

　　D9:位于岗脊的北侧,东距D8约30米。墓葬封土为馒头状,其上长有一些杂草,海拔高度为43米,相对高度为1.8米。封土底平面呈圆形,面积约40平方米,封土表面倾角约30度。

　　D10:位于岗脊的南侧,与D8相对排列,两者相距约23米。墓葬封土为馒头状,其上长有一些杂树和杂草,海拔高度为45米,相对高度为1.4米。封土底平面呈圆形,面积约36平方米,封土表面倾角约27度。

　　D11:位于岗脊的南侧,与D9相对排列,两者相距约25米。墓葬封土为馒头状,其上长有一些杂树和杂草,海拔高度为42米,相对高度为1.5米。封土底平面呈圆形,面积约30平方米,封土表面倾角约31度。

D12：位于岗地南侧的缓坡上，D11的南侧，两者相距约32米。墓葬封土为馒头状，其上长有一些杂树和杂草，海拔高度为39米，相对高度为1.5米。封土底平面呈圆形，面积约31平方米，封土表面倾角约35度。

D13：位于岗地南侧的缓坡上，D12的西侧，两者相距约25米。墓葬封土为馒头状，其上长有一些杂树和杂草，海拔高度为39米，相对高度为1.4米。封土底平面呈圆形，面积约40平方米，封土表面倾角约33度。

D14：位于岗地南侧的缓坡上，D12的南侧，两者相距约20米。墓葬封土为馒头状，其上长有一些杂树，海拔高度为36米，相对高度为1.3米。封土底平面呈圆形，面积约35平方米，封土表面倾角约26度。

墓葬年代不晚于汉代。

二十四、前进墓葬

前进墓葬位于舒城县干汊河镇正安村前进村民组。墓葬处在"打石山-许家山嘴"的大型岗地北部，岗脊西侧一南北向的小土岗上，其西侧隔吴家冲与复元双墩墓葬相望，北1000米处为杭埠河。墓葬所在为小土岗的岗脊处，为一独立的馒头状突起，上植松树，四周杂草丛生，封土需近距离才可见，封土的东南部有较多现代坟。其海拔高度约47米，相对高度约2米，底部平面呈圆形，底径约30米，面积约600平方米，封土表面倾角为35度。

墓葬时代下限为汉代。

二十五、中心墓群

中心墓群位于舒城县干汊河镇正安村中心村民组，其南侧80米处为正安窑厂的取土地。墓葬所在为"打石山-许家山嘴"的大型岗地的东北端主岗脊上，沿着岗脊，墓葬呈西南-东北向排列。墓葬东侧为一条贯穿岗脊的水渠，西侧70米处有一较大的岗地间水塘，其周边大都为荒地，间或有一些旱地作物及杂树林。单体墓葬从西南至东北依次编号为D1-D4。

D1：位于墓群的西南侧，南侧为正安窑厂。墓葬封土为馒头状，其顶部因生产活动有少量取土，稍改变了封土的形状，封土上有一些杂草，周边有几棵松树。封土底平面略呈椭圆形，长轴在南北向上。在D1封土北侧有一长1.1米、宽0.6米、深2.6米的现代盗洞，盗洞内及周边未见墓葬内器物，从盗洞壁上可见较纯的五花土。墓葬海拔高度为48米，相对高度1.8米，封土底面积约56平方米，封土坡面倾角为53度。

D2：位于D1东北侧约16米处，封土上长满了杂草。墓葬封土为馒头状，平面呈长圆形，长轴与岗脊的走向一致。墓葬海拔高度为48米，相对高度为1.4米，封土底面积约108平方米，封土坡面倾角为45度。

D3：位于D2东北侧约21米处，封土上长满了杂草，北侧有几棵松树。墓葬封土为馒头状，墓葬海拔高度为48米，相对高度为1.4米，封土底平面呈圆形。面积约60平方米，封土坡面倾角为45度。

D4：位于D2东北侧约100米处，封土南侧、东侧因生产活动的影响，已经挖去。现封土上为旱地，北侧有几棵松树。墓葬封土为馒头状，底平面形状不规则。墓葬海拔高度为45米，相对高度为1.1米，封土底面积约100平方米，封土坡面倾角为35度。

墓葬年代下限约为汉代。

二十六、杨家墓群

杨家墓群位于舒城县城关镇杨家村，分属许家山嘴、梁家庄、邵家庄和塝上陈四个村民组，当地俗称该区域为"老坟堂"。墓群所处为"打石山-许家山嘴"岗地的最东北端，大体形状呈长圆形，其北侧150米处为杭埠河，东、西两侧为岗地间河冲地带，南侧与主岗地相连。大致范围：北侧为许家山嘴至幸福村的水泥路，东侧为邵家庄至孟家庄的水泥路，西侧至梁家庄、江家代庄西侧，南至王家大庄以北，总面积约1平方公里，海拔高度在32～45米之间。该处岗地由六条小型土岗组成，这六条土岗以东西向的岗脊为界，三条位于岗地的北侧，临近杭埠河，三条位于岗地的东南侧。北侧的三条土岗从西至东分别为梁家庄土岗、许家山嘴土岗、塘窝土岗；东南侧的三条土岗由北至南分别是塝上陈土岗、金龙中土岗、金龙西土岗。整个岗地范围内，居民分布较稀疏，民房大都选址在岗地的北侧临河处、东西两侧临河冲处，岗脊周边无人居住。岗地上植被较为密集，林地、茶地较多，余为旱地，土岗间小水流冲积区内分布有水稻田。岗地上用水来源于土岗高处的较大水塘，以及流经岗脊的水渠。杨家墓群单体墓葬编号为D1-D58。

（一）塘窝区

塘窝区位于整个墓葬区的北侧最东端，由两个连在一起的小土岗组成，平面大体呈三角形。该区土岗北侧、东侧较为陡直，邵家庄村民组的民房分布在其东北角的坡角下。墓葬分布于该区的西侧土岗上，集中于北部及近岗脊处。土岗上大都为杂木林及荒草地，间有一些旱地、菜园。墓葬编号为D1-D21（彩版二六，1）。

西侧土岗北部区域：

墓葬有7座，编号为D1-D7，沿小土岗中部岗脊南北向排列，其中D1、D2相对，D3、D4相对，D5、D6相对，D7在最南部。墓葬大都分布于岗地上的林地间，封土上长满杂草，周边多为旱地。墓葬皆为馒头状突起，海拔高度在30～37米，相对高度在1.2～2.5米。封土底平面呈圆形，底径在5～10米之间。因生产的影响，封土坡面倾角在29-52度之间（彩版二六，2）。

西侧土岗南部区域：

分布有14座墓葬，编号为D8-D21。墓葬排列与北部墓葬相同，皆为沿南北向的土岗脊排列，D9、D10、D11、D12、D13、D14、D15、D19、D20位于岗脊上，D8、D16、D17、D18、D21位于岗脊西侧坡地上，墓葬间距在10～25米之间。其中D8、D10相对，D16、D11相对，D17、D13相对，D18、D14相对，D21、D20相对，D9、D12、D15、D19体量较大的为单独分布。该处墓葬封土形状不全相同，约分为二类：

馒头类：可细分两类，一类底平面近圆形，数量最多。墓葬的海拔高度为35～41米，相对高度为

1.2～2.3米，底径在5～10米之间。因生产的影响，封土坡面倾角在20～50度之间。另一类为底平面近似圆角长方形，长边的长度约短边长度的三倍，如D9、D12，考虑为一墩多墓可能性。海拔高度为41米，相对高度为1.2～1.8米，底面长边为18～20米，封土坡面倾角为35～45度（彩版二六，3、4）。

长条椎体类：　D15、D19封土较高大，为南北向的长棱形突起，底平面近似长方形，长边的长度约短边长度的二倍。海拔高度为41米，相对高度为2.5～3米，底面长边为15～17米，封土坡面倾角为40～55度（彩版二六，5）。

（二）许家山嘴区

许家山嘴区位于整个岗地的北侧，为夹在塘窝区与梁家庄区中间的东南-西北向的小土岗，该区北临杭埠河，东、西两侧为岗间谷地，东南侧与塘窝区南部相连。小土岗的北部为许家山嘴村民组的民房，墓葬分布于土岗的中部和南部岗脊处。在民房周边及岗地中部、南部长有大量的杂树、荒草，另有少量的旱地夹杂在杂木林间。墓葬从东南向西北沿岗脊方向分别编号为D22-D32。

墓葬大都位于小土岗东南-西北走向的岗脊之上，只D26位于岗脊的西侧，D32位于岗脊的东侧，墓葬间距在8～30米之间。依封土形状，该区墓葬约分为二类：

馒头类：可细分为二类，一类为南北向较长的馒头状突起，封土底部平面近似椭圆，长边的长度约短边长度的三倍，如D29、D30、D31。海拔高度为37～39米，相对高度为1.3～1.8米，底面长边为18～20米，封土坡面倾角为35～42度。另一类为馒头状突起，封土底部平面为圆形，如D24、D25、D26、D28、D32。墓葬的海拔高度为37～39米，相对高度为1.2～2米，封土底径在5～10米之间，封土坡面倾角在25～50度之间（彩版二六，6、7）。

连体双乳类：D22、D23较为特别，为南北向的连在一起的一个长条圆形突起，但可见两个明显的馒头状，只是两个墓葬间以缓坡相连，D23稍高于D22。墓葬的海拔高度为37～38米，相对高度为1.5米，封土底径14米，封土坡面倾角为45度（彩版二六，8）。

（三）梁家庄区

梁家庄区位于整个岗地的北部西侧，为一条东南-西北向的小土岗，其西南部与主岗脊相连。该区北临杭埠河，东侧隔岗间平地与许家山嘴区相望，西侧为临河平地，南部与主岗相连。土岗的西北端抵近杭埠河岸，土壤含沙量极大；中部为梁家庄村民组的密集民房，墓葬在土岗的西南部。墓葬区内沿岗脊有杉树林地，林地两侧的坡地上为旱地，墓葬大都沿岗脊排列，分布于杉树林地内。该区内单体墓葬编号为D42-D50。

墓葬沿西北-东南向的岗脊排列，D44、D45、D48在岗脊上，其余分布于岗脊两侧的缓坡上。其中D42、D43相对，D49、D50相对，位于岗脊的南侧；D46、D47位于D45的两侧。墓葬间距约15～80米之间。该区内只D45体量较大，封土为长条圆形突起，底部长边约18米，海拔高度为44米，相对高度为2.1米，封土表面倾角为50度。余为馒头状突起，底平面为圆形，墓葬的海拔高度在36～45米之间，相对高度在1.5～2.1米之间，底径在7～12米之间，封土坡面倾角30～50度。

（四）塝上陈区

塝上陈区位于岗地的南部东侧，为一条西北-东南向的小土岗，其西北部与主岗脊相连。该区东南侧为平原地带，东北为塘窝区，西南为金龙中区，西北与主岗脊相连。土岗的东南部为塝上陈村民组的民房，中部为林地，两侧缓坡上有旱地，西北部近主岗脊处为林地，墓葬分布其间。编号为

D33-D36。

D33位于主岗脊与塝上陈区小岗脊的交汇处，为一大型的馒头状突起，海拔高度为44米，相对高度为2.5米，封土上长满杂树和荒草。封土底平面呈圆形，底径约26米，墓葬北侧因生产的影响坡角处被挖去。D33为整个杨家墓群中，位置最靠近主岗脊的一个，并且体量较大。

D34-D36位于塝上陈区的西北部，D33南侧约100米的小岗脊上，周边为杉树林地。三个墓葬皆为馒头状，底平面呈圆形，墓葬的海拔高度在39～41米之间，相对高度在1.3～1.7米之间，底径在6～10米之间，封土坡面倾角在30～50度。

（五）金龙中区

金龙中区位于岗地的南部中间位置，为一条西北-东南向的小土岗，其西北部与主岗脊相连。该区东南侧为平原地带，东为塝上陈区，西南为金龙西区，西北与主岗脊相连。土岗的东南部为塝上陈村民组的零散民房，沿小岗脊处为林地，两侧缓坡、土岗西北部有旱地。在土岗的东、西两侧分别有一个较大的岗间水塘。墓葬分布在该区土岗中部的岗脊处林地内。编号为D37-D41。

该区墓葬D37、D38、D41为沿岗脊分布，D39、D40在岗脊西侧缓坡上，并且D38、D39相对，D40、D41相对，墓葬的间距在10～35米之间。这五座墓葬封土皆为馒头状突起，底平面呈圆形，墓葬的海拔高度在37～42米之间，相对高度在1.2～1.7米之间，封土底径在6～10米之间，封土坡面倾角在25～50度。

（六）金龙西区

金龙西区位于岗地的南部西侧，为一条西北-东南向的小土岗，其西北部与主岗脊相连。该区东南侧为平原地带，东北为金龙中区，西南为王家大庄村民组所在岗地，西北与主岗脊相连。土岗沿小岗脊处为林地，两侧缓坡、土岗西北部、东南部有旱地。墓葬分布在该区土岗中部的岗脊处林地内。编号为D51-D58。

墓葬D52、D53、D55、D56、D58为西北-东南沿岗脊分布，D51、D54、D57分布在岗脊两侧的缓坡上，其中D54、D55相对，D56、D57相对，墓葬间距在10～45米之间。这8座墓葬封土皆为馒头状突起，封土底平面呈圆形，D56的体量最大。墓葬的海拔高度在35～41米之间，相对高度在1.2～1.8米之间，封土底径在6～15米之间，封土坡面倾角在25～50度。

墓葬年代下限约为汉代。

二十七、高家老坟墓群

高家老坟墓群位于舒城县干汊河镇正安村高家老坟村民组。墓群所处为"打石山-许家山嘴"岗地东侧的一条西北-东南向的小土岗上，土岗的东南、东北、西南侧为岗间平地，西北与主岗脊相连。墓葬沿土岗岗脊呈西北-东南向单行排列，周边为茶树林、旱地，岗地坡角处有一些林地，墓葬间距在10～15米之间。从东南至西北依次编号为D1-D5。

D1：位于墓群的最东南端，封土上为旱地，周边为茶树、杂草。墓葬封土为馒头状突起，因生产的影响，起伏较小。海拔高度为44米，相对高度为1米，封土底平面呈圆形，底径约20米，封土坡面倾角为21度。

D2：位于D1的西北12米处，封土上为荒草，北侧有松树林，西侧为旱地。墓葬封土为馒头状突起，海拔高度为45米，相对高度为1米，封土底平面呈圆形，底径约15米，封土坡面倾角为25度。

D3：位于D2的西北15米处，封土上为荒草，北侧有松树林，西侧为旱地。墓葬封土为馒头状突起，海拔高度为47米，相对高度为1.5米，封土底平面呈圆形，底径约20米，封土坡面倾角为30度。

D4：位于D3的西北10米处，封土上为茶地，北侧有松树林，西侧为旱地。墓葬封土为馒头状突起，海拔高度为47米，相对高度为1.8米，封土底平面呈圆形，底径约18米，封土坡面倾角为32度（彩版二八，6）。

D5：位于D4的西北16米处，封土上为杂树及荒草，北侧有松树林，西侧为旱地，西北侧近正安窑厂取土区。墓葬封土为馒头状突起，海拔高度为48米，相对高度为3米，封土底平面呈圆形，底径约15米，封土坡面倾角为50度（彩版二八，7）。

墓葬年代下限约为汉代。

二十八、清水塘-金石墓群

清水塘-金石墓群位于舒城县干汊河镇复元村清水塘、金石村民组。墓葬处在"打石山-许家山嘴"岗地西北部一条较大的分支岗地的中部，该岗地大体为南北向的岗地，杭埠河从岗地的西侧而来，流经其北部。岗地的西侧、北侧为河流冲积平地，土壤中含沙量较大，岗地的东侧为两分支岗地间的小型河冲地带-吴家冲。由于杭埠河从岗地的西侧而来，因此整个岗地的西侧较高，东侧较为平缓，岗地北部的岗脊偏西，中部和南部的岗脊在岗地的中央。

墓葬所在区域岗地的主岗脊为南北向，墓葬沿主岗脊分布在其两侧的小型分支岗地上。该区域内海拔高度在40~50米之间，岗地上主要为林地、旱地、荒地。各分支岗地间有大小不一的水塘，方便岗间平地的灌溉。在主岗脊上有一条水泥路，路东侧为一水渠，居民点大都沿岗地坡角处分布。墓葬群共有16座单体墓葬，编号为D1-D16，分属6个小型分支岗地。其中D1位于汪家庄岗地，D3-D7位于小张庄岗地，D2位于汪家庄北侧岗地，D8-D9位于小张庄北侧岗地，D10-D14位于徐家大庄岗地，D15-D16位于金石岗地。行政区划上D1-D14属于清水塘村民组，D15-D16属于金石村民组。

（一）汪家庄岗地

该分支岗地位于主岗脊的南部东侧，是一约200米长的东西向岗地，D1位于其中部岗脊上。D1为馒头状突起，封土上为杂树及荒草，海拔高度为53米，相对高度约3米。封土底平面呈圆形，底径约25米，封土坡面倾角约35度，其东部封土因修路而稍有破坏。

（二）小张庄岗地

该分支岗地位于主岗脊的南部西侧，与汪家庄岗地相对。D3-D7分布在该岗地东侧近主岗脊处。其中D4、D7为长条圆形突起，平面近似长圆形，其长边方向为东西向，长边长度约为短边的2~2.5倍。墓葬封土上为杂树及荒草，周边为荒地。海拔高度为51~52米，相对高度约2~2.5米。底部长边约18~22米，封土坡面倾角约35~50度。D3、D5、D6为馒头状突起，平面为圆形，海拔高度为48~51米，相对高度约1.8~2.1米。底径约8~11米，封土坡面倾角约35~50度（彩版二七，1、2）。

（三）汪家庄北侧岗地

该岗地位于主岗脊的东侧，汪家庄岗地的北侧，岗地较小，岗地西侧是一个较大的水塘，D2位于其顶部最高处。墓葬封土为馒头状突起，因周边种有旱地，封土坡度趋缓，海拔高度为50米，相对高度为1.4米。封土底平面为圆形，底径约10米，封土坡面倾角为28度。

（四）小张庄北侧岗地

该岗地位于主岗脊的西侧，小张庄岗地的北侧，墓葬D8、D9分布其上。两墓葬沿主岗脊南北相对排列，间距约8米，皆为馒头状、平面圆形突起。封土上为杂树及荒草，周边有旱地。海拔高度为45～47米，相对高度为1.4～1.6米，底径为7～8米，封土坡面倾角约40度。

（五）徐家大庄岗地

该岗地是位于主岗脊的东侧，徐家大庄以东的一条分支岗地，墓葬D10-D14沿其约西北-东南向的岗脊排列。其中D11、D12、D13在岗脊上，D10、D14在其东侧缓坡上，且分别与D11、D13相对。墓葬封土上为杂树林和旱地，部分墓葬因旱地的影响，封土已被切削一部分。这五座墓葬皆为馒头状，平面呈圆形，间距约在25～30米之间，海拔高度42～44米，相对高度1.5～2米，底径约12～18米，封土坡面倾角约26～38度（彩版二七，3、4）。

（六）金石岗地

该岗地位于主岗脊的西侧，与徐家大庄岗地相对，墓葬D15、D16位于该分支岗地的岗脊上，呈东西向排列。墓葬封土上为杂树林及荒草，南部为旱地。两墓葬相距约25米，形状相似、体量差别不大，皆为馒头状突起，平面呈圆形，封土南侧因旱地影响被切削一部分。墓葬海拔高度为47米，相对高度为2米，底径约15米，封土坡面倾角约35度（彩版二七，5）。

墓葬年代下限约为汉代。

二十九、蔡家凹-红星墓群

蔡家凹-红星墓群位于舒城县城关镇杨家村蔡家凹村民组、红星村民组。墓葬所处为西南-东北走向的"玉井岗-陈塘埂"岗地，"打石山-许家山嘴"岗地在其西侧、"柏家岗-方家山嘴"岗地在其东侧，三条岗地间所夹为两个岗间水冲平原地带。从西南部的玉井岗至东北部的陈塘埂，"玉井岗-陈塘埂"岗地全长约3000米，宽约700～1100米。岗脊在岗地的中部，以岗脊为界，东西两侧有较多的分支岗地，这些分支岗地的地势向东、西两侧缓慢降低，岗地的海拔高度约在26～55米之间。

蔡家凹-红星墓群分布在"玉井岗-陈塘埂"岗地的东北部，主岗脊东西两侧的二个分支岗地蔡家凹岗地、红星岗地上，其中蔡家凹岗地约南北向，岗地上为林地及旱地，岗地边有几个小水塘，D1-D4从北至南沿其岗脊排列。红星岗地约西北-东南向，岗地上为林地，其南侧有一较大的水塘，东侧为管塘拐村民组民房，再东为大官塘，D5、D6排列在岗脊上。

（一）蔡家凹岗地

该岗地海拔较低，高度约在30米左右，其岗脊处为林地，岗脊两侧为旱地，墓葬即分布在岗脊处林地内。D1、D2位置偏北，且相对排列；D3、D4位置在南，也为相对的一组。两组墓葬组间距为65米，组内距约15米。四座墓葬封土皆为馒头状，底平面呈圆形，海拔高度在34～35米，相对高度在

1.4~1.7米，底径约7~10米，封土坡面倾角在30~45度。

（二）红星岗地

该岗地上大都为林地，D5、D6沿岗脊排列，其中D5在西北近主岗脊处，D6在东南，二者相距较远，间距约180米。二座墓葬封土皆为馒头状，底平面呈圆形，海拔高度在36米，相对高度在1.5米，底径约8米，封土坡面倾角在45度。

墓葬年代下限约为汉代。

三十、向阳墓葬

向阳墓葬位于舒城县城关镇杨家村向阳村民组。墓葬所处为"玉井岗-陈塘埂"岗地最北端岗头地带的主岗脊上，该岗头的北侧为杭埠河南岸平原，东侧为大官塘，南侧为蔡家凹-红星墓群，西侧为岗间河冲地带。墓葬周边小型分支岗地众多，地形较为复杂，北侧为窑厂的取土区，这些分支岗地上多为茶地、荒地以及杂木林。向阳墓葬封土为馒头状突起，因村民农作的影响，顶部平坦，其上种有茶树，海拔高度为47米，相对高度为4.5米。封土底平面近似圆形，底径20米，在封土北侧的剖面上可见白色土。墓葬四周坡角处因生产被整理过，封土坡面近于垂直（彩版二八，1）。

墓葬年代下限约为汉代。

三十一、江家院墓葬

江家院墓葬位于舒城县棠树乡洪院村江家院村民组。墓葬所处岗地为"小程庄-山塝"岗地，岗地走向为西东向，全长约5000米，地势由西向东逐渐降低，海拔高度在30~70米之间。岗地东为杭埠河北侧平原，南、北两侧为岗地间河冲地带。江家院墓葬位于岗地中部北侧缓坡上，封土为一长条圆形突起，底部长边在东西向上，长边约10米，短边约5米。墓葬南侧封土在坡脚处因村民建房而挖去部分，暴露出的剖面可见五花土。墓葬顶部为杂草，周边有几棵杂树，海拔高度为49米，相对高度为1.2米，封土坡面倾角为25度（彩版二八，8）。

墓葬年代下限约为汉代。

三十二、金虎墓群

金虎墓群位于舒城县城关镇金虎村高庄、李庄两村民组。墓葬所处为城关镇西侧河冲地带平原与平原北部的地矮岗地交界处，岗地和平原高差不大，为2~3米。墓葬北侧为高庄村民组与李庄村民组的民房，南侧为平原，周边为水田和旱地。在墓葬南侧的平原上，有多条小河流过，墓葬附近有大小不一的水塘分布。墓葬从西向东分别编号为D1-D4。

D1：位于墓群的最西侧，处于北部低矮岗地的南部。墓葬的北部有一大的水塘，南侧岗地下有一条东西向的小河，东侧紧临有一条通村的小路。墓葬封土为馒头状，顶部及四周为旱地，墓葬北侧因村民生产的影响，被切削一部分。调查时，在墓葬北侧作有一个剖面，剖面厚度为130厘米，宽度为50厘米。墓葬海拔高度为26米，相对高度为1.5米。墓葬底面呈圆形，底径为28米，封土坡面倾角为30度。

D2：位于D1东南约200米处，处在矮岗地的南缘。墓葬的东侧有一水塘，南临小河。墓葬封土为馒头状，周边为水田，墓葬顶部为荒草及现代坟，因生产的影响，墓葬顶部现为西高东低。墓葬海拔高度为29米，相对高度为1.5米。墓葬封土底面呈圆形，底径为15米，封土坡面倾角为20度（彩版二七，6）。

D3：在D2的东侧，处在矮岗地南部，介于东、西两个较大的水塘之间，其西侧有条田间小路。墓葬封土为馒头状，其南、北两侧为水田，墓葬顶部为杂树、荒草、现代坟。墓葬海拔高度为25米，相对高度为3米。墓葬封土底面呈圆形，底径为18米，封土坡面倾角为40度（彩版二七，7）。

D4：在墓群的最东部，其西侧有一个墩形遗址，东侧有一个干枯的水塘。墓葬封土为馒头状，顶部有荒草和树林，顶部南侧遍布现代坟，周边为水田。墓葬海拔高度为29米，相对高度为4米。墓葬封土底面呈圆形，底径为19米，封土坡面倾角为50度（彩版二七，8）。

墓葬年代下限约为汉代。

三十三、卜家庄墓葬

卜家庄墓葬位于舒城县棠树乡寒塘村卜家庄村民组。墓葬处于"林大寺-清塘稍"岗地东侧缓坡上。因当地正在进行土地平整工作，原有的封土已被平整，可见散落的汉砖。墓葬海拔高度为42米，估算面积约100平方米。

第四章　杭埠河中游及北部地区史前及周代聚落时空考察

上一章我们以河流为线索分别对不同时期聚落遗址的地理位置、周边环境、采集点情况、文化内涵和年代推断等做了较为详细叙述，并对调查发现的墓葬也予以比较全面介绍，力求借助这些信息对杭埠河中游及北部地区史前和历史时期早期遗址与墓葬的基本面貌有一个总体了解。本章我们将在以往发现材料的基础上，结合不同时期的遗址特点着重对聚落的时空分布进行初步考察，并试图对这一区域的先秦时期聚落的有关问题做一大致推测，从而为今后更加全面、准确地把握这一地区不同考古学文化时期聚落形态方面发展与演变的规律以及解读和人类生存方式有关的人地关系，提供可资讨论的平台。

调查登记的63处古代遗址，主要包含了新石器时代晚期、西周中晚期以及春秋早中期三个不同发展阶段的文化遗存。登记的汉代遗址数量太少，难以对这一时期的聚落人群活动情况做出各种比较合理性的推测与分析，故不放入讨论之列。采集的西周中期至春秋中期的遗物不仅残破程度较高，而且对断代具有重要价值的典型陶器标本数量不多，同时又缺乏层位支持，还不足以支撑遗址分期、分段的条件，因此报告将这西周和春秋两个相继的时间段合并为一个大的时期，所以本章的讨论实际只涉及两个时期：新石器晚期与周代。

第一节　新石器时代晚期聚落形态考察

一、地貌类型

本次调查区域总体位于县境中部偏北、县城西南，为丘陵、岗地和平原三者兼有的地形地貌，西南地势高于东北。依地貌类型的异同，杭埠河中游及北部地区的新石器时代晚期遗址可分为土墩型、岗地型和平地型三类。土墩型遗址指由于人类各种活动形成高于四周地表的不同高度的台地，范围比较明确；岗地型是指位于低缓的岗地顶部或边坡上分布的遗址，顺地势分布，边界往往不清楚；而平地型遗址则是坐落在几乎与现地表相差无几的土坡上，范围比较模糊，这种类型可能是土墩型的一种变类，即人力和自然力的双重破坏致使原始的遗址文化层堆积大幅度减损而形成。

分布在干流或支流的遗址，多选择自然的岗地或河流沿岸平坦地带，海拔较低，两者分别约占遗址总数的42%和47%，合计几乎接近总数的90%，这些岗地顶部比较平缓，海拔多在50米以下，两侧基本为岗间谷地或平坦开阔地带，而沿河地带地势低平且较开阔，海拔多在20～30米之间，越往调查区域的东北方向地势越平坦，现代村越密集。10%左右的平地型聚落遗址的其中部分甚至大部分，极有可能是因地貌的变化造成现存的特征。这些地点地理环境比较优越，气候适宜，土质较好，适宜各类作物特别是水稻的生长，同时绝大多数遗址距河流不远，便于人类生产生活、获得各类资源以及往来沟通方便，从现场采集的各类文化遗物判断，当时的聚落人群主要是从事农耕与渔猎类的经济模式。

二、时间跨度

杭埠河中游及北部地区新石器时代遗址的遗物绝大多数为陶器，玉石等它类所占的比重极小，从采集的陶器标本特点分析，初步推断属晚期阶段，距今约5000～4600年左右，时间跨度较小。文化面貌特征与周边地区相似，陶器多夹粗砂（部分石英砂）的红陶或红褐陶，少量的纯黑陶或内红外黑陶，手制与轮制相结合，部分陶器火候较高，以鼎、豆、罐或壶、盆为主要组合，鼎足多侧装扁平三角形或横装宽扁足，前者足侧面常饰竖向刻划纹或在足背上留有按窝，后者正足面上常饰数道凹槽。薄胎黑陶杯、T字形鼎足和篮纹鼎折射出四周文化的影响。篮纹鼎、黑陶杯反映北方大汶口文化末期和龙山文化早期的因素，而鱼鳍形、宽背"T"形鼎足与甗当为太湖流域的良渚文化中晚期因素和长江中游屈家岭文化对本地影响的结果。

三、单体聚落形态

需要说明的是本文所讨论的聚落单体形态是建立在遗址年代较单一的框架基础之上，通过对遗址的形态考察分析来推断当时聚落的形态。

1. 外部形态

多数遗址坐落在岗地（端头、边坡），依势而居，由于长期的水土流失和人为破坏，致使遗址与周边地表区别不明显，而部分遗址被晚期的遗址叠压，其外部形态就更不清楚。考虑遗址所在丘岗台地的地形地貌，在丘岗台地面积较为广阔时，则比较容易形成圆形、椭圆形或二者变化形式的聚落平面布局形态。尤其在建造防御设施时常常充分利用丘岗本身的一些特点，如利用因自然下切而陡直的丘岗边缘或局部地段加高修整成环状土垣（土埂）而形成的类似台城遗址，调查中我们发现少数遗址的外部形态即是如此，如秦家桥河的杨家岗头遗址、曹家河流域的杨家老庄遗址和南港河流域的亚夫城遗址，这三处遗址均坐落在岗头，面向低平开阔地带的边缘筑有凸起的土垣（土埂），土垣转角呈弧形，土垣还留有数量不等的缺口（似城门），土垣外侧坡度较大。

至于构成聚落内部的各类功能要素的表象我们还无从把握。

2. 面积

这一时期的遗址面积相差很大，可能与选址地貌有关，大型的聚落面积在1万平方米以上，最大的杨家岗头遗址超过20万平方米，普通的从属聚落多数在5000平方米以下，最小的上圩遗址不足

2000平方米。

3. 堆积过程与特征

由于掌握的资料有限，多数遗址坐落在岗地上且现地貌变化较大，故这一时期的文化堆积情况暂时难有规律可寻，但我们认为不同的聚落如中心聚落与从属聚落、农耕聚落与采集狩猎聚落等等，应有各自内部的堆积方式与功能布局。通过部分遗址的断面观察，我们发现多数遗址堆积较薄，平均不足1米，但也有少数大型遗址如杨家岗头堆积较厚，该遗址中部偏北处暴露的断面局部厚度在2米左右。

四、遗址宏观布局与联系

（一）宏观布局

从杭埠河中游及北部地区大汶口晚期至龙山早期的遗址平面分布图上看，这一时期遗址只有19处，主要分布在支流流域。由于绝对数量较少，因此具体到每个流域则显得更少，而且不平衡。从遗址数量看，秦家桥河、曹家河流域以及杭北干渠（包括东西支渠）最多，均有3处；八里冲河和老干汉河（南溪河）流域各有2处；杭埠河干流、沙岗小河、东杨家冲河、西杨家冲河以及南港河均只有1处（彩版五）。

这一时期的遗址具体分区如下。

1. 秦家桥河流域

秦家桥河流域的聚落均位于河流上游的东岸，分布较密集，按河流流向从上至下（南到北）依次为蟠龙城遗址、锣哐遗址和杨家岗头遗址。其中蟠龙城遗址位于河谷平原东侧边缘，紧邻南北向岗地，四周地表海拔低于35米，锣哐遗址与杨家岗头遗址则处于低矮岗地北端，海拔46米左右。3处聚落的面积都比较大，皆超过5万平方米，杨家岗头遗址更是达到22万平方米。从空间分布上来看，三聚落遗址呈团状，皆处于冲击平原末端向岗地过渡地带，相距较近，蟠龙城遗址与另外两遗址直线距离均不足500米，而杨家岗头遗址和锣哐遗址仅相隔一条小沟渠。目前的调查显示的文化堆积较单一，仅包含新石器时代晚期的文化遗存。

2. 杭北干渠

杭北干渠位于县境中部，自西南丘陵流向东北平原，主要由东、西支渠组成，用于防洪排涝，多数地段为后来人工开挖的水渠，部分连接自然河道，由于河道变迁较大，县志、水利志等文献疏有记载，绝大多数又无名称，因此，目前还难以具体区分古今河道，我们在考察遗址布局的时候，只能将分布在杭北干渠两侧的遗址视作为一个整体区域，并且以杭北干渠冠之。

杭北干渠流域的新石器晚期聚落分布较为稀疏，按河流干流和支流向从上至下依次为佘家庄遗址、李庄和大院村鲍墩遗址，其中前两属东支渠，后者属西支渠，三者均处在河渠东岸，分别距河渠约110、560和10米。李庄与大院村鲍墩聚落都坐落于低缓岗地边缘地带，地势略呈倾斜状，所处地表海拔分别为22米和33.5米，而佘家庄遗址则处在平原区，四周海拔皆26米左右。鲍墩和佘家庄遗址的面积都较大，均超过1万平方米，分别达到18000平方米和12000平方米，而李庄遗址较小，面积约5500平方米，而且文化堆积较单一，仅包含一个时期的文化遗存。从空间分布上来看，三聚落基本处于冲击平原末端向岗地过渡地带，呈散点状分布，聚落之间相距较秦家桥河聚落群明显要远，李庄遗址距佘家庄和鲍墩遗址直线距离均在4000米以上，而最近的佘家庄遗址和鲍墩遗址也有1500米之远。

3. 杭埠河干流

调查范围内的杭埠河干流新石器聚落数量极少，仅1处，即小涵遗址，位于干流河道的北岸，距河心距离约550米，处于沿河冲积平原地带，地势平坦，海拔在26左右。现河道海拔低于24米，遗址顶部与其高差约2.5米。值得注意的是小涵遗址面积约10000平方米，属较大遗址，但该遗址处在农耕区，地貌变化较大，破坏严重，其边缘不很清楚，同时又包含周代的遗存，地表采集的遗物相当少，因此目前还无法确定新石器时期遗存面积的真实数字，也就无法断定聚落的规模与等级。

4. 南溪河（杭埠河故道）流域

南溪河流域调查登记的新石器时代晚期聚落址仅2处，按河流流向分别为上圩遗址和黑虎城遗址，均位于河流北岸，间距约400米。两聚落皆处于县境中部的低缓岗地边缘地带，地势较低，海拔不足24米。上圩遗址属岗坡型，黑虎城遗址则属缓岗之间的小"盆地"内的墩形台地。两遗址规模相差较大，上圩遗址面积1807平方米，属小型聚落，黑虎城遗址面积达2.5万平方米，属大型遗址，但有一点必须注意，上圩遗址仅包含新石器晚期一个时间段，遗址的面积大约等于聚落的范围，而黑虎城遗址则包含新石器、周代以及汉代三个不同时期的文化层，从现场采集遗物分布范围并结合暴露的断面观察，初步判断遗址堆积的主体应是周代，据此，我们基本可以确定新石器晚期聚落的面积可能小于2.5万平方米。

5. 八里冲河流域

八里冲河是源于县境西南山地，流经岗间谷地和平原地带的一条小河，全长只有15.7公里[1]，因地貌变迁与部分河道被废，虽然现存河流已与杭北干渠相连，但推测其历史上应属杭埠河的北岸的一条支流。该河流上、中游谷地狭窄，生存的空间极小，同时受山间下泄洪水威胁，人类活动自然稀少，下游的地势虽相对开阔平坦，人类生存较容易，但又受到杭埠河洪水的影响，因此整个河流流域古代聚落稀疏，本次调查仅发现2处，分别是山塝遗址和山场遗址。两遗址均位于河流出河谷地带，山场遗址则处于河流东岸，依托于岗地的东端；而山塝遗址位于河流西岸，其所在地点与其西部低山并不相连，应是山地的残余。两遗址间距约1000米，面积均在10000平方米左右，属较大遗址，同时都包含了新石器和周代前后两个不连续时期的文化遗存，所以每一个时期的文化堆积面积暂不清楚，当时的聚落范围也不明。

6. 沙岗小河流域

沙岗小河全长9.1公里，与八里冲河仅一岗地之隔，地理环境与地貌基本相似，该流域仅1处新石器遗址，即柿树遗址。该聚落位于河谷南岸的岗坡上，距河道中心约180米，海拔42米左右，高出河床近9米。遗址边界不明显，估测面积2502平方米，采集的陶器显示文化堆积仅一个时期，应属小型聚落。

7. 东杨家冲河流域

东杨家冲河流域新石器晚期遗址仅发现1处，即方冲遗址，位于河流东岸420米处的南北走向岗地

---

[1] 《舒城水利志》，安徽省新闻出版局，皖非正式出版字（92）第157号。

北端，依岗而面向北部平原，海拔约39米，高出河床约16米，同时该聚落北距杭埠河干流约1400米。遗址仅有一个时期堆积，规模较小，面积约4500平方米，属普通的聚落。

8. 曹家河流域

曹家河流域共发现新石器晚期遗址3处，按河流从上到下顺序分别为老虎墩、杨店和杨家老庄遗址，其中老虎墩遗址位于河流西岸（左岸），杨店遗址位于曹家河干流的东岸（右岸），杨家老庄遗址则位于干流西侧一支流的西岸，（左岸）。三聚落呈散点状分布，间距不大，约1000～2000米。遗址面积不等，其中杨家老庄遗址约5万平方米，属大型遗址，老虎墩与杨店遗址的面积分别只有4121.6平方米和4665平方米。调查杨家老庄遗址仅发现新石器时代晚期遗存，因此初步推断该遗址可能是曹家河流域及附近地区这一时期的一个中心聚落。

9. 南港河流域

因本次调查涉及该流域范围十分有限，记录的遗址点仅亚夫城遗址，第三章遗址部分已有详细介绍，故不赘述。根据现存面积与规模以及外部形态，该遗址应是南港河流域的一处中心聚落。

总结以上情况，我们得出杭埠河中游及北部地区新石器时期聚落分布的基本特点：数量一般，只有19处，覆盖范围小，密度不大，每一个小区域分布不平衡，从河流流域上看主要集中在杭北干渠、秦家桥和曹家河流域，其他区域内极少或没有这个时期的聚落分布；从地貌类型分析，聚落遗址绝大多数选择在岗地或靠近岗地的土台上，而广阔低平的平原地带遗址寥寥无几；聚落之间的距离不远，尤其秦家桥河，其他区域聚落比较分散，相对距离比较远。在已调查的区域内，秦家桥河与曹家河流域不仅是聚落相对集中的地区，而且有各自的中心聚落，整个调查区域规模最大的杨家岗头遗址就出现在秦家桥河流域，但余下的几个小区域是否同样存在自己的中心聚落，目前还难以肯定。

（二）聚落的分级与相互关系

在考察新石器晚期聚落遗址分布状况的基础上，我们试图考察这一时期聚落功能以及不同级别聚落之间的相互关系，但是由于杭埠河流域的早期遗址从未经过科学发掘，此次调查也未辅以钻探方法，故对每一单体聚落无法从微观上进行分析，而只能根据调查的资料主要是微地貌环境并结合一些剖面和有限的遗迹现象做简单、粗略的推测。通过分析现场调查结果，在这一区域似乎存在着较明显的聚落分级现象（附表二〇）。从遗址分布图上看，在秦家桥河、南溪河、杭北干渠等几个小区域几乎都存在这种分级情况，每一小区除存在数量不等的普通从属聚落外，都有自己的中心聚落，分别为杨家岗头遗址、杨家老庄遗址和亚夫城遗址，它们的面积较大，超过5万平方米，而杨家岗头遗址则达到22平方米。　从杨家老庄遗址所处的地理位置、规模、外部形态、采集陶器特征等方面综合分析，这一遗址又极可能是我们整个调查区域甚至更大范围内的最高级的聚落　。

上述做出的判断主要是依据遗址面积的大小，但这种分级方法并不一定十分准确，因为从考古学研究角度来说，遗址与聚落是存在差别的，两者并不能划等号，遗址的面积并不就是某一聚落的分布范围，因为"任何非连续文化堆积的遗址肯定属于几个不同时期或不同文化类型的聚落，而具有连续文化层堆积的遗址则可能属于同一个聚落，也可能不属于同一聚落"[1]。调查显示，杭埠河中游及北部地区多数遗址包含两个或者三个不同时期的文化遗存，而且不连续性文化堆积的遗址占有一定的比例（大约四分之一），同时如果认真观察陶器的特点，又不难发现新石器时代晚期文化

---

[1] 刘辉：《史前聚落与考古遗址》，《东南文化》，2000年第5期。

陶器仍有细分（分期、分段）的可能，如最有代表性的鼎足似乎存在前后演变的关系，更何况我们调查收集的信息绝大多数限于地表，对于每一个遗址内部文化遗存的特征、功能和组合关系等并不了解，要想真正清楚这一区域史前聚落之间的关系，还需要今后做更多、更细致的考古工作。

第二节　西周至春秋聚落形态考察

一、地貌类型

绝大多数选择仍位于河流或湖泊旁的低平之地，少量遗址分布在低矮岗地的边缘地带，只有极少数处在山岗之上。依地貌类型的异同，按选址类型划分，主要分为土墩型和岗地型两类。

土墩形遗址一系利用周边土壤以人力堆积而成，或者利用自然形成的较高地点。这类遗址大都位于河流或湖旁的低而平坦的地带，以人工堆筑土墩为特点，具体有以下三类情况。

第一类：小支流的河冲地带，地势与周围相比最为低洼，海拔一般不超过30米。遗址紧靠河边数米或数十米，这种类型数量最多。

第二类：在小支流旁，地势稍高，紧倚低缓的岗地。这种类型数量次之。

第三类：分布在杭埠河干流河道旁，距河道很近。这种类型数量较少。

土墩型的遗址中有少数在遗址外围还有环壕或土垣（土埂）。

岗地形遗址和新石器时代晚期遗址的地貌情况类似，有些则直接叠压在新石器时代遗址之上。

二、单体聚落形态

由于岗地形遗址的范围比较模糊，无法掌握其一般的规律，而土墩形不仅数量最多而且外观形态较为清楚，故从外观形态、面积、堆积过程、内部结构等几个方面对这一类聚落予以概括。

1. 外观形态

多数遗址保存较完整，平面形状主要有椭圆形和近圆形，前者比例更大，几乎占到土墩形遗址的三分之二；底部略大于顶部；顶部较平坦，多呈略倾斜状，高差不一；少数遗址有二层台，整个遗址形状似两层"蛋糕"。遗址高度多在3米左右，少数达5～8米。大型遗址外围存有明显凸起的土垣遗迹，如盘龙城、周瑜城等（似城），而且土垣形状存在差异，有弧角长方形和正方形之分，土垣有数量不等、宽窄不一的缺口（似城门）。

2. 面积

遗址的面积以2000平方米至 5000平方米为主，约占土墩形遗址总数的 50%，属小型普通聚落，而5000～10000平方米的9处，属中型遗址；大于10000平方米以上属大型遗址，共6处 ，其中花城遗址更是超过27万平方米，属超大型遗址。

3. 堆积过程与特点

虽然本次采取的是"拉网式"调查，但调查过程中未辅以钻探手段，同时调查区域从未进行科学的发掘工作，缺乏这一地区周代聚落文化堆积特点全面、详实的资料，鉴于此，我们只能依赖调查中部分遗址所做的剖面观察以及收集的有关信息，并结合典型遗址做推理性的判断。

排除少数岗地形遗址，杭埠河中游及北部地区周代聚落为了适应周边的地理环境，基本选择土墩形台地作为自己生存的栖息地，长期的生产生活，最终形成了颇具地区特色的文化堆积形态与特点。

观察发现聚落遗址常建于类似淤泥的河湖相沉积之上，边缘一般用较厚的黄色生土逐渐堆垫，形成四周高、中间低的形态。黄土则十分纯净硬密。也有用塘泥土堆积，含大量的螺丝壳，这可能就是许多遗址周边至今还留有水塘遗迹或者环壕（环壕还有防御功能的作用）的缘故。中间低洼处逐渐堆积多层土质疏松的黑色土，并夹杂大量炭、草木灰和陶片等，黑色土层多向心倾斜，实际上可能是垃圾倾倒场所，在每层黑土之上，常垫有一层厚薄不等的黄土，类似于现代垃圾填埋处理方式，既卫生又实用（黄土面可继续当做活动面）。我们在调查黑虎城遗址时就观察到这种特点，该遗址面积大，文化层堆积厚，因当地烧窑取土，致使遗址北部形成两个巨大的土坑，在西边土坑东侧断面上，我们仔细观察发现地层堆积明显由北向南倾斜，也就是外高内低（附照片）。多年的考古调查和发掘显示，这种堆积方式实际是安徽江淮地区周代聚落的一个共性[1]，属江淮西部的舒城也不例外。

4. 空间布局与内部结构

土墩形台地作为每个聚落依存的主体，也是文化特点最显著的表征。根据以往在皖西地区的考古工作成果，无论聚落规模的大小，通常情况下，土墩的周缘既是房屋建筑的场所，也是墓葬分布的区域，而内部则为公共活动场所，大型的聚落可能还有宗教祭祀场所存在。调查时在一些土墩遗址边缘暴露的断面上发现的红烧土堆积，极有可能是房屋废弃倒塌后形成的。

依据现有资料，尚不能充分证明杭埠河中游及北部地区与周边地区周代聚落的趋同性。但是由于地理位置相邻和自然环境的相似性，还是可以窥探它们之间具有较多相类的地方，尤其是遗址形态方面。而由聚落布局决定的遗址形态的一致性，说明当时社会群体的居住模式、生活方式大致相同或相近。

三、时间推断

根据采集的陶器标本观察，周代聚落遗存文化面貌前后差异不大，但仔细分析，可分为前后两个承继阶段，即西周中晚期和春秋早中期，多数遗址纵跨两个时间段，个别遗址可能晚到战国早期，前后延续二三百年左右。

---

[1] 张敬国、贾庆元：《肥东县古城吴大墩遗址试掘简报》，《文物研究》，第1辑，黄山书社；北京大学考古系商周组、安徽省文物工作队：《安徽省霍邱、六安、寿县考古调查试掘报告》，《考古学研究》（三），科学出版社，1997年；安徽省文物考古研究所等：《安徽六安市堰墩西周遗址发掘简报》，《考古》，2002年第2期；安徽省文物考古研究所等：《安徽枞阳县汤家墩遗址发掘简报》，《中原文物》，2004年第4期；安徽省文物考古研究所：《庐江大神墩遗址发掘简报》，《江汉考古》，2006年第2期；《安徽霍山戴家院遗址发掘简报》，待刊；安徽省文物考古研究所：《霍邱堰台》，北京，科学出版社，2010年12月。

四、聚落遗址宏观布局与相互关系

（一）聚落的宏观布局

杭埠河中游及北部地区西周至春秋时期的聚落数量明显多于史前时期，共有49处，分布在干流及支流流域。尽管遗址数量相对较多，但由于不同地点地形地貌有所差异，因此具体到每个支流则不平衡，从聚落数量看，杭北干渠（即杭埠河干流）、南溪河、曹家河以及秦家桥河相对最多，分别为12、9、5、7处；而其他流域较少，均在5处以下，最少的东杨家河流域仅2处。各河流流域的聚落遗址分布如图所示（图六〇）。

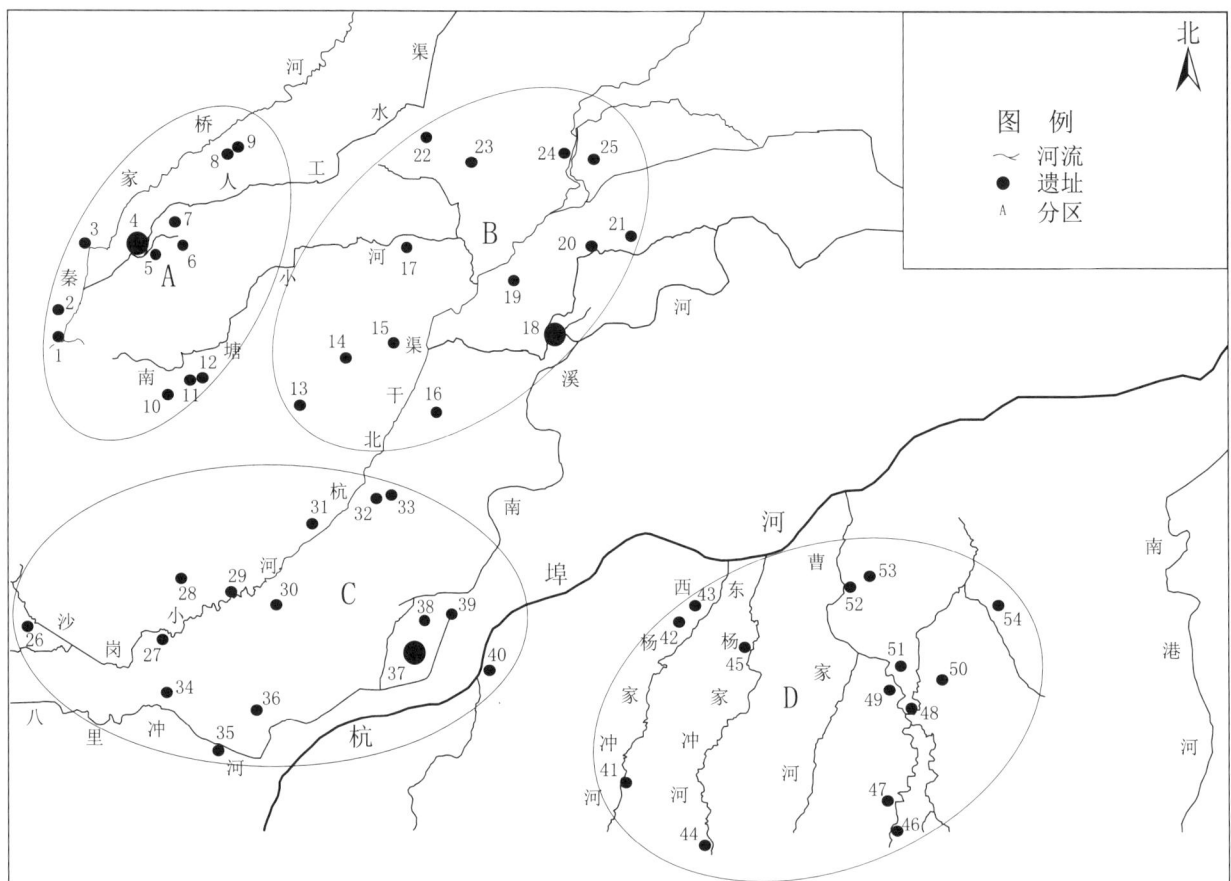

图六〇　杭埠河中游及北部地区周代聚落分布示意图

这一时期的聚落分布，如下文所述。

1.秦家桥河流域

调查区域内秦家桥流域的聚落均位于河流上游的两岸，总体趋势往河流的中游扩散，聚落数量增加，分布较密集，按河流流向从上至下（南到北）依次为中庄、蟠龙城、渠西、锣喹、杨家岗头、桥庄和杨庄遗址，除中庄遗址位于河流西侧，其余均分布在河流东侧，地势南高北低、西高东低，海拔从43米降至30米左右。除杨家岗头遗址外（其文化主体应是新石器晚期），另6处聚落的面积大小不等，最大的蟠龙城遗址约7万平方米，锣喹遗址也达到6万平方米，最小的中庄遗址仅1800平方米，从调查发现的各种迹象判断，蟠龙城遗址极有可能是这一时期这个区域的中心聚落。从空间分布上来看，6聚落呈散点状，皆处于冲击平原末端向岗地过渡地带，相距较近，距蟠龙城遗址最远的杨庄遗址仍不足2000米，而渠西遗址距蟠龙城遗址、桥庄遗址距杨庄遗址均不足100米。

2. 杭北干渠

杭北干渠流域的周代聚落数量较多，分布相对较密集，共12处，按河流干流和支流向从上至下依次为柿子树、高塘埂、新陶、大院村鲍墩、西姑墩、梅小庄、庵塘、头涵、墩南、花城、大墩以及丰墩村鲍墩遗址。主要分布在东支渠及其支流，分别为柿子树、梅小庄、新陶、头涵、庵塘、丰墩村鲍墩、墩南和花城遗址，属西支渠的仅有西姑山和大院村鲍墩遗址2处。处在河流东岸10处，位于西岸2处。从空间分布上来看，12处聚落均坐落在县境中西部低缓的岗地边坡上或附近平坦地带，总体呈散点状分布，但其中部分依岗地走向排列，似呈弧线状，聚落的间距都比较近，多数不足1000米，少数在1000～2000米内。地表海拔在24米和31米之间，属漫坡地形，具体到遗址四周地表高差不足2米，而位于缓坡之间的遗址所在地点地势更加低平，地表高差则不足1米。除花城遗址面积达到25万平方米左右和大院村鲍墩遗址为12000平方米外，其余绝大多数规模较小，面积不超过5000平方米，最小的高塘埂遗址仅1100平方米。多数只包含西周中晚期的堆积，部分则包含西周与春秋两个时期的文化遗存。

3. 杭埠河干流

调查范围的杭埠河干流的周代聚落数量较少，仅3处，即周瑜城、胜利和摩旗墩遗址。前两者位于干流河道的西岸（左岸），海拔较低，地势平坦，后者位于河流东岸（右岸），地势相对较高，为岗地西端。三者距河心均较近，不足千米，同时这三处聚落空间分布呈散点状，平面形成一三角形，间距最大的胜利与摩旗墩遗址为1100米左右，而周瑜城和胜利遗址仅相距240米。周瑜城面积最大，约6万平方米，属大型聚落，胜利和摩旗墩遗址规模较小，分别为1417平方米和1956平方米，应是普通的聚落。

4. 南溪河流域（杭埠河故道）

南溪河流域调查登记的周代聚落有5处，按河流流向分别为管垱、万家桥、黑虎城、李庄和万场遗址，除管垱遗址外，其余4个聚落均位于河流东岸（右岸），管垱与万家桥遗址距杭埠河干流较近，均不足2000米，管垱遗址更近，约700米，相反，另外三个地点距杭埠河干流较远，最近的黑虎城遗址也超过了3000米。聚落总体处于县境中部的低缓岗地向杭埠河西岸平原过渡地带，地势西高东低，南高北低，海拔从29米降至22米，空间上略呈线状，间距不等，其中李庄和万场遗址较近（距离约480米），管垱与万家桥较远（距离1.5公里）。聚落规模相差较大，黑虎城遗址面积约25000平方米，属大型聚落，管垱、万场和李庄均超过5000平方米，属中型聚落，万家桥面积只有2537平方米，为一小型的普通聚落。

5. 八里冲河流域

八里冲河流域周代聚落稀少，本次调查仅发现2处，分别是山塝遗址和山场遗址，两个遗址均位于河流出河谷地带，前者依托岗地的东端，后者所在地点与其西部低山并不相连，但应是山地的残余。山塝遗址位于河流西岸，山场遗址则处于河流东岸，间距约1000米，同时两个地点分别距杭埠河干流不远，分别约2000米和860米。两者面积分别均在10000平方米左右，属较大遗址。

6. 沙岗小河流域

沙岗小河流域周代聚落遗址共4处，即神墩、庙墩、龙山庄和鲍家庄遗址。神墩和庙墩遗址位于河流南岸，龙山庄与鲍墩遗址处于河流北岸，除龙山庄遗址距河流较远，约480米，其余三处遗址均临近河流，鲍家庄遗址更是紧邻河道。4处遗址呈散点状分布，间距不等，相邻最大距离为神墩和鲍墩遗址，相距约1800米，而最小的龙山庄遗址与鲍墩遗址仅隔700米。

7. 西杨家冲河流域

西杨家冲河流域周代遗址共3处，从上游至下游依次为干塝墩遗址、金墩遗址和松墩遗址。干塝墩遗址位于河流东岸，紧邻河道，金墩遗址与松墩遗址均处在河流西岸，距河道分别约200米和140米，松墩遗址北距杭埠河约550米。三遗址依河流略呈线状分布，而且金墩遗址和松墩遗址相距较近，仅270米。三处遗址只有周代一个时期文化堆积，规模较小，面积都在2500平方米以下，金墩遗址仅1168平方米，属小型普通聚落。

8. 东杨家冲河流域

东杨家冲河周代遗址仅2处，依河流流向分别是杨家遗址和官塘遗址，均属分布在河谷间的土墩形聚落，皆处在河流的西岸，离河道较近，两者的间距较远，约2.9公里，官塘遗址北距杭埠河约1200米。面积不等，官塘遗址面积4435平方米，杨家遗址仅2245平方米，均属小型普通聚落。

9. 曹家河流域

曹家河流域周代遗址共9处，按河流从上到下顺序分别为河边、老虎墩、船形地、山头、月形地、杨店、樊家庄、卞家墩以及蔡家洼遗址，其中河边、老虎墩遗址位于干流的西岸（左岸），山头遗址坐落在河流西侧约150米的岗头上，船形地、月形地、杨店、樊家庄和卞家墩遗址则位于干流东岸（右岸），而蔡家洼遗址处在曹家河东部。距河道较远，约2000米。9个遗址基本沿河分布，间距不大，多在2000米以内，最近只有150米。聚落遗址面积不等，其中河边遗址面积最大，近1万平方米，可能是此小区域的一个次中心聚落，其余都在5000平方米以下，最小的为卞家墩遗址，仅2400平方米。

通过以上考察分析，我们可以从微观和宏观上初步总结周代聚落形态的基本特点。

（1）数量明显增多。从新石器时期的19处增加到54处，覆盖范围也有所扩大，密度同样增大，从分布区域上看多数位于河流两岸的土墩上。

（2）各遗址年代较为接近，多数处在西周中晚期---春秋这一时间段。

（3）聚落群密度较高，群内各聚落间距较小，呈高密度散居状态。分布间距较小，多数在2～3公里左右，少数甚至不足1公里。

（4）等级分化加强，若干群体间有一个大型或次级聚落（附表二一）。在已发现的区域中，秦家桥河、曹家河流域是聚落相对集中的地区，不但数量多，而且遗址密集程度相对较高，同时出现规模较大的遗址，规模最大的盘龙城遗址就出现在这个区域。这些构成了杭埠河中游及北部地区周代聚落的时空框架。

上述划分聚落的标准显然含有主观的成分，确定的聚落及其大小与实际情况可能不完全相符，但总体上应该不会对聚落等级的划分造成太大影响。因为与传统调查不同的是，我们在杭埠河中游及北部的调查采用系统的拉网式调查方法，调查时相邻队员之间的间隔为30～50米。调查中采集、记录遗存的基本单位为10×10米的采集区（或称采集单元），一个采集点即使只有一块陶片也做记录，每个采集点不仅记录有关文化遗物的种类、陶片的文化属性或时代、不同数量反映的丰贫程度以及局部文化层堆积等内容，并使用GPS进行较精确的定位，记下地理坐标，同时在实际操作中还要参考诸如地形、地势、记录点外部形态以及附近断崖、冲沟、河道等微地貌景观，然后综合判断分析各类信息，最后确定遗址的范围。

第三节　杭埠河中游及北部地区早期聚落形态的演变

本节在前面对资料的梳理基础上，简单分析杭埠河中游及北部地区史前和周代聚落演变特点与轨迹，考察重点在于不同时期聚落规模、聚落群分布格局以及社会组织与形态，并对产生的原因做初步蠡测。

根据地形地貌和聚落分布的整体特点，杭埠河中游及北部地区的聚落群似可分为4个小区域（见图六〇），一是秦家桥河流域，包括杨家岗头遗址所在岗地南部四个聚落址，二是以杭北干渠流经的南北向漫岗为中轴的两侧聚落群，三是调查西南部的区域，包括沙岗小河、八里冲河流域以及杭埠河干流北侧部分，四是杭埠河南岸以曹家河流域为主区域，包括东西杨家冲河流域。其中A、B、D三区聚落分布密度较大，同时每相邻的两个区域存在范围不等的"缓冲区"（空白区）。

A区位于调查区域的西部，地貌特点是西边为南北向的岗地，东、南、西三面较开阔低平，整个地势较开放，新石器晚期和周代两个时期的聚落遗址主要分布在岗地之上或边缘。新石器时期仅1个聚落群，中心聚落无疑为杨家岗头遗址，该遗址规模大，是至今为止舒城境内发现的最大新石器时代遗址，在安徽也少见，这个聚落很可能是整个杭埠河中游北岸的核心，处在这个时期聚落构成的金字塔式聚落结构的塔尖。周代有1个小的群落，即蟠龙城聚落群（含渠西、锣喧），中庄和桥庄2个单体。

B区位于调查区的中东部，地势最开放，只是中部存在低缓的南北向漫岗地，聚落基本分布在其两侧，多数聚落规模较小。新石器时期似乎没有出现聚落的分化现象，不存在大型的中心聚落，没有中心聚落也难以形成真正意义上的组群，整合力不高。周代这一区域情况发生了变化，不仅聚落数量大增，而且聚落分级出现，黑虎城遗址无论从位置、平面形状以及地层堆积等几个方面都符合周代中心聚落的特点，同时大院村鲍墩遗址也可能是高于普通聚落的一处次中心聚落。

C区处在整个调查区的西南，西北、西南及东南三面地势较高，多地山岗地，而东北开放，地势低平，总体似一马蹄形，新石器和周代聚落主要分布靠近低山与岗地边缘或河谷地带，部分坐落于杭埠河干流河道北部地势稍高地点，这一区域范围为20余平方公里。无论新石器时期还是周代，都没有大型聚落出现，聚落的规模差异不是太大，间距也比较接近，难以认定他们之间存在着主从的关系，即使有的话，山场遗址与周瑜城遗址也只能是西、东两个次级中心聚落，分别管辖围绕在"身边"的小聚落，而个别处在岗谷深处的聚落，可能是临时性的定居点或村落。

D区位于杭埠河南岸，整个调查区的东南，东、西、南三面为密集相连的南北向岗地和谷地，北部是河流冲积平原和杭埠河干流，形成一个面积不大的相对封闭区，区域内的东部聚落分布密度是东部高于西部，河流的中、下游要大于上游。新石器时期聚落遗址分布在岗地边缘，因生存空间有限，数量较少，其中杨家老庄遗址为一中心聚落，占据着大约5平方公里的区域。周代聚落分布范围明显扩大，达到25平方公里左右，数量增多，但聚落规模均不太大，无分化现象，仅有河边遗址约1万平方米，但目前还不能肯定就是这个区域的中心聚落。

聚落既是人类居住和进行各种活动的空间，同时也是生产劳动的场所，而自然环境则是人类赖以生存和发展的物质基础，聚落本身就是人类在利用和改造自然环境的基础上形成的，所以在聚落形成与发展过程中，自然环境的影响几乎无处不在。大量的考古资料证明，人类与周边环境密切相关，地理环境是人类文化和社会发展的重要因素，地貌环境、气候条件、生物资源和水系格局等自然因素在相当程度上影响着人类文化的特征和社会发展，而在影响聚落形态众多因素中，最直接最明显的就是聚落所在地点小环境的地形地貌，在较大程度上制约着聚落形态的布局、结构类型乃至营建方式，尤其人类早期阶段更是如此。

根据本次调查已有的发现，杭埠河中游及北部地区从西南往东北依次大致可以划分为丘陵山地、低矮岗和河流冲击平原等三类不同的地形地貌，不仅提供了人类选择居住模式的岗地、墩形台地和平地三种不同类型，同时也造成了不同地区、不同时期聚落数量与规模的差异。观察杭埠河中游及北部地区遗址分布横向空间分布和纵向时间上的数量变化，就可以发现，这个地区不同历史时期聚落群分布与移动的轨迹。

舒城县境西南山地峡谷地带，即杭埠河上游，尽管各类动植物资源较丰富，但是由于地形复杂，交通不便，常遭山洪的威胁，生存空间非常狭小，难以适合人类的生存，这一广大区域（流域面积约1000平方公里，几乎占全县面积的二分之一）目前仅发现的新石器至商周聚落11处[1]，数量偏少。中游西南部（棠树乡境）和杭埠河南岸（城关镇境）的几条支流因流经低山岗间的河谷地带，适宜生存的可移动空间仍然有限，无论史前的新石器聚落还是历史时期周代的聚落，数量较少（5处），规模较小，都在1万平方米以下，这类聚落可能是一些临时的定居点和小型村落。

沿杭埠河两岸尤其东北岸，地势低平，为洪水泛滥淤积形成的沙带，面积约15平方公里，地势偏低而平缓，不利于抵御水患和农业生产以及人口定居，这一区域没有发现聚落遗址。

杭埠河北部低岗与平原过渡地带才是聚落分布的重点也是最集中的区域，各时期聚落形态特征具有相似性，多沿河两岸或低缓岗地边缘延伸成条带状。新石器时代晚期人口较少，先民首先占据位置和环境最为优越的地点，聚落多依托在岗地的边缘，地势相对较高，同时面向开阔的平原，既能便利地利用水源与水生生物来满足自己生产生活所需，又可避免水灾，四周平坦地带还易于从事农耕，秦家河流域的杨家岗头、锣哐与蟠龙城遗址、曹家河流域的杨家老庄遗址以及南港河流域的亚夫城遗址均坐落在长条形岗地北端，而且这几处遗址面积大，文化内涵较为丰富，遗址的周缘皆有土垣遗迹，种种迹象暗示这几个大聚落极有可能是每一个小区域的中心聚落，他们居高临下，统领四周，有着自己的领地和势力范围，分散在周边的是一些次级和从属聚落。除大型遗址占据重要位置外，余下的聚落则成散点状分布在北部，今舒城县城西南一条东北—西南走向的低缓岗地附近。新石器晚期至商代，杭埠河中游地区文化遽然衰落，调查几乎不见这一时期的遗址。到了西周时期，这一地区文化又

---

[1] 舒城县第三次全国文物普查办公室：《舒城县第三次全国文物普查成果》，非正式出版物。

重新繁荣起来，无论聚落数量、覆盖范围还是遗址密度都超过了史前时期，部分聚落除了选择继续利用新石器时期聚落的"废墟"作为生存之地外，更多的寻找新的栖息地，这一时期的聚落明显有向河流的下游和地势低平的地带扩张的趋势，同时也向着河谷地带拓展，但干汊河镇以东的杭埠河干流两岸泥沙沉积地带依旧是空白区，只是在镇南地势稍高地方有零星分布。经历2000年左右的时空变化，秦家桥河流域此时的聚落数量发展到6处，数量增加1倍，中庄遗址逆水而上处于河流的源头，而东北距杨家岗头遗址约1公里的秦家桥河中游新出现2个聚落，6处聚落占据约10平方公里范围；杭北干渠流域聚落数量达到11处，密集分布在河流流经的南北向漫岗两边，11处聚落占据的空间范围也超出了新石器时期，约21平方公里；干汊河（南溪河）流域因东部距杭埠河较近，迫于洪水的威胁，而聚落调查区域西南的两条小支流（沙岗小河、八里冲河），因发展空间有限，两个小区域聚落数量增长不明显；杭埠河南岸的曹家河流域及附近地区，周代遗址激增，形成一个包括14个聚落的规模较大的群体，占据的范围约25平方公里。

影响聚落分布与发展格局的原因不仅仅体现在自然方面，人文和政治环境等同样是不可忽视的因素。在新石器时代晚期，由于人口的增加，常常会出现对周边资源环境的掠夺而彼此产生冲突，因此选择较高地点有利于更好的防御。除了生产力水平的提高，人类对各种自然环境适应能力的增强，周代杭埠河流域聚落数量的增长可能与当时的政治环境有着不可分割的联系，自西周中期开始，由于群舒在这一地区的兴起与扎根，伴随的必然是文化的兴盛，但到了春秋中期以后，由于群舒政权遭到西部强楚入侵而相继灭亡，其文化的衰亡也成了无法逃脱的命运，本次调查发现，春秋中期以后的遗址锐减，从一定程度上验证了这一历史事实。

第五章　结　语

2010年冬季开展的杭埠河中游流域区域考古调查发现了数十处新遗址，复查了部分以往发现的遗址，填补了一些空白点，为今后的学术研究和文物保护奠定了基础。

本次调查除了基本弄清遗址的分布规律外，对遗址的断代也较以往有更清晰的认识。已经发现的主要为新石器时代晚期和周代遗址，尤以周代遗址数量居多。新石器时代晚期之前遗址基本不见，汉代遗存也较贫乏。目前发现的遗址从数量和年代看仍有局限，前后无法链接成一个完整的文化发展链条，年代上的缺环较大。另外经过正式发掘的遗址极少，甚至可以说是没有，调查资料发表也十分有限，使该地区古代文化长期不为人了解。但通过本次调查和资料初步整理研究，我们对杭埠河中游古代文化面貌有了进一步了解，尤其是史前及周代，文化面貌就相对清楚一些，认识上有了较大突破与提高。因此我们认为"杭埠河中游流域考古调查与研究"课题项目对于研究该地区的早期历史，了解杭埠河流域早期人类文化的积淀过程和杭埠河中游流域在我省史前文化的地位有着重要的帮助，同时对探索群舒这一重要学术课题也大有裨益。

一、关于遗址、墓葬的分布规律

1. 遗址分布不均衡

杭埠河中游流域的地形从总体上从南部向北部倾斜，分别为低山、缓岗、冲击平原地带。早期遗址（含新石器时代与青铜时代）主要分布于中下游丘陵区域，低矮的丘陵，开阔的空间，适合人类活动。概括起来遗址分布的总体情况呈由杭埠河中游向周边辐射的分布态势，这与杭埠河中游整体的地形地貌特点及该区域历史发展的总体脉络成对应关系。上游的山地与下游临近巢湖的低矮平原区极少有聚落遗址的分布，这与环境的优劣存在着一定的关系。

2. 遗址分布特点明显

主要分布于河流干流和较大支流两岸，重点区域在杭北干渠、曹家河、秦家桥河一带，择高地、临水而居，自然条件的选择在早期人类居住生活中表现得十分明显。平原中、尾端的岗地和河谷小盆地的临溪低缓丘岗前向延伸或突出的台地与缓坡也是理想的遗址分布点。具体可分为几类：一类是临河两岸的岗地端头，如杨家岗头遗址和杨家老庄遗址；二类沿河平原地带，多为土墩形遗址，如胜利、卞家墩遗址。三类是河谷盆地类型，或分布于小盆地边缘，或散布于小盆地中部。如神墩、干塝墩遗址；一、二类是主要类型，第三种类型数量少见。

3. 墓葬多成片、集群、有序分布

通过系统的地面踏查，共发现33处墓葬（群）迹象，主要分布在城关镇、棠树乡和百林乡境内，且多成片，以杨家—复元村、金虎村、张家大庄—锣喠这三处最明显，据不精确统计单体墓葬应超过百座。这些墓葬基本坐落在低矮的丘岗地带，临近开阔平坦的平原区，海拔高度一般不足60米，距聚落遗址不远，部分保存较好。多数墓葬选择岗地顶部，地表有明显凸起的封土，部分封土上坐落着现代坟，从封土外形上看，大多呈馒头状，封土底部面积集中在20～300平方米之间，相对高度在1.5～3.5米。墓葬成群分布，较密集，特别是干汊河镇的杨家墓葬、清水塘—金石墓葬等几处墓群和城关镇的春秋塘茶林场墓葬群，前者成群分布，密集程度几乎超出想象，犹如安徽江南地区的土墩墓；后者两两相对，规模宏大，最大封土底径超过50米，似一座小山，不仅在本地区而且在安徽都极为罕见，不排除群舒某一舒国国君及家族墓葬的可能。从排列顺序上看，有沿岗脊的成串排列（如高家老坟墓葬群），也有岗顶上的两两相对排列（如春秋塘墓葬群C区），还有少数散布在岗坡、脚处及平地上，等次有序，封土较大的墓葬往往位于岗脊或岗头，余者分布其左右。从墓葬选址地点和分布的规律判断，绝大多数墓葬群，事先经过了精心选址、严格规划。根据现场调查的各类数据以及墓葬本身的特征，初步推测墓葬或墓葬群的年代多数处于春秋至汉代这一阶段，而更早或更晚的墓葬暂未发现。

在复查与新发现的63处遗址中，多数遗址保存较完整，边缘可基本看到文化层堆积。少数保存状况堪忧，甚至面临被毁，遗址破坏主要来自三方面：一是基本建设方面，主要包括工业开发区、公路建设、水塘开挖的破坏，还包括新农村建设中的土地整治、农民建房和砖瓦厂的取土破坏等；二是果林茶树等种植方面的开垦破坏；三是雨水冲刷的破坏。同时，调查期间发现墓葬盗掘较严重。文物保护的任务相当艰巨。

二、关于文化面貌

调查发现的标本和出土物的特征进行粗略归纳，大体上可以划分为三个阶段。

第一阶段：新石器时代晚期

该地区发现的主要是新石器时代晚期遗址，早中期遗址尚未发现。

文化面貌呈现复杂的现象。石器不仅数量少，而且个体较小，多数磨制，器物仅锛、斧、镞等少数几类。玉器零星发现，仅采集到一件小饰件。陶器以夹砂（石英砂）红陶比重最大，少量的泥质陶和黑皮陶，纹饰除素面外，以篮纹为主，大多数器足在器表有划痕、刻槽装饰，主要器形有鼎、罐、豆、甑、鬶、高柄杯等。文化面貌总体与皖西南地区张四墩类型[1]接近。同时在发展过程中又接受了南北不同文化的浸润，从器物形态反映的特点来看，部分遗址采集的陶器如篮纹鼎、侧装扁平三角形足、正面饰多道凹槽的横装扁平鼎足以及泥质黑陶高柄杯等，表明大汶口文化因素已南下影响，而出现的T形鼎足、侧面带有刻划纹的扁三角形鼎足、流行的红胎黑皮陶风格，与良渚文化有一定相似之处。

第二阶段：周代（西周中期—春秋中期）

[1] 北京大学考古系、安徽省文物考古研究所：《安徽安庆市张四墩遗址试掘简报》，《考古》2004年第1期；安徽省文物考古研究所：《安庆市张四墩遗址1997年试掘新石器时代材料补遗》，《文物研究》第十五辑，黄山书社，2007年12月

根据遗址分布和内涵特点分析，大体上分为平原沿河类型和岗地类型两类，其中以前者居多，多土墩型。从遗址分布的海拔高度看，绝大多数在20～50米之间，多数距河流较近。

这一时期的器类仍比较少，除了石器，陶器占大宗。石器数量较少，主要是小型的生产工具如石锛、石凿等。陶器较新石器时代无论器型、质地、纹饰等都有明显变化，器物群的构成、陶质陶色、陶器造型和装饰纹样等方面的特征明显与周边地区并无二致，器物组合主要有鬲、罐、甗、盂、盆、壶等，代表了安徽江淮地区常见的类型，表现出与周边区同时期文化的共同特点，但不同阶段的陶器略有差别，不同器形有着自身发展变化的轨迹，如典型器鬲的口沿由斜折发展为平折、足从锥状发展到柱状、裆部加高等。此外部分遗址还采集到少量的几何印纹硬陶。

大量周代文化遗存的发现为群舒的研究提供了强有力的考古资料证据。经过夏商与西周早期一个较长的文化荒芜期以后，到了西周中期这一阶段，杭埠河流域的聚落遗址数量明显增多，文化呈现繁荣的景象，并持续两、三百年左右，至春秋中期以后，文化又开始衰落，这个时间段正好与群舒在这一地区存亡时间相合，因此可以肯定这种现象应该和群舒在这一地区的活动有着密不可分的关系。

第三阶段：汉代

此次调查发现的汉代遗址很少，采集的遗物零散，故无法从整体上了解这一地区这一阶段的文化面貌。

三、本次调查存在的问题

本次调查虽然在遗址、墓葬登记方面进行了规定，制作了统一的登记表格，规定了必须填写的内容。但在具体操作过程中各调查小组填写情况详略不一，用语也不一致，甚至出现误判、遗漏现象，因此尚不能做到真正的规范、标准和全面，这给后期的整理工作带来了一定难度。发现的各类遗存均采取地面踏查与局部剖面清理相结合的方法，而未使用钻探，更没有经过科学的发掘工作，因此采集的信息还是有很大局限，每一聚落的微观把握明显不足。

调查记录的33处墓葬或墓葬群，单体数量应该超过百座，一些墓葬体量大，成群分布，颇具规模。但是此次墓葬调查是尝试性的，而且没有对记录的墓葬进行钻探，也未经科学发掘，其资料的准确性、全面性明显不够，如墓葬的年代、结构、墓主人身份和族属、墓葬与周边聚落的关系等等，尚没有足够的信息予以说明。

考虑诸多因素，本次调查的范围只选择在舒城县县城西南大约100平方公里的小区域，这一区域也是该县古代文化遗址分布比较集中、数量相对较多的地方，但是本次调查范围仍算偏小，而且也仅仅是这一地区科学的田野考古工作的一个开端，所以我们的工作不能仅此为止，而应在已有调查基础之上，继续稳妥地规划本地区的考古工作，除了有计划完成杭埠河中游及附近地区特别是南港河、清水河等支流流域的调查外，还需要对流经该县另一条重要支流—丰乐河进行调查，因为该流域内多数地形地貌特点比较类似杭埠河流域，过去的考古工作也常有收获。此外，还不能忽视杭埠河下游（即杭埠河与丰乐河交汇后至注入巢湖的一段）临近巢湖的一片广大区域。

通过本次调查，发现一批所不被人知的史前和周代遗址，部分遗址可能在今后的经济建设等人类活动中被遗憾地破坏，所以，我们在区域调查中所得的各类信息就成为研究这一地区史前及周代聚落考古以及其他相关课题的珍贵资料。在获取详细的信息方面，调查仍不能完全取代考古发掘，但可以在更广阔的背景下帮助我们明确发掘目的、选定发掘地点。目前调查收集的资料，反映的有关问题无论从哪个层面上都只能是阶段性的，所以今后一个时期，还要在调查成果的基础之上，选择有代表性的遗址进行科学的发掘工作，不仅从宏观上，而且要从微观上了解杭埠河流域不同时期文化的内涵尤其单体聚落形态，从时间、空间上更准确地把握这一地区早期聚落演变的轨迹及其原因。

此外，由于文物普查工作总体进度的安排，未能投入更多的精力对调查资料进行更深入的研究分析，所得到的认识只是粗浅的，仍有进一步讨论的必要。

调查日志

第一阶段

第一组

日期：2010年12月9日

天气：晴

调查人员：唐杰平(组长)、奚明、卓识雨、李骐、陈坤、方玲、王耐霜

调查区域：调查区域在地图上略呈东西长、南北短的不规则梯形。北靠无名河，西以徐家庄和连三桥中部的乡村路为界，东、南两面是横穿三桥村的机耕路。我们为第3组，1组的调查区域在我们的西面，2组在西南面。

8点，从县城驻地出发，8:20在柏林乡三桥村下车，下车地点位于县城西约8公里处（非直线）。从调查区域的西北角开始，从西向东所有队员一字排开，间距30米，组长居中，从北向南拉网式地面调查。到达最南边机耕路分界线后，最东边队员以其东15米为对称轴，所有队员按排序不变、位置翻转180度，再从南向北拉网调查。如此反复。

在队伍行进到柏林乡三桥村桥庄组时，发现一高出地面约4米的台地，当地俗称"墩庄山头"，小组队员从各自位置走上墩子并分散调查，最先在西南处发现陶片，以此为西南坐标点，采取10×10平方米方格法向墩子其他区域扩展，并采集所有文化遗物，经辨识皆属于周代，因此初步推断遗址年代为周代。台地平面呈椭圆形，面积约7000平方米，东北—西南向，最长轴约在北偏东75度，顶部斜平，东高西低，底大顶小，墩子北部、西部有宽约5米的阶地，致使整个墩子略呈两层"蛋糕"状。墩子顶部分布成排经济林和约30座现代坟。墩子高出地面处较陡直，剖面长满杂草，难以辨识文化层。墩子四周为平坦的农田和零星民房，西北约258米处有东北—西南向的无名河流经。

墩子东北约10米处有一小墩，东西略长，近百平方米，上面种满蔬菜，没发现文化遗物，与此墩是否有关不能判断。

调查完以上两个墩子已经12点多，走回调查区域南界的机耕路，结束上午的调查。

下午吴卫红老师加入本小组。在上午结束的地点下车，并从桥庄、杨庄之间的小路进入农田，8人东西向一字排开，间距50米左右，从南向北拉网式调查。在距机耕路约250米处发现一高出地面约2米的台地，队员从各自的方位集中到台地上，分散寻找文化遗物。组长唐杰平首先发现陶片，以此陶片位置为坐标基点，向四周布10×10平方米的方格，每位队员负责一南北向的方格，采集所有文

化遗物并记录此方格西南角坐标。台地平面形状略呈圆形，面积6000多平方米，顶部平坦，为一树林，东部高出周围农田约2米，文化层明显，刮出一个剖面，并采集到两块陶片，西部呈一缓坡与农田相接，坡上被开垦成菜地。此墩俗称"杨庄大墩"，与西面的"墩庄山头"东西相望，两墩相距约80米。

调查完杨庄大墩接着按计划路线行进。到墩王庙附近，由于水渠的分隔，调查组临时分为两股，唐杰平、奚明、陈坤、方铃按原路线进行，其余人在水渠东部南北向一字排开，东西向行进。在高庄东北部发现一略高于地面的台地，墩顶树叶、杂草覆盖，能见度很差，队员集中到台地上分散寻找文化遗物，但未有发现。

继续按原计划向前推进，17:10左右完成整个调查区域，工作结束后乘车返回县城驻地。

（记录：王耐霜）

日期：2010年12月10日

天气：晴

调查人员：唐杰平、奚明、卓识雨、李騉、陈坤、方玲、王耐霜

调查区域：今天的调查区域位于昨天调查区域西南，东边以棠树乡寒塘小学前的机耕路为界，南边至横穿寒塘村的机耕路，西、北至穿过寒塘村的小河。主要地形为一南北向岗地，海拔不足50米，与杨家岗头为同一条岗地延伸部分，两者之间被一条无名河隔断。

上午在寒塘小学前机耕路的最北端下车，队员由东向西一字排开，间距30米左右，从北向南开始网式调查。岗地顶部由于土地整治，地表黄土裸露。令人喜出望外的是，组长唐杰平老师首先在其东面坡上找到一块红色夹砂陶片，后又向四周搜寻，在其不远处再发现一灰色夹砂侧装鼎足，初步判断此处是一处新石器时代遗址，也是调查队最早发现的新石器时代遗址，于是组长集中其他队员，以发现第一块陶片处为遗址总坐标基点，用$10 \times 10 m^2$方格法向其他区域扩展，采集所有文化遗物并测点填写标签，岗地东边的坡上共布$10 \times 10 m^2$方格28个，发现文化层清晰剖面1个。此后向岗地顶部延伸布方格，在采集$10 \times 10 m^2$方格31个后已经中午12点多，在做到的采集点处做好标记，结束调查。

下午吴卫红老师加入到本组，13：20左右到达上午标记处，继续采集文化遗物，又做了$10 \times 10 m^2$方格14个，最后确定了遗址的大致范围。在采集遗物的同时，卓识雨测量遗址的面积，拍摄遗址特征照片。此遗址位于棠树乡寒塘村锣喧村民组，南距穿过村中的东西向机耕路约200米，北靠无名河，西距蟠龙墩遗址约500米。由于村民耕地取土，局部遭破坏，遗址形状不规则，东西略长，面积6万多平方米。

调查完锣喧村民组遗址后，吴老师离开，组员分为两个小组，卓识雨、李陶、方玲向西拉网调查，重点是与蟠龙墩隔河相对的土墩子，其他人东西向一字排开，向北拉网调查。卓识雨在与蟠龙墩相对的墩子处发现一断面，文化层清晰，队员集合到墩子。该土墩位于寒塘乡渠西村民组，略成圆形，顶部平坦，西北部略高，被利用成菜地。东部由于村民修路，暴露出大剖面，遗迹现象明显。于是对墩子进行面积测量，文化遗物采集，对剖面照相、绘图、遗物采集，填写剖面登记表。

离开墩子，所有队员回到原先位置，继续向北部小河处拉网调查。5点左右到达小河，结束调

查。（记录：王耐霜）

日期：2010年12月11日

天气：晴

调查人员：唐杰平、奚明、卓识雨、李陶、陈坤、方玲、王耐霜

调查区域：昨天未完成的余下部分

8点，队员于徐家庄村下车，从一条乡村水泥机耕路南边开始调查，大致东西向一字排开，间距40米左右。不久，李陶在杨家岗头西北边缘，首先发现陶片，所有成员向四周展开搜寻，在西坡陆续发现大量陶片、鼎足及一件石斧，遂确定此处为遗址。

9点左右，遗址得以确定之后，吴卫红老师加入调查。成员开始四处寻找文化遗物，以确定遗址范围，据唐杰平初步估算，遗址范围约为20～30万平方米。由于遗址范围较大，而且整治土地致使大量文化遗物暴露地表，于是经研究决定采取随机采集法。在一些队员采集遗物的同时，卓识雨开始对遗址进行拍照。上午除大量陶片、鼎足之外，又发现两枚石镞及一件石锛。

12:15，该遗址遗物采集的工作基本告一段落，队员集中到附近就餐。

13:20，队员返回遗址现场。奚明开始利用GPS对遗址面积进行测量，同时，其他队员继续对遗物进行采集，主要采集区位于遗址顶部。

15点，采集全部结束，奚所长亦对整个遗址的面积测量完毕，总面积约为22万平方米，北据连三桥，南至寒塘北无名小河，东临岗头，西与蟠龙城隔渠相望。

15:10左右，队员离开杨家岗头村民组，向东北方向展开搜寻，途中遇有四个岗地，经过调查，均没有发现陶片等遗物。

17:00，调查结束，乘车返回驻地。

日期：2010年12月12日

天气：小雨

调查人员：唐杰平、奚明、李駒、王耐霜

调查区域：一处丘陵延伸出的狭长岗地，呈西北东南向，位于舒城县城关镇河口村至卓山村范围内，西北距县城约20公里，东临春秋塘，距206国道舒城—桐城段400米。

早上出发时下小雨，为方便调查，三个调查组分为7个小组，对城关镇东南春秋塘附近的可疑墓葬群进行集中调查。本小队负责C区岗地，我们在206国道杨家大庄附近下车，绕过春秋塘北部来到河口村，开始调查。调查组从河口村登上第一个隆起土岗，队员分散查看地形，寻找文化遗物，没有发现，就沿岗地延伸方向，往东南方向行走，在乔家庄村民组境内，一个隆起看似不自然的土包，引起大家怀疑，唐杰平队长用手铲在局部刮出剖面，呈现出"表层土—黄土—褐色带黑点土"的地层特征，但褐色土颜色不纯，局部有白斑，与之前调查中看到挖水渠暴露出的这种土有细微差别，疑似为墓葬的五花土，因没有清晰剖面或钻探，此处定为疑似墓葬，并用GPS测了有关数据。再往前走的途中，有两处农民储水（肥）的小坑，调查队员用手铲在坑壁上刮出剖面，地层堆积特征与第一处相同，只是土质土色略有不同。在往卓山村方向的途中，又发现两处疑似墓葬的隆起，分

别采集了相关数据并对其编号。

11：30左右结束调查。

下午雨势较大调查工作被迫暂停。

日期：2010年12月17日

天气：晴

调查人员：唐杰平、奚明、卓识雨、李骐、王耐霜

调查区域：今天的调查区域东临徐庄、西姑庵段乡村公路，南临横穿大院村的机耕路，西北以一条无名沟渠为界，整个调查区面积大约1.5平方公里。

8：16，在纵贯寒塘村的机耕路最南端下车，步行至三叉沟村，从村中小路下到水田，五名队员东西向一字排开，间距大约50米，从南向北展开拉网式调查。进行到南界机耕路再按队形、间距不变，从北向南拉网。如此反复。

今天调查区域的主要地形是平地水田，视野开阔，可视度较好。在三叉沟东部的一处水塘边上有十几座现代坟，未发现古代文化遗物。西干渠的渠堤高出两边水田大约1.5米，上面被利用为菜地，未发现遗物。大约10:30抵达调查区的最东边，从北向南拉网调查后队员集中到第三次文物普查已发现的西姑墩遗址，对遗址的地形、地貌进行观察并拍摄照片，同时采集遗物。11:40调查结束到附近就餐。

下午继续调查西姑墩遗址，在其西部选择一个点，作为遗址总坐标基点，向南北方向布10×10平方米网格，每个队员负责一个，采集全部遗物并测点、记录。西姑墩遗址位于舒城县干汊河镇绕山村安南村民组，东部紧邻水塘，水塘中部一条小路与横穿西姑庵的乡村公路相接，遗址距乡村公路大约50米，南200米处是横穿大院村的机耕路。遗址属典型的土墩形台地，四周均为水稻田，相对高差约3～4米，平面形状略呈椭圆形，东西长于南北，遗址东、南、西三缘坐落现代坟，东北角为一座现代瓦窑（已废弃），北边有一处小水塘，可能是窑厂取土形成，水塘南面暴露出大面积剖面，种有树木，剖面文化遗物较丰富。采集的遗物基本属西周到春秋时期。

下午17:25结束调查。

日期：2010年12月18日

天气：晴

调查人员：唐杰平、奚明、卓识雨、李骐、王耐霜

调查区域：今天的调查区域东、北、西三面以水渠或无名河为界，东部是北干渠高庄至塘堰村段，北部是上畈墩至高庄段，西部是上畈墩至周邨树段，南部是横穿周邨树村、塘堰村的机耕路。东部边界与317省道基本平行，距317省道约500米，草塘村至塘堰村的乡村公路南北向穿过调查区域中部，水渠大致东西向横穿调查区域，乡村公路、水渠将整个区域分为四块。

上午在草塘村中部的乡村公路下车，队员在公路东侧南北向一字排开，间距50米左右，从西往东展开拉网式调查，到达东部边界后按原来的队形、间距从东往西拉网。在莲墩村管垱村民组东南部，有一高出周围农田约1.2米的南北向较长、平面近似方形的墩子，在西北部和东南部发现剖面

（分别命名为P1、P2），文化层清晰，并伴出有陶片，断定此处为遗址。卓识雨对剖面进行拍照、记录，其他队员对墩子上的文化遗物进行采集，测量坐标点和遗址航迹。遗址面积约6100平方米，西部略高，顶部平坦，顶部被改造成现代农田（水稻、油菜），北缘外有一处林地（杨树、板栗树），西侧约100处是村庄，东南部有七处现代坟，北干渠绕墩遗址东、北边而过。

调查完管垱遗址，队员一字排开向西拉网调查，在距遗址六十多米处，采集了三处散点。散点从地形上看，近似方形，高出周边农田0.5米至1.1米，其上是旱地。因与管垱遗址距离较近，判断可能是同一遗址，被农民取土、平整土地破坏，成为现在外形。

上午把北侧的区域调查完，十一点半左右结束工作。

下午从一无名水渠的最西段开始调查，队员东西向一字排开，间距约30米，南北向拉网。孙家庄的西部有一低山，队员从不同方向上去寻找文化遗物，没有找到，继续按原定计划走，在一处农田田埂边采集一散点。孙家庄山场村民组建在一处东西较长的独立长岗上，民房围绕长岗边缘而建，岗地中部地势较高，未被利用，为杂草丛生的荒地，长有稀疏的板栗树，由于村民采石、取土，致使岗地顶部地表沟壑纵横。队员从不同方向上到达村子中部的岗地上，在顶部西南侧发现一高出地面约3米的土堆，从岗地南坡向上观察土堆剖面，发现其堆积土质较杂，呈红褐色，夹大量粗砂，局部有白灰，怀疑此土堆为墓葬的封土，对其暴露的剖面进行拍照、记录并采集文化遗物，年代无法确定。随后队员继续分散寻找文化遗物，随机采集并记录。墩子东部因村民取土形成一处30多米长的大剖面，略成南北向，剖面北部有一长约1.5米的灰土层，出土一件石器，剖面其他区域出土一夹粗砂红陶的侧装鼎足，遂确定此岗地为遗址，命名为山场遗址，队员对剖面进行遗物采集、拍照、记录，并采集了灰土层的土样。

山场遗址调查结束后，队员继续向东拉网，大约五点钟后完成今天的调查区域。

日期：2010年12月19日

天气：晴

调查人员：唐杰平、奚明、卓识雨、李骐、王耐霜

调查区域：今天的调查区域大致成东北西南向的长条形，东南紧靠杭埠河，西北边是317省道，东至干汊河镇，西至张大郢村，面积约2.5平方公里。主要地形是平地水田，只有在瑜城村范围内有两个独立岗地，一地名黄山，另一个是周瑜城遗址。

早上在317省道上的张大郢村下车，走到西北东南向的机耕路，队员沿路的方向一字排开，从西往东进行拉网调查。由于地形平坦，大多为水田，队员间距50米左右，并根据视野和路况适当调整。在穿过瑜城村乡村公路的东边，有一大一小两个独立岗地，南边的稍小，当地人称之为黄山。黄山岗地南部布满现代坟，其上杂草丛生，夹杂少量低矮灌木，其他区域为现代民房，房屋周围种有红枫、板栗、云杉等落叶树，北部边缘有生长有竹林。队员集中到黄山岗地寻找文化遗物，没有发现，于是继续向北走，至周瑜城遗址。

周瑜城遗址位于干汊河镇瑜城村东畈村民组，东北距干汊河镇约2公里，南距黄山约40米，距杭埠河约500米，西距317省道约500米，地表遗物丰富，因当地传说此处是周瑜的故乡，故名周瑜城遗址，但遗址具体年代不确定。遗址坐落在一个东南部较陡，其他区域较平缓的独立岗地上，平面整

体成弧角方形，方向约北偏东30度，最高处在中部偏南位置，为一个高出周围的圆形台子，面积约3000平方米，台子被现代民房占用，前些年为一所小学，现改为养殖场。从遗址顶部看，遗址四周有一圈高出地面约一两米的土埂（局部高出外围地表3—4米），土埂有多个缺口，东、南部的土埂因当地村民建房被破坏严重，土埂的性质及建筑年代因没有解剖和钻探，无法确认。上午十点半左右，调查员从遗址西南部的土埂缺口处进入遗址，进行地面踏查，对遗址的地形、地貌、地表特征进行拍照。后从遗址北部土埂缺口处走出遗址，沿遗址边缘绕遗址一圈，观察遗址现状并拍照、记录。遗址北缘外侧为水稻田，东缘外侧为水塘，西、南部边缘外侧为水稻田和荒地，部分地段为林地和旱地，其上种有树木。

十一点半结束上午的工作。

下午继续调查周瑜城遗址。遗址顶部养殖场两侧被开发成旱地，地表裸露，遗物丰富，但大多是近现代瓦片、瓷片。遗址西部大部分被野草覆盖，可见度极差，东部、南部则为荒地、树林，遗物寻找也很困难。在顶部通向外边的南北向道路的东缘，刮出一个小剖面，剖面夹有红色夹砂陶片，对剖面进行了拍照和采集。同一条路上，也即遗址北侧土埂被破坏形成的缺口东壁，形成一个明显剖面，稍作清理，剖面文化层明显，但不见陶片，只是局部有红烧土颗粒和碳粒，调查队员对剖面划分地层、拍照、记录。

调查完周瑜城遗址，队员向北走，南北向一字排开，从乡村公路下到田间，继续向东拉网调查。在周瑜城遗址北部约250米的瑜城村胜利村民组，调查队员发现一处小水塘边的民房，地形明显高出周围地面，遂上去察看，发现大量绳纹陶片和平跟鬲足，确定此处为遗址，对文化遗物进行随机采集。在该遗址的西部边缘，还发现暴露的剖面，用手铲刮后划分地层并拍照、记录。

调查完胜利遗址，队员南北向排开接着向东调查。在胜利遗址东部约300米有一处旱地，高出周围农田0.8～1米，上为菜地，可见度较好，采集到夹粗砂红陶和鼎足，定位散点。散点北部为干涸的水塘，深度较浅，东边为竹林，西边、北边为水田。

接着向东调查，没有发现可疑地点，四点半左右结束调查。

第二组

安徽省第三次全国文物普查区域系统调查培训班，于2010年12月7日上午8：30在安徽省舒城县新贵大酒店三楼会议室开班，通过两天的理论学习和技术准备，12月9日上午7：30准时外出调查。本次调查共分三个调查小组，我所在的为第二小组，现将调查日志记录如下：

2010年12月9日

天气：晴

调查人员：乔国荣（组长）　齐泽亮　朱锐　丁太平　汤雷　谢军　余飞

地貌概况：今天调查的区域为舒城县棠树乡三桥、寒塘两行政村的部分村民组。该区域约2.2平方公里，北为低矮的丘陵岗地，南半部分为水稻田，其间有两条小河流东北西南向穿过南半部分。

调查方式：一字形列队方式，间距30米，因地形原因偶有调整，但总体是按要求保持队形的。

调查手段：拉网式地表踏查，GPS定位，队员相互之间用对讲机联络，有重要的文物点或地表遗存丰富的区域，集中调查，对发现的各文物点和重要遗存用数码相机进行拍摄并按照相登记表逐一进行登记。

文物点情况：

1. 蟠龙城遗址

该遗址位于两条小河之间，由两部分组成，东为箩筐式，向西开口，口部再向西100米外还有一处100米直径，高7米的土墩，土墩东剖面存在大量红烧土，在箩筐式北侧遗址地表存在大量麻布纹陶片，鬲足和鼎足，面积约70000平方米。

2. 大鼓墩遗址

该遗址位于岗地和水稻田结合处，圆形，直径约80米，高约6米，有一东西向小河在该遗址南侧向南转弯，小河虽不宽，但有近5米的深度。遗址暴露的剖面文化层较清晰，陶片等遗物较丰富。

3. 徐家庄古墓葬

该墓葬地表有少量陶片和瓦砾遗存，地势较四周突出，南临一口南北向水塘，北临徐家庄。

4. 赵庄古墓葬

该墓葬群位于蟠龙城遗址南150米，为一处圆形土墩直径约25米，高出地表3米，圆墩地表可见两处突出的土丘，土墩剖面均为回填的无花土质，地表土质松软，可见多处冲沟，该土墩南侧紧临一独立土丘，土质相类。

其他文物情况：

除上述文物点外，还有青年碑古墓葬、袁庄古墓葬、大鼓墩古墓葬、大鼓墩散点、苏庄古遗迹、不明土墩等疑似文物点，总之该区域土墩形遗址和土墩形墓较为丰富，上述文物点也均有此特点。

2010年12月10日

天气：晴

调查人员：乔国荣 齐泽亮 朱锐 丁太平 汤雷

地貌概况：今天调查的区域为舒城县棠树乡西村的部分村民组。该区域约2平方公里，多为丘陵岗地和稻田地，其间有一条小型河流东北西南向穿过。

调查方式：一字形列队方式，间距30米，因地形原因偶有聚散，但总体是保持队形的。

调查手段：拉网式地表踏查，GPS 定位，队员相互之间用对讲机联络，有重要的文物点或地表遗存丰富的区域，集中处理，对各文物点和重要遗存用数码相机进行拍摄并按照相登记表逐一进行登记。

文物点情况：

1. 中东遗址

该遗址位于稻田中央，圆形台地，高出地表1.5米，面积约3000平方米，地表可见商周时期的陶器残片和鬲足。

2、南塘坎南土墩墓

该墓葬位于南塘坎南端，为一处独立的大形封土墩，高3米，在土墩边沿发现一鬲足。

3. 大塘水库大堤北土墩遗址

该该遗址位于稻田中央，圆形台地，高出四周地表1.2米，面积约3000平方米，地表可见商周时期的陶器残片和鬲足。

4. 南塘水库古墓葬

该墓葬位于南塘水库中心，为一处独立的圆形封土堆，高约5米，土堆中央有一条南北向小路穿过。

2010年2月11日

天气：上午晴，下午晴转多云

调查人员：乔国荣　齐泽亮　朱锐　丁太平　汤雷

地貌概况：今天调查的区域为舒城县棠树乡墩塘村、干汊河镇大院村、龙山村的部分村民组。该区域约2.5平方公里，除万咀子、狗屎岗两处岗地外，其余均为水稻田，调查区域东南部有一条干渠西北东南向穿过。

调查方式：一字形列队方式，间距30米，因地形原因偶有聚散，但总体是保持队形的。

调查手段：拉网式地表踏查，GPS 定位，队员相互之间用对讲机联络，有重要的文物点或地表遗存丰富的区域，集中处理，对各文物点和重要遗存用数码相机进行拍摄并按照相登记表逐一进行登记。

文物点情况：

1. 墩塘遗址

该遗址位于墩塘村南侧150米处，为一锥圆形高台地，高出地表4米，面积约4500平方米，西侧紧邻一口水塘，塘堤南北向从遗址中央穿过，地表可见各种商周时期的陶片和鬲足。

2. 谭家冲墓葬

该墓位于谭家冲东北200处，是一处独立的封土堆，大部已被挖毁，封土仅存三分之一，该墓北侧曾有汉墓被掘。

3. 赵庄汉墓

该墓区，原为一处椭圆形高台地，近日被农田改造推平，地表多处可见汉墓砖块，还有近代墓葬，此处应为一处年代跨度较大的墓葬群。

2010年12月12日

天气：小雨

调查人员：乔国荣　余飞　方玲

专题调查：春秋塘周边区域墓葬分布情况调查

调查区域：舒城县城关镇卓山村太平窑厂、卓山村、邓家小庄、邓家老庄、卞庄、徐家庄一带。

调查结果：在太平窑厂西南发现一处墓葬、在太平窑厂西北发现一处遗址。

北家山坎古墓葬：该墓底径：30米，高3米，坡度四周位置不同，坡度也有较大的变化，北缓，南陡（南边因修路，部分封土被取走）。

太平窑厂遗址：此土墩，近似圆形，最大底径120米，高8米，四周均有一定高度的垂直高差，垂直高度不等，封土堆最高顶部偏南，整体形状不规则，因为地表杂草丛生，无法拣检地表遗存器物，从该土墩的孤立性、不规则性分析，应考虑该土墩为一处古代遗址，墓葬的可能性不大。

2010年12月13日
天气：小雨
上午去舒城县文物所参观文物，下午各小组制作12月13日调查的交流课件，清洗文物标本。

2010年12月17日
天气：晴
调查人员：乔国荣　齐泽亮　　朱锐　丁太平　汤雷　　余飞
地貌概况：今天调查的区域为舒城县干汊河镇大院村陈家大院、平塘、赵小庄、香树庄、山塘庄、鲍家墩、新塘、周家庄、陶家小庄和月牙塘以东陶庄以北一带，约2平方公里。

调查方式：一字形列队方式，间距30米，因地形原因偶有聚散，但总体是保持队形的。

调查手段：拉网式地表踏查，GPS 定位，队员相互之间用对讲机联络，有重要的文物点或地表遗存丰富的区域，集中处理，对各文物点和重要遗存用数码相机进行拍摄并按照相登记表逐一进行登记。

文物点情况：

1、鲍墩遗址

该遗址位于鲍家墩西北角，西北方向紧邻一条小河，在遗址地表采集了一定数量的陶片和鬲足。

2、新塘古墓葬

该墓葬位于新塘庄西北侧，为相邻100米的两个土墩，西北的土墩为圆形，径约50米，高2.5米，剖面为明显的五花土质，另在剖面发现一块汉墓砖，东南角土墩形状不规则，有明显凸起，高约1米。

2010年12月18日
天气：晴
调查人员：乔国荣　齐泽亮　朱锐　丁太平　汤雷　　余飞
地貌概况：今天调查的区域为舒城县干汊河镇莲墩村山塝、红庄、宋庄、庙墩、友谊、新塘、桥楼、余庄、余家大庄、陈家大庄、张家庄、彭庄一带，约2平方公里。

调查方式：一字形列队方式，间距30米，因地形原因偶有聚散，但总体是保持队形的。

调查手段：拉网式地表踏查，GPS 定位，队员相互之间用对讲机联络，有重要的文物点或地表遗存丰富的区域，集中处理，对各文物点和重要遗存用数码相机进行拍摄并按照相登记表逐一进行登记。

文物点情况：

1. 山塝庄南土墩

该土墩径约90米，高10米，顶部平，西侧发现一块泥质夹沙红陶片，顶部地表发现大量石莹石，大小不等，形状不规则。

2. 庙墩遗址

该遗址就是庙墩村庄所在地，为一处不规则形高台地，高出地表1.5～2米，北邻一条东西向河流，地表可见鬲足、陶片等器物。

3. 万家墓葬群：

该墓葬群位于彭家庄西北，有4个比较大的土墩组成，剖面为五花土质，初步判断可能是一处汉代墓葬群。

2010年12月19日

天气：晴

调查人员：乔国荣　齐泽亮　朱锐　丁太平　汤雷　余飞

地貌概况：今天调查的区域为舒城县干汊河镇绕山村以南区域，调查区域中间有一条西南—东北向的河流经过，该区域为典型的水网稻田地，地势平坦舒缓，调查区域约2.2平方公里，在河流东侧发现三处高出地表的土墩，经调查，一处为新石器遗址，其余两处为商周遗址。

调查方式：一字形列队方式，间距30米，因地形原因偶有聚散，但总体是保持队形的。

调查手段：拉网式地表踏查，GPS 定位，队员相互之间用对讲机联络，有重要的文物点或地表遗存丰富的区域，集中处理，对各文物点和重要遗存用数码相机进行拍摄并按照相登记表逐一进行登记。

文物点情况：

1. 高塘埂遗址

该遗址为圆形，径约50米，高出地表1米，面积约2000平方米。地表可见一定数量的陶片和鬲足，初步判断为商周时期的遗址。

2. 柿子树遗址

该遗址为圆形，径约60米，高3米，地表土被大量取走，形成三层台面。剖面文化层明显可见，有大量的红烧土块和陶片，地表还发现一定数量的陶片和鬲足，初步判断应为商周遗址。

3. 佘家庄遗址

该遗址近似圆形，高出周边农田1米，地表现为杨树林，面积约5900平方米，地发现一定数量的陶片，和各式鬲足，时代特征明显，为一处新石器时期遗址。

第二阶段

2010年12月21日

天气：晴

调查人员：李陶　齐泽亮　张艺君　郭斗　丁太平　刘腾飞　解华鼎

调查区域：干汉河镇绕山行政村和柏林乡马松村，整体平面为三角形，东南以张干渠，西北以干秦路，北以胡家庄和张家庄村民组为界，总面积约2.2平方公里。区域内的农业生产以水稻种植为主，地势上总体是西北部较高，东南沿张干渠地势较低，高差约为5米，面积比约为1:1。

调查路线：将整体区域以金塝、梅小庄、邓小庄、谢家庄、张家庄村民组为界分成上下午调查的两部分。上午调查部分为区域调查的西北部，地势较高，并在面向张干渠较低部分发现遗址两处，分别为梅小庄遗址和蛮塘遗址。下午调查部分地势较矮，地势较低，并在两个区域调查相交接处（高地到低地过渡处）提高调查密度。

调查成果：（遗址2处）

梅小庄遗址

遗址位于舒城县干汉河镇绕山村梅小庄村民组北部（西安80坐标为N3479733；E0487629；H23米；误差3米）。遗址平面略呈圆形，面积2000平方米，南、西北三侧有水塘环绕，东部为较为开阔的低地。遗址平地起墩，为林地、荒地，分布有现代坟，地表可见度极差。遗址共布两个采集区，并做有剖面一个（编号梅小庄遗址P1）。采集标本多为灰色陶片，纹饰以绳纹为主，少量弦纹，据此年代暂定为商周时期。

蛮塘遗址

遗址位于舒城县柏林村马松村蛮塘村民组西侧40米（西安80坐标为N3480330；E0488045；H31米误差3米）。遗址平面为不规则状，面积1440平方米，地势西高东低，相对高度40—90厘米。遗址平地起墩，为林地、荒地，分布有现代坟，地表可见度极差。遗址未布采集区，并做有剖面一个（编号蛮塘遗址P1）。采集标本多为灰色陶片，纹饰以绳纹为主，少量瓦楞纹，据此年代暂定为战国至汉时期。

2010年12月26日　星期日

天气：晴

调查人员：唐杰平（队长）（调查区域划定、线路设定、日记、照相、确认）、齐泽亮（采集登录）、郭斗（照相、调查）、张毅君（遗址、墓葬、断面记录）、刘腾飞（调查）、解华顶（调查）

上午8点沿舒六公路西行到达调查区域，我们采取30米的间距拉网调查，首先来到大墩遗址，遗址位于舒城县柏林乡大墩村大墩村民组东南，北距省道舒六公路约50米，东侧45米有一南北向无名小河，西侧5米为通向长风牧业舒城种猪场（南距遗址50米）。紧邻遗址北侧为一排东西向平房，东侧是水稻田。遗址为典型土墩形，平面形状近圆形，顶部隆起呈馒头状，西部因取土而破坏。遗址顶部被当地村民开垦为旱地，种植油菜、蔬菜，周缘生长杂草与杨树。遗址面积（底部）约2800平方米，，顶部高出周边地表约2～3米。采集的陶片属商周时期，另见少量红烧土（块、粒）。通过铲刮遗址的西南角的断面，可见文化层堆积的基本情况。该遗址年代应为商周时期。该遗址由舒城县文物所在第三次全国文物普查时发现。

大墩遗址调查结束后，调查队由东向西行进，仍按30米（部分区域50米）的间距进行拉网调查，后在大墩村邹家庄村民组发现两个散点，两者东西相距约120米，东为一土墩，底部面积约560平方米，局部被破坏，暴露的断面未见明显文化层堆积，只在土墩表面采集到一黄绿釉四系盘口壶口部（隋唐时期），综合判断此墩可能为一墓葬，但时代暂无法确定。西部的散点为一长方形土墩，高出周边地表约1.2～1.5米，面积约1005平方米。四周断面也未发现文化层，只在土墩西南角采集两块陶片，其中一块为绳纹陶片，故将此墩作为散点。

继续西行，在邹家庄散点西南约700米处，发现一土墩，经现场踏查，确认为一遗址。该遗址为一典型土墩形。位于舒城县柏林乡花城村墩南村民组西北部，西北距花城遗址约300米，遗址东侧100米有一条南北向小河（基本干涸废弃），南段有一东西向道路，道路北侧为现代民房，遗址四周均为水稻田，西部兼有水塘。墩南遗址保存一般，南半部因当地村民建房修路而取去，遗址平面形状近椭圆形，隆起呈馒头状，顶部海拔29米，顶面高出四周地表约3～4.5米，其被开垦为旱地，主要种植油菜，另生长杨树和杂草等植被。从遗址地表与断面采集到商周时期的陶片（其中含几何印纹陶），可辨器形有鬲、罐、豆、鼎等，以夹砂红褐陶居多。此外可见红烧土块和颗粒、炭粒。在遗址南部可见因取土形成的文化层断面。综合判断墩南遗址的年代为商周。该遗址属于此次区域系统调查新发现。

下午对花城遗址进行详细的调查。调查队采取10×10平方米的方格收集所有地表文化遗物，并结合观察有关剖面。对遗址的性质、文化内涵、年代做初步的分析判断。花城遗址位于舒城县柏林乡花城村境内，北距舒六公路约80米，东、西、南三面为成片的水稻田，紧邻东、西、北三垣为护城河（间有隔断），南垣外的护城河已被改造成农田。整个遗址呈正方形，四周土垣保存较完整，西北垣和东北垣破坏较重，部分已被夷为平地。南、北两垣略宽于东、西两垣，土垣高出城外周边地表约2.5米，城内地表高出城外地表约1.0米。在四垣存有多个缺口，但通过认真分析，四垣当时应各筑城门一座，其中北城门保存较好（门外似有通往北部的道路）东、西城门并非在城址的中轴线上，而是偏向南（即现代水泥道路）。城内地表平坦，只在东南角和中东部有两个土墩（编号D1、D2）。此外城内南部有一排紧靠道路的东西向民房。花城遗址面积（不包括护城河）约28万平方米。城内和城垣地表文化遗物极少，只是采集到少量的商周、汉代、宋代和明清时期的陶瓷片。同时对城垣暴露的断面进行观察，发现人工堆积明显（是否施夯暂不知），土质很纯，城垣土层超过四层，土质较黏，质较硬，土色不同，以黄、褐色为主，第二、三、四层土内均夹杂白土块。综合各类迹象判断，花城遗址的年代可早至商周，汉代、宋、明清皆有人在此活动，但城垣形成的年代还无法做出准确的结论。据舒城县志记载，花城遗址在宋代为当时舒城通往六安的一个屯兵据点（花城遗址附近另有两座同类的城址），而且当地村民在进行耕作时曾发现过水井、道路等建筑遗迹，遗憾的是此次调查未有这方面的新发现。花城遗址由上世纪八十年代舒城县文物部门调查时发现，现为省级重点文物保护单位。

2010年12月27日　星期一

天气：晴

调查人员：唐杰平（队长）、卓识雨、李骝、刘腾飞、郭斗、张毅君、徐大珍、解华顶

调查区域：26日调查南部

上午，调查队乘车来到需要调查区域的中部，此地有一东西向的乡村水泥道路，在石井村东约两百米处下车，沿着一小河流的西边往道路的北部调查，考虑这一地块为低矮略隆起的岗地，调查队员采取50米的间距，一字形东西排开，拉网式调查，调查至小河流北缘再折回向南。下午调查队采取同样的方法，对水泥道路南部进行拉网调查。两个区域均为发现文物点。最后调查队又来到26日调查的花城遗址，对城内的两个土墩进行仔细现场踏查，发现南部的一号墩形状较规则，即墩子北部边缘呈现三个900转角，而且在土墩南缘中部有一向北呈半圆形的缺口，这两种迹象均应人为形成，调查队推测这一土墩可能是建筑基址，至如是何类性质的建筑则难以断定。北部的土墩（D2），形状十分规整，略呈圆形，顶部略宽平，地表文化遗物难见，因此该土墩也应属于人工堆筑形成，其用途仍无法确定。一号土墩和二号土墩极可能是同一时期的人类活动产物。

2010年12月28日　　星期二

天气：晴转多云

调查人员：唐杰平（队长）、卓识雨、李骝、解华顶、郭斗、刘腾飞

调查区域：后河。

上午8点半，调查队乘车沿着27日调查区域中部的水泥道路由东向西到达今天调查区域的西北界，即南北向后河（当地称呼）东边。然后按照拉网式方法，30米的间距自西向东依次排开进行地面搜寻。大约九点钟左右，在后河东240米、岗头村民组西南约180米处，发现一土墩，唐杰平首先对该墩地表进行踏查，发现周代的陶片和红烧土，随即召集所有队员向该土墩集中，采集资料与信息。该土墩属舒城县干汉河镇新陶村头涵村民组，故称头涵遗址，为一典型的土墩形遗址，底部面积经GPS测算约1817平方米，底部稍大于顶部，南北长于东西。顶部海拔24米，高出四周地表约4米，其被垦为旱地，种植油菜、棉花等经济作物，周缘生长杂草与小树。因未钻探同时也没有文化层明显暴露，所以遗址的垂直堆积不清楚。地表采集的文化遗物绝大多数是商周时期的陶片，以夹砂红褐陶居多，另有少量的泥质陶，除素面外，可见绳纹（包括间断绳纹）、云雷纹、附加堆纹等，可辨器形有鬲（平跟）、豆、罐、壶等。

上午11点左右，在头涵遗址东约500米处，即干汉河镇新陶村窑墩村民组南100米的低矮岗地东头采集到一红陶片和一宋代瓷片，但未发现文化层堆积，因此，调查队将此处作为散点予以记录。

下午，在调查区内东南发现一处遗址，属干汉河镇新陶村上圩组，故称上圩遗址。遗址东北距上圩组和黑虎城遗址分别约150、450米，南邻一东西向小河沟，四周均为农田（主要种植水稻、油菜等）。遗址所在的地貌为一东西向低缓的岗地边缘。经GPS测算遗址面积约1807平方米，顶部海拔23.2，高出四周地表约0.5～1.0米。遗址保存一般，西部因当地村民耕作或取土而缺失一部分。遗

址由北向南渐低，顶面平坦。由于地表没发现文化遗物，而且遗址与东、南、北三面地势趋平，无法判定遗址原有的形态与范围，我们只能从现状做出粗略的计算。在遗址西部被破坏形成的断面，经铲刮可见地层堆积特征，其中第三层为早期文化层，出土的陶片有绳纹红褐陶、泥质灰陶豆柄等。综合判断，该遗址的年代为商周时期，属于依托岗地近水的墩形遗址。

2010年12月29日　星期三

天气：晴

调查人员：唐杰平（队长）、卓识雨、李驹、郭斗、张艺君、刘腾飞、解华顶、徐大珍

调查区域：城关镇金虎村及周边地区。该区域北部属低矮的丘陵岗地，而南部地区则为开阔平坦的平原，有多条小河从其间流过，同时散步多座现代村庄。

调查结果：上午，主要调查南部区域，通过拉网式踏查，未发现任何文物点，11点左右，调查队到达北部岗地，在岗地西段（夏家大庄组）发现土墩，怀疑其为墓葬，通过对土墩残存的断面进行铲刮并询问当地村民，最后确定该土墩为一古代墓葬的封土，但年代不清，随后对墓葬做记录、编号。

下午，继续沿着这条东西向的岗地调查，结果又发现三处土墩，该三处土墩与上午发现的土墩封土相似，距离较近，地形基本一致，故将这四座封土堆墓葬定为一个墓葬群（金虎墓群），从西到东分别编号D1、D2、D3、D4。对D2—D4也作了详细记录。

2010年12月30日　星期四

天气：小雪

野外调查暂停，所有调查人员在驻地整理资料。

2010年12月31日　星期五

天气：晴

调查人员：唐杰平（队长）、卓识雨、李驹、汤雷、齐泽亮、徐大珍

调查区域：城关镇金虎村及周边地区（12月30日调查区北）。该区域南部属低矮的丘陵岗地，而北部地区则为开阔平坦的平原，有多条小河从其间流过，同时散步多座现代村庄。

调查结果：

上午，主要调查南部区域，由西向东拉网式踏查，在金虎村汪庄组发现文化遗存一处，即猪头尖墓葬（详见墓葬登记表）。同时在该墓葬西北约30米处发现被破坏的宋代墓葬一座。此外在猪头尖墓葬东北约500米处还发现孔家小庄散点。

下午，从东向西拉网调查，结果在丰墩村先后发现王庄散点和鲍墩遗址。鲍墩遗址位于王庄组北250米处，为典型的台墩型遗址，西距大墩遗址约500米，年代属商周时期（详见遗址登记表）。下午，安徽大学08级历史系考古专业两名女生王喜凤、汤毓赟来舒城县参加杭埠河中游及北部地区区域系统调查工作。

2011年1月1日　　星期六

天气：晴

调查人员：唐杰平（队长）、卓识雨、李骊、奚明、汤雷、齐泽亮、王喜凤、汤毓赟

调查区域：西临杭埠河、西南以金跃石村—复元村乡村道路为界、北到杭埠河与梁家庄以南、东以江家代庄到复元村的一条小路与人工沟渠。面积约3平方公里。该区域东西均为低矮的岗地，海拔不超过60米，中部为平坦的河谷地带（即吴家冲），海拔在28米以下。

调查结果：从西向东拉网调查，共发现调查点6处，其中遗址1、墓葬（群）4、散点1。

摩旗遗址：依托岗地的墩形遗址。位于舒城县干汊河镇复元村桥庄组西南，坐落在岗地西端。西100米为杭埠河，东为岗地，上有民房，南、北为旱地。遗址平面形状呈椭圆形，南北长于东西，顶部较平坦。海拔41.5米（地形图标注）。面积约2000平方米。性质：居址。年代：商周。

2011年1月2日　　星期日

天气：多云

调查队员分两个小分队：第一小组：唐杰平（组长）、卓识雨、李骊、王喜凤

第二小组：奚明（组长）、汤雷、齐泽亮、汤毓赟

2011年1月3日　　星期一

天气：小雪

野外调查暂停，所有调查人员在驻地整理资料。

2011年1月4日　　星期二

天气：多云转阴

调查人员：唐杰平（队长）、卓识雨、李骊、齐泽亮、张艺君、徐大珍

调查区域：西依元月1日调查区域东南，南以复元小学到魏中庄乡村道路为道路为界，北至高家老坟墓群—方家中庄，东到方家中庄—高家粉坊。面积约2平方公里。该区域西部均为低矮的岗地，海拔不超过60米，东部为平坦的河谷地带，海拔在34米以下。

调查结果：

上午在该区域东部河谷平原区发现商周遗址一处。下午对元月1日调查区域的最南部进行补查，发现封土墓葬16座。

干塝墩遗址：

位于舒城县干汊河镇正安村干塝组东280米处，西北距正安村村部约1.5公里。遗址处于一南北狭长的河谷平原地带的尾部，西邻南北向的小河，北为较开阔平坦的农田区（种植水稻），南5米为一乡村水泥道路和芦苇荡，东、西300米处均为南北向长条形丘岗地，海拔不超过60米。此处环境优越，适宜人类生产生活。

遗址保存较好，平面形状近似圆形，底部面积约1900平方米。经GPS测点，遗址顶部海拔24米，高出周边地表约4米。属典型的平原区墩形遗址。遗址顶部平坦，东部略高于西部，在顶部的东北部

生长着杂树、杂草，西部与南部则被当地村民垦为旱地，主要种植油菜等经济作物。

遗址地表少见文化遗物，也未见遗迹现象，四周的断面文化层暴露不明只有铲刮才能辨认局部文化层堆积。

从遗址采集的陶片特征判断，干塝墩遗址的年代为商周时期，属于普通聚落遗址。

复元村墓葬群：共发现16座。分别位于复元村西部的清水塘和金石（原名金跃石）两个村民组内一东西向乡村土路两傍。其中清水塘组14、金石组2座。

墓葬所在的地理环境类似于元月1日和2日调查发现的结果，墓葬均坐落在低矮的岗地顶部或缓坡上，植被较茂盛，多数成群分布，间距较小，排列讲究，少数单个分布，大墓处于墓群的中间。墓葬绝大多数保存完好，封土明显，形状以圆形居多，少数大墓则为长条形；封土的底径不一，最大可超过15米，小者在5米左右；封土高度不等，最高超过两米。所有墓葬都已编号、GPS测点、登记。

由于未经钻探，墓葬年代暂无法断定，但根据复元村墓葬分布规律、封土的特征以及该县文物部门曾经在附近地点发现的同类型封土形墓确认的年代，调查队初步推测，这一墓群的年代应在周代至汉代。

2011年1月5日　星期三

天气：多云转阴

调查人员：唐杰平（队长）、奚明、汤雷、卓识雨、李駽、齐泽亮、张艺君、徐大珍、郭斗、刘腾飞

分两个小组，前四人负责调查北半部，后四人调查南半部区域。

调查区域：西依元月4日调查区域东部，南以汪庄到杨家南200米一线乡村道路为界，北至舒宜公路（丁八房—幸福村段），东到幸福村至县殡仪馆公路（即县道X046）和徐家庄至杨家河流。面积约4平方公里。该区域南部均为低矮的岗地，海拔不超过60米，北部为平坦的杭埠河平原，海拔在25米以下。

调查结果：

共发现文物点5处。其中遗址三处（新石器1、商周2）、墓葬（群）两处。

方冲遗址：

位于舒城县城关镇幸福村向阳组西150米处，为一低矮的丘陵岗地，东北为宽广的杭埠河平原区。东距县道约350米，西临轮窑厂，北侧为现代民房，南距县殡仪馆约400米。

遗址位于岗地南侧缓坡上，南北长于东西，边界不甚清楚，尤其遗址西段可能被现代窑厂取土破坏，不准确测量面积（GPS）约4500平方米。地表被垦为旱地，散布的文化遗物极少，偶见陶片和红烧土颗粒，陶片为新石器时代夹砂红陶与灰陶，可辩器形有鼎足（横装扁平状、表面有两道纵向宽凹槽），纹饰以素面居多，另见一篮纹鼎腹片。文化层暴露不明显，但通过铲刮局部剖面与观察地表，仍能确认有文化层堆积，只是堆积厚度与层次不清。

此外在遗址西边取土区形成的断面上发现一破坏严重的土坑竖穴墓，墓口距地表约1.5米。而且墓葬填土内还保留一件泥质红陶钫痕迹，在垮塌的堆土中采集到陶钫残片。该墓的下葬年代估计在

战国或汉代。

综合各种迹象判断，该遗址应属一处新石器时代普通的聚落居址。

官塘遗址：位于舒城县城关镇幸福村官塘组东南部，处于杭埠河支流平原区。遗址东西400米均为低矮的南北向岗地，西北100米是官塘组民房，南200米有一条东西向水泥公路，北、西、南50米处各有一水塘。遗址周围均为平坦的农田（主要种植水稻），而且东120米有一片葡萄园。

遗址保存较好。平面形状近似椭圆形，南北长于东西，四角弧状；顶部平坦，北向南渐低，地表种植油菜和蔬菜，周缘生长杂树、杂草。

该遗址为典型的台墩型，底部面积（GPS测量）4435平方米。顶部海拔19米，高出周边地表1～3米。文化层无明显暴露。

地表采集的文化遗物密度北部大于南部，主要是商周时期的夹砂陶，以素面居多，另见几何印纹陶。此外还可以采集到宋代瓷片。

综合判断，官塘遗址的年代为商周(主体)和宋代。

杨家遗址：

位于舒城县城关镇杨家村杨家组东南380米处。中心地理坐标：N492431、E3472385，最高海拔35米（GPS误差3米）。遗址西南为春秋山，东部40、北部60米有小河流过。四周是平坦的农田（主要种植水稻）。

遗址属典型的墩型，保存一般。平面形状略呈椭圆形，底部面积2245平方米（GPS测量）。顶部西高东低，上面种植农作物。遗址被破坏处可见文化层暴露（堆积至少可分三层）。

遗址地表陶片、红烧土较为丰富。陶片的特征属商周时期。因此，杨家遗址是商周时期的普通居址。

向阳墓葬：

位于舒城县城关镇杨家村向阳组东南约100米的一南北向岗地北端。其北侧50米为一东西向水泥公路，东250、200米分别是大官塘和大官塘小学。北部和东部不远为杭埠河及其支流冲积平原区。

墓葬保存较完好，封土明显，仅北部与封土因烧窑取土、平整土地遭破坏。封土形状近圆台形，顶面平坦，上覆盖密集的杂草、茶叶树和杂树，而边坡被当地村民开垦为茶叶场，致使封土整体呈多层"蛋糕状"。北缘中部破坏形成的断面土质土色明显有别周边，而且在第二层黄褐色花土内采集一夹砂红褐陶片。

从封土特点、出土的文化遗物特征，初步推断向阳墓葬的下葬年代在周代。但墓葬具体内涵（形制、结构、墓主人身份与地位、随葬品等）暂无法下结论。

杨家墓群（蔡家凹—红星组）

分布于舒城县城关镇杨家村蔡家凹和红星两组，其中蔡家凹组4（编号D1—D4）、红星组2(D5、D6)，均为封土墓，底径在5～10米之间。地形为典型低矮岗地，墓葬就坐落在岗地的岗脊上。

D1、D2南部被当地村民平整土地时挖去，仅剩部分封土，两者相隔约10米，南部是旱地，种植油菜等经济作物，北部封土上覆盖杂草与杉树。D3、D4相距不到10米，距D1、D2也不足100米，两者大小相近，封土保存较好，略呈圆形，封土上生长杂树、杂草。因未钻探，同时无遗物发现，故D1—D4的确切年代暂不清楚，估计年代在周或西汉。此外内部结构与形制也无法得知。

D5、D6所在地貌、封土形状等均相类于蔡家凹墓群，只是墓葬封土上植被茂密。因此这两座墓葬的年代也应属于周或西汉。

2011年1月6日　　星期四
天气：多云
调查人员：唐杰平（队长）、卓识雨、李骊、郭斗、齐泽亮、汤雷、张艺君、刘腾飞
分两个小组，前四人负责调查北半部，后四人调查南半部区域。
调查区域：西依幸福村至县殡仪馆公路（即县道046），南以王家庄北一东西向乡村道路为界，北至马河口村，东到一南北向杭埠河支流。面积约3平方公里，平均宽度600米。该区域南部均为低矮的岗地，海拔不超过60米，北部为平坦的杭埠河平原，海拔在25米以下（见下图）。
调查结果：
通过拉网式调查共北部发现文物点5处，均为新发现。其中遗址三处（新石器1：杨家老庄、商周2：卞家墩、樊家庄），散点两处（三松、大官塘）。而南半部岗地地区经过拉网调查未有发现。
杨家老庄遗址：位于舒城县城关镇三松村杨家老庄组东部，此地为一东西向低矮的丘陵岗地，地势总体西高东低，岗地平均宽度250米。东北为宽广的杭埠河平原区。遗址西距县道046约350米，南距乡村水泥公路和舒乐轮窑厂200米，西侧为杨家老庄村民组民房，南距杭埠河支流约100米。

遗址位于岗地东端缓坡上，面积（GPS测量）约60000平方米。平面总体近似椭圆形，东西长于南北，西北和西南转角清楚，呈弧状，东缘不规则。遗址南、北两部分地势高于中部。北半部尤其边缘为凸起的东西向狭长形土墩，宽窄不一，东头可能因取土而缺失一部分，中间有25米的缺口，土墩顶部平坦，最宽约10米，局部暴露文化层剖面。南半部由西向东依次为民房、现代坟地与梯田（种植水稻、油菜、小麦等），局部暴露文化层。中部从西到东分别是旱地、水塘和农田。三部分地表散布的文化遗物极少，偶见陶片和红烧土颗粒。陶片均为新石器时代夹砂红褐陶、灰陶与内红外黑陶片，纹饰以素面居多，另篮纹（鼎腹片），宽条纹，可辨器形主要有鼎（横装扁平、表面带多道竖向凹槽和侧装扁平三角足、足根外侧有一按窝）、罐、壶等。

因为文化层暴露不明显，又未对遗址进行钻探，故遗址的文化内涵不甚清楚。但通过铲刮局部剖面与观察地表遗迹根据采集的陶片特征综合判断，初步确认该遗址属新石器时代晚期聚落遗址。同时杨家老庄遗址地理位置优越，处于河流冲击的平原地区向低矮的丘陵岗地过渡地带，适宜人类生存，而且该遗址面积较大，性质特殊，北缘、西缘有明显凸起的土墩，遗址西北与西南角外均有水塘分布调查队怀疑土埂似人为有意堆筑，可能是城址的土垣（即城墙）。如果我们推测不错的话，杨家老庄遗址就非普通的聚落遗址，应是该区域一个比较重要的史前城址（中心遗址）。当然土埂的堆积特征以及形成年代还需做进一步考证才能得出准确的结论。

2011年1月7日　　星期五
天气：多云
调查人员：唐杰平（队长）、卓识雨、李骊、郭斗、齐泽亮、张艺君、刘腾飞
调查区域：西依马河村至县舒乐轮窑厂杭埠河支流一线，南以胡家庄南部一东西向乡村水泥公

路为界，北至国道206线，东到土庙庄至束家大庄一南北向杭埠河支流。面积约2.7平方公里，平均宽度1000米。该区域南端均为低矮的岗地，海拔不超过40米，余者为平坦的杭埠河平原，海拔在30米以下。

调查结果：

通过拉网式调查共发现文物点3处，均为遗址。其中新发现2处（杨店遗址为新石器与商周时期；山头遗址为新石器时期），散点两处（三松、大官塘），复查一处（船形地遗址：商周时期）。三个遗址分布于调查区域的东南平原岗地结合部南半部岗地区经过拉网调查未有发现。

山头遗址：

位于舒城县城关镇三松村山头组南部，此地为一西南向东北延伸的低矮岗地，海拔在30～38米之间。东、南、北三面地势低平，为宽广的杭埠河及其支流冲击平原区。遗址西距杨家老庄遗址约700米，南距乡村水泥公路约500米，东缘有一小河流经，北距原马河口镇约2200米，东北1200米为国道206线。

在民房前水塘的塘埂靠稻田一面，调查队员发现局部暴露的断面，经用手铲和铁锹铲刮表面，可见陶片与红烧土颗粒、炭粒，初步确认应为文化层，然后由此处向周边拉网调查，但没有采集到散布在地表的文化遗物，因此，最后无法确定该遗址的准确范围。采集的陶片均为新石器时代夹砂红褐陶。我们据此推测山头遗址属新石器时代的普通聚落遗址。

杨店遗址：

位于舒城县城关镇河口村杨店组西部，为一平坦开阔的杭埠河平原区向岗地过渡地带的台墩形遗址。遗址东距乡村水泥公路约200米，西南距山头遗址约300米，西侧约110米有一杭埠河支流。

遗址保存较好，只是西部与南部遭不同程度破坏，平面形状近椭圆形，面积（GPS测量）4665平方米。顶部平坦，高出周边地表2～2.5米，其上除成片的人工杨树林和稀疏的柏树外，还覆盖密集的杂草，此外在北、南缘坐落多座现代坟。

在遗址的西部，通过铲刮可以辨识局部文化层堆积，第四层：深灰色土，疏松，出土遗物时代明显（新石器、商周）。此外，在遗址地表还采集到密度程度一般的文化遗物，除新石器、商周为主外，另有零星的汉代绳纹瓦片。据此，初步推断杨店遗址的年代为新石器时代、商周、汉三个时期。

船形地遗址：

位于舒城县城关镇河口村河口组（束家大庄）西部，为一平坦开阔的杭埠河平原区向岗地过渡地带的台墩形遗址。遗址西紧临村庄，距乡村道路（村村通公路）约15米，东部有一小河流过，西北距山头遗址约400米，西北距杨店遗址约700米。

该遗址由舒城县文物部门在第三次全国文物普查时发现，现因当地村民建房遭严重破坏，遗址所剩无几（仅北缘），在破坏的现场，可以辨识遗址地层堆积特点明显，文化层从遗址边缘向中心倾斜。采集的陶片均属商周时期，除素面外，既有绳纹，又有几何印纹陶，可辨器形有鬲、鼎、罐等。

综合各种现象判断，船形地遗址为一典型的商周时期的台墩形遗址，属普通的聚落址。

2011年1月8日　　星期六

天气：晴

调查人员：唐杰平（队长）、卓识雨、李驹、郭斗、奚明（第一小组），齐泽亮、张艺君、刘腾飞、汤雷（第二小组）

调查区域：分东、西两个小区域，面积约4平方公里。东部为平原区，即土庙庄到小圩庄的一南北向河流以东至春秋塘西侧的南北向岗地西缘。西部为丘陵低岗区，海拔30～50米之间，北至经过舒乐轮窑厂到束家大庄的东西向乡村水泥公路（村村通），南以邓家岗到小圩庄乡村道路。

调查结果：

通过拉网式调查共发现文物点3处，均为遗址（都是新发现），皆分布于调查区东南角，临近杭埠河一支流的两岸，为平原向岗地丘陵过渡地带。而在其他区域未有发现。

河边遗址：

位于舒城县城关镇河口村河边组（小圩庄）西部，为一平坦开阔的杭埠河平原区向岗地过渡地带的台墩形遗址。遗址紧临村庄，东距乡村水泥公路（村村通公路）约150米，西侧部有一小河流过（河道宽5～15米），老虎墩遗址遗址约300米，西北距李家长庄遗址约500米。遗址周边为开阔平坦的农田。

该遗址保存一般，北部与南部较完整，中部偏南与西缘遭不同程度破坏，底部与顶部面积几乎相等，JPS测量面积为9686平方米，顶部海拔30米，高出周边地表1～1.5米。遗址地表平坦，南部为人工栽植的杨树和板栗树等经济林以及杂草，北部被垦为旱地，主要种植疏菜和油菜，中间低洼处（人为破坏）为农田。

遗址暴露的地层和遗迹现象不明显，故文化层堆积特点难以确定。地表难见文化遗物，采集的零星陶片均属商周时期。

综合各种现象判断，河边遗址属一典型的商周时期的台墩形遗址。

2011年1月9日　　星期日

天气：晴

调查人员：唐杰平（队长）、卓识雨、李驹、郭斗、徐大珍、王喜凤（第一小组），齐泽亮、张艺君、刘腾飞、汤雷、汤毓赟（第二小组）

调查区域：东至省道317、西以杭埠河一支流为界，北到县城城关，南到干汊河镇，面积约5平方公里，为开阔平坦的平原区，即杭埠河及其支流冲击平原。

调查结果：

经过两个小组的拉网踏查，未发现任何文物点。因为该区域地势低平，河网密布，并不适合古代人类的生活，而且现代村庄稠密，人类活动十分频繁，主要是农田和大棚蔬菜生产基地，即使原有的古代遗存遭破坏程度严重，致使通过地面式调查这种方式难以发现文化遗存。

2011年1月10日　　星期一

天气：晴

调查人员：唐杰平（队长）、卓识雨、李骐、徐大珍、王喜凤（第一小组），

齐泽亮、张艺君、刘腾飞、郭斗、汤毓赟（第二小组）。

调查区域：西至省道317、东以206国道为界，北到县城南环路以北，南到里半店子至刘家庄一乡村公路，面积约5平方公里，为开阔平坦的平原区，即杭埠河及其支流冲击平原。调查分东西两片，由两个小组分别完成。

调查结果：

经过两个小组的拉网踏查，未发现任何文物点。因为该区域地势低平，河网密布，并不适合古代人类的生活，而且现代村庄稠密，人类活动十分频繁，主要是农田和大棚蔬菜生产基地，即使原有的古代遗存遭破坏程度严重，致使通过地面式调查这种方式难以发现文化遗存。

2011年1月11日　　星期二

天气：晴

调查人员：唐杰平（队长）、卓识雨、李骐、徐大珍、王喜凤（第一小组），

齐泽亮、张艺君、刘腾飞、郭斗、汤毓赟（第二小组）

调查区域：干汊河镇与棠树乡相连的一东西向低矮丘陵岗地及两侧，东至干汊河镇山塘组，西到棠树乡洪院村王小庄至程家大屋一线，积3平方公里。海拔30～60米之间。

调查结果：

通过拉网式调查共发现文物点4，其中遗址3处（一处散点）：山塝遗址、柿树遗址、沙家岗散点，墓葬一处：江家院墓葬。

山塝遗址：

位于舒城县干汊河镇莲墩村山塘组东，处于岗地东部，北为开阔的平原区，南侧为狭长的河谷平原，东以现代人工沟渠与岗地最东端的馒头形岗头相望。南、北100米处有河流与废弃的古河道。环境较为优越，是人类理想的栖息地。有一现代乡村公路从遗址东、南旁经过。

遗址保存较好，平面呈椭圆形（东西长于南北），面积约9800平方米（GPS测量），海拔44.5米，高出低矮农田约12米。遗址顶部平坦，栽植成片的板栗树，周缘覆盖杂草，南缘有多座现代坟。

遗址文化层堆积特点不明，只在南缘暴露的断面有局部显示，为灰褐色土，可见零星陶片与红烧土，其上叠压较厚的晚期地层。地表文化遗物与遗迹难见，此外地表还发现石英石碎块与普通石块，而在遗址东100米山头发现较多的石英石，这些石英石可能为人工形成（待检测）。如过推测属实，那么此地可能在古代是一个石器（石英石）制造场。据当地文物部门的同志告知，在山塝遗址不远的山区曾发现石英矿。

综合各种迹象，特别是遗物的特点，初步判断山塝遗址的年代不晚于商周。

柿树遗址：

位于棠树乡刘院村柿树组北部，处于东西长条形岗地东部北侧，东距山塝遗址约500米，北侧为狭长的河谷平原，有一东西向小河流过。

遗址保存一般，上部与西侧可能遭破坏，分布范围不清，形状也不明，只能依据现场调查的基

本情况确定遗址的范围与面积，GPS测量面积2500平方米。遗址顶部平坦，海拔43米，为成片人工栽植的板栗树林，西、北缘有杉树和杂草。

从遗址西、北缘暴露的断面，可辨识文化层堆积，早期文化层距现地表约1.4米深，西北厚于东南，其下即为生土，早期文化层内含少量的夹砂红陶片，与在遗址其他区域采集的陶片（其中一侧装三角形鼎足）特点一致，均为新石器时代晚期的文化遗物。遗迹现象未发现。

初步判断柿树遗址为一新石器时代晚期岗地型遗址。

2011年1月12日　　星期三

天气：晴

调查人员：唐杰平（队长）、卓识雨、李驹、郭斗、王喜凤（第一小组），齐泽亮、张艺君、刘腾飞、汤雷、汤毓赟（第二小组）

调查区域：棠树乡两个东西向并列的低矮丘陵岗地及两侧，行政属刘院村和靠山村。东至经过龙山和红庄西约100米的一条河流，北以一条人工干渠为界，西到棠树乡油坊岭—刘院村西部陈庄组一条道路，南到刘院村所在岗地南侧的小河流，面积约4平方公里，海拔30～60米之间，北部和西部地势较高，中部与东部地势较低，为岗地和狭长河谷平原相间的地貌。第一小组负责调查南部与东部区域，第二小组负责北部区域。

调查结果：

通过拉网式第一小组发现遗址一处：神墩遗址。

神墩遗址：

位于舒城县棠树乡刘院村袁家岗、孙家畈两组结合部北，处于东西狭长的岗地东部北侧约100米，遗址北为东西狭长的河谷平原区，北60处有小河流。地理环境较为优越，是人类理想的栖息地。

遗址保存较好，属典型的太墩型，边缘因当地村民耕种遭破坏。平面呈椭圆形（东西长于南北），面积约6500平方米（GPS测量），海拔38米（GPS测点），地形图上标注40.4米，高出低矮农田约2米。遗址顶部平坦，东部略高于西部，现已开垦为旱地，种植油菜等经济作物，周缘覆盖杂草，东缘有一座现代坟。

遗址文化层堆积特点不明，只在西缘暴露的断面有局部显示，为灰褐色土，剖面上可见零星陶片与红烧土，其上叠压晚期地层。地表文化遗物偶见，西部散布的密度大于东部，此外地表还发现石英石碎块与普通石块，采集的陶片均属商周时期，主要是绳纹陶。文化遗迹未发现。

综合各种迹象，特别是遗物的特点，初步判断神墩遗址的年代为商周，属普通的居址。

2011年1月13日　　星期四

天气：晴

上午：所有调查人员在驻地整理资料。唐杰平、郭斗、汤毓赟负责核对调查记录点（造册登记），齐泽亮负责核对所有采集点登录，卓识雨、张艺君两人负责调查登记表（遗址、墓葬、断面）完善，王喜凤负责日记，郭斗绘图。

下午：部分队员继续资料整理工作，而唐杰平等七人前往黑虎城遗址补充资料采集。

调查结果

1. 遗址东20米处有一近10米宽的河流（南溪河），据当地文物工作者介绍，此河流为杭埠河古河道一段。

2. 遗址东缘不规整，高度也不一致，在东缘中部有一明显凸起的大土墩，非现代人为所致，调查组推测可能是一座古墓葬。此外东侧的旱地未发现文化遗物和遗迹，说明遗址的范围在东部为有大的变化。

3. 通过观察遗址顶部现代民房，发现在部分建筑（上世纪60～70年代修建）的土坯墙内包含商周时期的陶片，说明这些土坯取自遗址的文化层。

4. 通过观察现代窑厂（现已停产）取土形成的断面，发现黑虎城遗址的文化层堆积很厚，而且较有规律，即地层堆积由边缘向内部倾斜。

附　表

附表一　舒城县杭埠河支流表

流域	河名		河长（公里）	流域面积（平方公里）		源头高程（米）	发源地名	河口出境名	备注
	本名	别名		县内	县外				
杭埠河	杭埠河		145.5	1587.5	382.5		岳西界岭头	三河二龙街	
一	晓天河		24.85	612.24			岳西界岭头	龙河口水库碎石滩	
1	姚河	主簿河寨家河	36		136.2		岳西界岭头	牛上岭	
2	查湾河	沈桥河	20.2	28.54	13.8	1080	岳西三里岗	吴家老屋	
3	双河		23.1	84.12		1303	扁担橇	三里庙	
①	西河		12.3	28.1		1303	扁担橇	中西河	
②	东河		8.55	25.42		1228	牛角尖	中西河	
4	黄河		25.85	97.19		1151.3	麻岩岭	晓天镇北	
①	珠玛河		10	17.45		975	大张田	破山口	
②	三元河		6.5	11.19		701.2	望湖寨	汪屋	
③	寨脚河		3.2	5.5		752	母子尖	寨家河	
④	黄河	黄洋河余家河	15.35	47.25		1151.3	大麻岩	破山口	
5	天苍河		15.1	83.3		568	黄栗树尖	大河口	
①	救母河		9.6	5.1	14.9	656	霍山香草尖	苦竹墩	
②	石寨河		8.8	7.47	9.9	568	黄栗树尖	双河口	
③	余家河		6.5	17.87		426	南关岭	双河口	
④	黄沙冲河		7.2	15.4		531	大黄沙岭	东冲河	
6	俞河	双庙河	6.2	10.86		526.6	大岭湾	小河口	
7	山七里河		24.16	97.7		700	屋脊山	阳塝	其中两岸25.63平方公里
①	乌梅冲河		11.45	16.1		488	犁头岭	聂家岗咀子	
②	三石寺河		8.4	14.83		406	心慌岭	院塘	
③	小河冲河		6.6	70.17		510	钟家老屋	九龙纵珠北山脚	
④	燕店河		4.7	7.85		463	笔架山	大树咀	
⑤	林家河		8.8	23.12		700	屋脊山	大树咀	

二	胡家河		12.5	34.65		476	中 岭	龙河口水库清水塘	
三	五显河	毛坦厂河	20.1	27.05	68.68	505	四顾寨	方家河口	
1	滑水河		14.45	36		737.8	荒田冲脑	叶家河口	
2	江冲河		7.6	10.75		318	大横岭	方家河口	
四	河棚河	乌沙河	32.5	200		1023	王道坟	螺丝墩	
1	沈后河	洪庙河	12	24.8		1023	王道坟	冯家祠堂	
①	冯家河		7	17.8		845	太平寨	冯家祠堂	
②	洪家河		19.7	69.9		1023	王道坟	双河口	
2	卢镇河		10.5	49.6		940	二姑尖	双河口	
①	黄柏冲河		8.5	22.2		940	二姑尖	卢镇关	
②	柳林河	余河	7.8	27.4		940	老关岭	卢镇关	
③	岚冲河		7	20		505	鸡冠石	朱皇店	
五	龙潭河	杜店河	37.4	220		1057	大徽尖		
1	磨园河		13.2	26.4		959	良 庙	常家旗杆西400米	
2	龙眠冲河		11.1	24.1		1057	大徽尖	上汪家河	
3	石门冲河		9.1	20.2		309	唐家岭	常家旗杆西400米	
4	汤池河		16.7	36.5		650	莲花尖	石牌洼	
5	乌梅冲河		4.1	5.8		496	谢家土屋	西沙埂	
6	城冲河		1.7	7.9		394	泉石林场	包家荡	
7	枫香树河		10.5	31.2		330	百石山	程家河口	
8	阙店河		8.7	12.8		300	方 岭	灵台山南山脚	
六	九井河		16.7	43.3		318	孟潜山	九井寺	
七	朝阳河		7	16.45		127	汪家岭	王老庄	
八	曹家河		19.8	49.83		409	田埠林场	马家河口	
九	南港河	孔家河	32.7	105.95		564	欧 岭	白马荡	
1	东河		16.6	35.51		564	欧 岭	熊 家	
2	西河		13.75	34.17			老虎岭		
十	清水河		32.6	144.54			古 洼	周公渡	
1	舒茶河		10.65	31.72			活树岭	谭家河口	
2	石塘河	交子冲水	5.6	9.85		296	交子岭	谭家河口	凌 旮
3	枣木桥河	梁山堰	14.9	56.6		330	鹿起山		
4	牛沟荡河		7.3						

附表二　舒城县杭埠河流域"二普"遗址、墓葬一览表

总号	分类号	名称	时代	地址	备注
1	Y001	钓鱼台遗址	新石器－商周	晓天镇和岗村	上游
2	Y002	余畈小墩遗址	新石器－商周	五显镇余畈村	上游
3	Y003	张墩遗址	新石器－商周	五显镇陈院村	上游
4	Y004	毛竹园张墩遗址	新石器－商周	五显镇梅山村	上游
5	Y005	墩子山遗址	新石器－商周	万佛湖镇白果村	中游
6	Y006	城西墩遗址	新石器－商周	万佛湖镇范店中学	中游
7	Y007	乌龟墩遗址	新石器－商周	棠树乡路西村	中游
8	Y008	黄墩子遗址	新石器－商周	干汊河镇龙山村	中游
9	Y009	摩旗墩遗址	新石器－商周	干汊河镇复元村	中游
10	Y010	干旁墩遗址	新石器－商周	干汊河镇镇安村	中游
11	Y011	连三墩遗址	新石器－商周	干汊河镇西荡村	中游
12	Y012	师姑墩遗址	新石器－商周	干汊河镇绕山村	中游
13	Y013	鲍墩遗址	新石器－商周	干汊河镇大院村	中游
14	Y014	庵墩遗址	新石器－商周	干汊河镇大院村	中游
15	Y015	七门堰遗址	汉	干汊河镇七门堰村	中游
16	Y016	周瑜城遗址	西周－汉	干汊河镇瑜城村	中游
17	Y017	谢河大墩遗址	新石器－商周	柏林乡谢河村	中游
18	Y018	老鸹墩遗址	新石器－商周	柏林乡柏林村	中游
19	Y019	大墩遗址	新石器－商周	柏林乡大墩村	中游
20	Y020	隍城墩遗址	新石器－商周	柏林乡孔堰村	中游
21	Y021	余墩遗址	新石器－商周	柏林乡响井村	中游
22	Y022	花城遗址	西周－宋	柏林乡花城村	中游
23	Y023	春秋塘烽火墩	待定	春秋塘茶场	中游
24	Y024	瓦砾山遗址	新石器－商周	汤池镇黄巢村	中游
25	Y025	叶墩遗址	新石器－商周	汤池镇胡畈村	中游
26	Y026	板鼓墩遗址	新石器－商周	城关镇七星村	中游
27	Y027	李庄大墩遗址	新石器－商周	城关镇三里村	中游
28	Y028	鲍墩遗址	新石器－商周	城关镇鲍墩村	中游
29	Y029	黑虎城遗址	新石器－商周	城关镇金虎村	中游
30	Y030	城关古城遗址	汉	城关镇	中游
31	Y031	姚墩遗址	新石器－商周	城关镇鲍墩村	中游
32	Y032	罗墩、古墩遗址	新石器－商周	南港镇响山村	中游
33	Y033	西洪墩遗址	新石器－商周	南港镇龙潭村	中游
34	Y034	亚夫城遗址	新石器－汉	南港镇前进村	中游
35	Y035	松墩遗址	新石器－商周	桃溪镇南塘村	中游
36	Y036	祝家墩遗址	新石器－商周	桃溪镇金圩村	中游
37	Y037	双合大墩遗址	新石器－商周	桃溪镇三沟村	中游
38	Y038	周马墩遗址	新石器－商周	桃溪镇曙光村	中游
39	Y039	袁庄大墩遗址	新石器－商周	桃溪镇三沟村	中游
40	Y040	梅泊大茅墩遗址	新石器－商周	桃溪镇墓墩村	中游
41	Y041	龙舒烽火墩	待定	桃溪镇龙舒村	中游

42	Y042	苍墩遗址	新石器—商周	桃溪镇苍墩村	中游
43	Y043	三沟烽火墩	待定	桃溪镇三沟村	中游
44	Y044	南塘大墩遗址	新石器—商周	桃溪镇金圩村	中游
45	Y045	女人墩遗址	新石器—商周	千人桥镇太岗村	中游
46	Y046	崇佛庵遗址	新石器—商周	百神庙镇园棚村	中游
47	Y047	大墓儿墩遗址	新石器—商周	百神庙镇杭南中学	中游
48	Y048	南墓儿墩、东墓儿墩遗址	新石器—商周	百神庙镇杭南中学	中游
49	Y049	大墩头遗址	新石器—商周	百神庙镇龙王庙村	中游
50	Y050	杨家大墩遗址	新石器—商周	孔集镇下河村	中游
51	Y051	九里墩遗址	商代	孔集镇九墩村	中游
52	Y052	神墩遗址	新石器—商周	杜店乡神墩村	中游
53	Y053	弯腰树遗址	新石器—商周	洪庙乡和平村	中游
54	Y054	北硖关（小关）遗址	汉	舒茶镇小河湾村	中游
55	M001	友谊村古墓葬群	战国	万佛湖镇友谊村	中游
56	M002	三大墓古墓	东汉	万佛湖镇范店村	中游
57	M003	蛇信墩古墓	待定	万佛湖镇范店村	中游
58	M004	姚老坟墩古墓	待定	万佛湖镇范店村	中游
59	M005	磨子墩古墓	汉	棠树乡寒塘村	中游
60	M006	云雾古墓葬群	东汉	棠树乡云雾村	中游
61	M007	万家墩陈墩古墓	待定	干汊河镇莲墩村	中游
62	M008	蔡家大墩古墓	战国	柏林乡井岗村	中游
63	M009	马场战国墓葬群	战国	柏林乡杨店村	中游
64	M010	西双墩古墓	汉	柏林乡双墩村	中游
65	M011	双墩古墓	汉	柏林乡石岗村	中游
66	M012	青墩古墓	汉	柏林乡侯庄村	中游
67	M013	乌龟墩古墓	汉	柏林乡大墩村	中游
68	M014	西峰墩古墓	待定	柏林乡杨店村	中游
69	M015	赵王墩古墓	待定	柏林乡马场村	中游
70	M016	马家墩古墓	待定	柏林乡大墩村	中游
71	M017	陶家大墩古墓	待定	柏林乡宋圩村	中游
72	M018	卜家大墩古墓	待定	柏林乡宋圩村	中游
73	M019	井岗古墓群	待定	柏林乡井岗村	中游
74	M020	春秋塘二墩子古墓	待定	春秋塘茶林场	中游
75	M021	春秋塘小墩古墓	待定	春秋塘茶林场	中游
76	M022	凤凰嘴古墓葬群	春秋—汉	城关镇舒东村	中游
77	M023	金鸡墩古墓葬群	春秋—宋	城关镇三里村	中游
78	M024	二墩子古墓	汉	城关镇三里村	中游
79	M025	潘庄队屋墩古墓	汉	城关镇金墩村	中游
80	M026	营盘大墩古墓	汉	城关镇金墩村	中游
81	M027	王庄大墩子古墓	待定	城关镇古城村	中游
82	M028	猪头尖墩古墓葬群	待定	城关镇三里村、鲍墩村	中游
83	M029	和合墓墩古墓	汉	南港镇藕塘村	中游

（续附表二）

84	M030	窑塘子古墓	汉	南港镇藕塘村	中游
85	M031	北风岭汉墓群	汉	南港镇落凤岗村	中游
86	M032	无名墩古墓	东汉	南港镇响山村	中游
87	M033	河北墩古墓	汉	桃溪镇白鱼村	中游
88	M034	范家小墩古墓	待定	桃溪镇白鱼村	中游
89	M035	陶大墩古墓	待定	桃溪镇岗头村	中游
90	M036	大墓墩古墓	汉	桃溪镇王泊村	中游
91	M037	赖姑墩古墓	汉	桃溪镇金圩村	中游
92	M038	和平大墩子古墓	东汉	桃溪镇新民村	中游
93	M039	大平墩古墓	待定	桃溪镇枣林村	中游
94	M040	白鱼墩古墓	待定	桃溪镇白鱼村	中游
95	M041	大茅墩古墓	待定	桃溪镇白鱼村	中游
96	M042	塘墩子古墓	待定	百神庙镇龙王庙村	中游
97	M043	九里墩春秋墓	春秋	孔集镇九墩村	中游

注： ① Y代表遗址，M表示墓葬
　　 ② 表中部分记录点文化主体年代本次整理略作改动，仅供参考。
　　 ③ 汉代以后文物点未做统计。

项目名称	时　间	地　点	单　位	备　注
葫芦河流域调查	1990年	甘肃、宁夏葫芦河流域	北京大学	参见李菲等：《葫芦河流域的古文化与古环境》，《考古》1993年第9期
石家河遗址及周边调查	1990年	湖北省天门市石家河	北京大学	参见石家河考古队：《石家河遗址调查报告》，《南方民族考古》第五辑，四川科学技术版设，1993年12月
醴阳平原史前聚落调查	1994年	湖南省醴阳平原	湖南省考古研究所	参见裴安平：《醴阳平原史前聚落形态的研究与思考》，《庆祝张忠培先生七十岁论文集》科学出版社，2004年
日照地区考古调查	1995年～2000年	山东省日照市（包括青岛市南部）	山东大学、美国耶鲁大学、芝加哥自然历史博物馆	参见中美两城地区联合考古队：《山东日照两城地区的考古调查》和《山东日照地区系统区域调查的新收获》，《考古》1997年第4期、2002年第5期
洹河流域考古调查	1997年、1998年	河南省安阳市洹河流域	社科院考古所、美国明尼苏达大学科技考古实验室	参见中国社会科学院考古研究所等：《洹河流域区域考古初步报告》，《考古》1998年第10期
洛阳盆地（含伊洛河流域）考古调查	2001年3月～2003年6月	河南省洛阳市、偃师市、巩义市、孟津县	社科院考古所二里头工作队	参见中国社会科学院考古研究所二里头工作队：《洛阳盆地2001～2003年考古调查报告》，《考古》2005年第5期
七星河流域调查	2002年	陕西宝鸡市周原地区	周原考古队（社科院考古所等）	参见《2002年七星河流域区域调查报告》，《考古学报》2005年第4期
鲁北沿海古代盐业遗址调查	2003年～2009年	山东桐林、寿光、潍坊等地	北京大学、山东省考古研究所、山东大学等	参见《山东盐业考古吸引全球目光》http://news.sina.com.cn/0/2010-04-26
西汉水上游早期秦文化考古调查	2004年3月～4月	东起天水市天水乡、西至礼县江口乡60余公里的干支流两岸	北京大学考古文博学院、甘肃省考古所、国家博物馆、西北大学等	参见甘肃省考古所等：《西汉水上游考古调查报告》，文物出版社，2008年1月1日
美阳河流域调查	2005年	陕西宝鸡市周原地区	周原考古队（社科院考古所等）	参见《2010年美阳河流域区域调查报告》，《考古学报》2010年第2期
淮滨县黄土城地区区域考古调查	2006年10月～2007年2月	黄土城遗址及其周边方圆约200平方公里	河南省文物考古研究所、武汉大学考古系、美国佐治亚大学人类学系	参见《华夏考古》2010年第04期
胶南区域系统调查（鲁东南区域调查延伸）	2007年冬季	山东省青岛市胶南理务关等四个乡镇	山东大学、青岛市文物保护考古所、美国芝加哥自然历史博物馆	参见《中美联合进行胶南区域系统考古调查》http://news.xinhuanet.com/newscenter/2007-12/17/content-7263849.htm

（续附表三）

滇池区域史前聚落形态考古调查	2008年～2010年	晋宁县和西山区的滇池沿岸，面积165平方公里	云南省文物考古研究所、美国密西根大学	参见《考古》2012年第1期
"瞿上城"考古调查	2009年	四川省双流县西部、东升镇以南约78平方公里	四川大学考古系、成都文物考古研究所、双流县文物管理所	参见ｗｗｗ．ｃｃｈｉｃｃ．ｃｏｍ／news2012－3－21
淇河中下游地区考古学调查	2009年2月～2010年底	河南省鹤壁市太行山东麓至淇河东岸3公里，面积600平方公里	河南省文物考古研究所、国家博物馆田野考古研究中、鹤壁市文物工作队	参见《鹤壁日报》2011年12月30日，鹤壁市文化新闻出版局。ｗｗｗ．ｈｅｂｉ．ｇｏｖ．ｃｎ/zhengwugongkai/zheng-wudon...2011－12－30
薛河流域区域系统调查	2010年3月	山东滕州市薛河流域	山东大学、国家博物馆	参见黄苑：《滕州薛河流域区域系统调查获阶段性成果》，山东大学考古实验教学中心，2010年5月16日

备注：统计截止2010年底

附表四　区域系统调查记录地点汇总表

安徽省　　　市（县）

序号	记录地点名称	定性(遗址／墓葬／散点)	初步断代	所在位置（乡、村）	遗址／墓葬调查记录表(份)	断面观察记录表(份)	钻探登记表(份) 总　页	野外记录日期	备　注 第　页

附表五 遗址调查记录表

遗址名称			调查日期	
遗址编号		调查方法	□全覆盖 □抽样 □钻探	□断面观察

地理位置	县（市）　　　　　　　　　　　　方向　　　　米
	地理坐标：N_____E_____　最高海拔_____　GPS估计误差（　　米　）

既往工作	□二普已发现　　□三普已发现　　□新发现　　□____ ____
相对年代	

遗址地貌	地形	□河床 □河漫滩 □洼地 □平地 □岗地（□脚 □坡 □顶）■墩形
	地貌	附近水流名称_____　位于遗址 _____　方向 _____米
	植被	□水田　□旱地　□荒地　□树林
	其他（建筑、道路覆盖）_____	

遗址类别	□墓地　　□居住址　　□城址　　□其他____　　____
遗址平面形状	□方形　　□圆形　　□长条形　□不规则形　□其他____　　____

地表遗存暴露	□灰坑　　分布于　_____		□大量 □少量		□一例
	□墓葬　　_____		□ □		□
	□____　_____		□ □		□
	□____　_____		□ □		□
	□陶片　　分布于　_____		□丰富 □一般		□偶见
	□红烧土块　_____		□ □		□
	□____　_____		□ □		□
	□____　_____		□ □		□

文化层状况	是否可见：□是（□见断面观察表　　　□ 见钻探登记表）　　　□否

遗址面积	陶片散落面积： 钻探、断面和地貌信息反映面积及理由： 　　GPS测量

保存现状	□完好　　□一般　　□破坏严重　　破坏原因：_____
采集标本	□陶片　□石器　□石料　□土样　□炭样　□兽骨　□人骨　（详见采集点登记表）

遗址草图 及相关认识	

记录人员：　　　　　　　　记录日期：　　　审核人：　　　　　审核日期：

附表六 墓葬调查记录表

墓葬名称		调查方法(可多选)	□全覆盖　□抽样 □局部舍弃	调查日期	
墓葬编号			□钻探 □断面观察	地表可见度	□高 □中 □低 □极低
地理位置	县(市)　　　(乡)镇　　　村　　　村民组　　方向　　米				
	中心点GPS坐标：N＿＿＿＿＿＿＿E＿＿＿＿＿＿＿　　最高海拔＿＿＿米 估计误差（＋　　米）				
既往工作	□二普已发现　　□三普已发现　　□新发现　　□＿＿＿＿				
周边地貌	所在地形与地貌	□河床　□河漫滩　□洼地　□平地　□岗地（□脚 □坡 □顶）　□墩形			
		附近水流、湖、塘名称＿＿＿＿＿＿＿　　位于墓葬＿＿方向大约＿＿＿＿米			
	土地利用	□水田　　□旱地　　□荒(草)地　　□树林　　□			
	其他（建筑、道路覆盖）＿＿＿＿＿＿＿＿＿				
周边遗址或墓葬分布情况					
墓葬本体情况	□ 墓群　墓葬数量＿＿＿＿座		□ 单个墓葬	□ 两个墓葬	
	(排列、方向、间距等)				
	估算面积： 　　　　平方米　　　　判断依据：				
估计年代		断代依据			
保存现状	□完好　□较好　　□一般　□局部破坏　□破坏严重 ＿＿＿＿＿＿＿＿＿ 破坏原因：				
采集标本	□陶片　　□瓷片　　□铜器　　□漆木器　　□石器　　□玉器　　□人骨　　□兽骨　　□				
墓葬位置示意图（地理位置、墓葬排列、周边遗址或墓葬）			典型单体墓葬示意图(平剖面图)		

(单个墓葬、封土详细内容填在背面)

（续附表六）

单体墓葬编号	地理坐标		详细参数		备注
	N　　　　E	□墓坑	形状：□圆形　□方形　□不规则形　□	
	最高海拔　误差（± 　米）	□封土	尺寸(m):底径　　高(深)　　表面倾斜度	
	N　　　　E	□墓坑	形状：□圆形　□方形　□不规则形　□	
	最高海拔　误差（± 　米）	□封土	尺寸(m):底径　　高(深)　　表面倾斜度	
	N　　　　E	□墓坑	形状：□圆形　□方形　□不规则形　□	
	最高海拔　误差（± 　米）	□封土	尺寸(m):底径　　高(深)　　表面倾斜度	
	N　　　　E	□墓坑	形状：□圆形　□方形　□不规则形　□	
	最高海拔　误差（± 　米）	□封土	尺寸(m):底径　　高(深)　　表面倾斜度	
	N　　　　E	□墓坑	形状：□圆形　□方形　□不规则形　□	
	最高海拔　误差（± 　米）	□封土	尺寸(m):底径　　高(深)　　表面倾斜度	
	N　　　　E	□墓坑	形状：□圆形　□方形　□不规则形　□	
	最高海拔　误差（± 　米）	□封土	尺寸(m):底径　　高(深)　　表面倾斜度	
	N　　　　E	□墓坑	形状：□圆形　□方形　□不规则形　□	
	最高海拔　误差（± 　米）	□封土	尺寸(m):底径　　高(深)　　表面倾斜度	
	N　　　　E	□墓坑	形状：□圆形　□方形　□不规则形　□	
	最高海拔　误差（± 　米）	□封土	尺寸(m):底径　　高(深)　　表面倾斜度	
	N　　　　E	□墓坑	形状：□圆形　□方形　□不规则形　□	
	最高海拔　误差（± 　米）	□封土	尺寸(m):底径　　高(深)　　表面倾斜度	
	N　　　　E	□墓坑	形状：□圆形　□方形　□不规则形　□	
	最高海拔　误差（± 　米）	□封土	尺寸(m):底径　　高(深)　　表面倾斜度	
	N　　　　E	□墓坑	形状：□圆形　□方形　□不规则形　□	
	最高海拔　误差（± 　米）	□封土	尺寸(m):底径　　高(深)　　表面倾斜度	
相关认识					

记录人员：　　　　　　　记录日期：　　　　　　　审核人：　　　　　　　审核日期：

附表七　断面观察记录表

断面编号		具体地点			
断面长度		断面厚度		断面方向	倾斜度
GPS定点	E＿＿＿＿　＿＿＿＿　N＿＿＿＿　＿＿＿＿　H＿＿＿＿　估计误差 ±＿＿＿米				
层位关系 叠压—打破→					
堆积类型	□灰坑　　□墓葬　　□文化层　　□窑址　　□＿　＿＿＿　□＿　＿＿＿				
地层描述	第1层：土质＿＿＿＿　土色＿＿＿＿　致密度＿＿＿＿　厚度＿＿＿cm　包含物 ＿＿＿＿＿＿＿＿＿＿＿ 第2层：				
遗迹描述	形状与深度 口部最大径：＿＿＿＿＿＿＿cm　距地表深：＿＿＿＿＿＿＿cm　剖面形状： ＿＿＿＿＿＿＿＿ 底部最大径：＿＿＿＿＿＿＿cm　遗迹厚度：＿＿＿＿＿cm				
	堆　积 土质：粘土□　　粉沙土□　　细沙土□　　沙土□　　沙□ 土色： 致密度：疏松□　　较疏松□　　较致密□　　致密□ 包含物：陶片＿＿＿＿　石器＿＿＿＿　烧土＿＿＿＿　碳屑＿＿＿＿　兽骨＿＿＿＿ 石块＿＿＿＿　金属器＿＿＿＿　其他＿＿＿＿（填写数量）				

采样记录		陶片	石器	兽骨	土样	测年样品	
	编号：						
	数量：						
	备注：						

地层及遗迹年代	相对年代： 绝对年代：
草图断面观察点	

记录人：　　　　　记录日期：　　　　　审核人：　　　　　审核日期：

附表八　采集区登记标签表

编号				
地点	市（县）　　　　镇　　　　村　　　　组			
坐标	E：	H：		时　代
	N：	误差：±　　米		
环境背景	地形	□河床　□河漫滩　□洼地　□平地 □岗地（□脚　□坡　□顶）　□墩形 □山地（□脚　□坡　□顶）		
	土地利用	□水田　□旱地　□荒(草)地　□树林 □沟渠（□内　　□堤身）　□田埂\路 □坑　（□内　□外堆土）　□建筑		
采集	位置	□表面采集　□文化层　□灰坑 □房址　□窑址　□墓葬　□红烧土层 □＿＿＿＿		
	方式	□全采	□随机	□2×2m　　□10×10m
遗物	□陶片　　片　□玉器　　件　□石器　　件 □石料　　件　□金属器　　件　□动植物 □红烧土　（□块 □颗粒）　□＿＿＿＿			
定性	命名　　　□遗址　□墓葬　□散点			
备注				

附表九　考古钻探登记表

钻孔编号				记录人员	
地点					
GPS　　E				N	
H				估计误差：	
钻孔点地表状况：					
地形地貌：□河床　□河漫滩　□洼地　□平地　□岗地（□脚　□坡　□顶）					
土地利用：□稻田　□旱地　□荒地　□树林　□墓群　□民宅　□道路\田埂					
地表遗物分布状况：□遗物分布密集区　□遗物分布一般区　□遗物分布空白区					
周边钻孔已知的文化层\遗迹分布状况：					
□文化层　　□灰坑　　□墓葬　　□_____　　□_____					
与本孔相对位置：○以东　○东南　○以南　○西南　○以西　○西北　○以北　○东北					
□窑址　　□房址　　□红烧土层　　□_____　　□_____					

地下钻探状况：		
	层位	描述
_____	0 cm	土质、土色
		致密度
		包含物
	___ cm	
_____		
	___ cm	
_____		
	___ cm	
_____		
	___ cm	
_____		
	___ cm	

是否探到生土？	
□是　　　　　□否，依据（土质土色）：	
是否有河湖相沉积迹象？	
□是　　　　　□否，依据（淤泥\沙石分选\沉积）：	

附表一〇 区域系统调查照相登记表

县（市）						
调查年度：	年　　月至　　月					
相机编号：		相机：　　牌　　　型				
照片序号	拍摄对象（立足位置、对象位置）		镜向（度）	月日时分	拍摄者	备注

附表一一　杭埠河中游及北部地区调查记录点一览表

编　号	遗址（散点）名称	地　　　点	年　代　判　断	备　注	
yz001	方冲遗址	城关镇幸福村方冲组	新石器晚期	新发现	
yz002	杨家老庄遗址	城关镇三松村杨家老庄组	新石器晚期	新发现	
yz003	亚夫城遗址	城关镇南港村前进组	新石器晚期	二普	
yz004	管垱遗址	干汊河镇莲墩村管垱组	新石器晚期	新发现	
yz005	上圩遗址	干汊河镇新陶村上圩组	新石器晚期	新发现	
yz006	佘家庄遗址	干汊河镇西垱村佘家庄组	新石器晚期	新发现	
yz007	锣喱遗址	棠树乡寒塘村锣喱组	新石器晚期	新发现	
yz008	柿树遗址	棠树乡刘院村柿树组	新石器晚期	新发现	
yz009	九连庄遗址	棠树乡墩塘村九连庄组	新石器晚期	新发现	
yz010	山塝遗址	干汊河镇莲墩村山塝组	新石器晚期、商周	新发现	
yz011	杨家岗头遗址	棠树乡寒塘村岗头组	新石器晚期、商周	三普	
yz012	李庄遗址	城关镇金虎村李庄组	新晚、西周	新发现	
yz013	山场遗址	干汊河镇孙家庄山场组	新石器晚期、西周中期	新发现	
yz014	大院村鲍墩遗址	干汊河镇大院村鲍墩组	新石器晚期、西周中期	二普	
yz015	杨店遗址	城关镇河口村杨店组	新石器晚期、西周中晚期	新发现	
yz016	杨家遗址	城关镇杨庄村杨家组	新晚或商、西周-春秋	新发现	
yz017	黑虎城遗址	经开区金虎村黑虎组	新石器晚期、西周中晚期-春秋早中期	二普	
yz018	老虎墩遗址	城关镇邓岗村李家长庄组	新石器晚期、春秋早中期	新发现	
yz019	河边遗址	城关镇卓山村河边组	西周	新发现	
yz020	卞家墩遗址	城关镇幸福村卞家墩组	西周	二普	
yz021	金墩遗址	城关镇杨家村金墩组	西周	新发现	
yz022	蔡家洼遗址	城关镇舒玉村蔡家洼组	西周	新发现	
yz023	山头遗址	城关镇三松村山头组	西周	新发现	
yz024	干塝遗址	干汊河镇正安村干塝组	西周	新发现	
yz025	摩旗墩遗址	干汊河镇正安村王家大庄组 西北侧	西周	二普	
yz026	梅小庄遗址	干汊河镇绕山村梅小庄组	西周	新发现	
yz027	胜利遗址	干汊河镇瑜城村胜利组	西周	新发现	
yz028	高塘埂遗址	干汊河镇西垱村柿子树组	西周	新发现	
yz029	花城遗址	柏林乡花城村花城组	西周	二普	
yz030	庵塘遗址	柏林乡马松村沙家老庄组	西周	新发现	
yz031	渠西遗址	棠树乡寒塘村渠西组	西周	新发现	
yz032	大鼓墩遗址	棠树乡寒塘村人鼓墩组	西周	三普	
yz033	墩塘遗址	棠树乡墩塘村墩塘组	西周	新发现	
yz034	鲍家庄遗址	经开区丰墩村王庄组	西周	新发现	
yz035	柿子树遗址	干汊河镇西垱村柿子树组	西周中晚期	新发现	
yz036	桥庄遗址	柏林乡三桥村桥庄组	西周中晚期	新发现	
yz037	官塘遗址	城关镇幸福村官塘组	西周中期-春秋早期	新发现	
yz038	樊家庄遗址	城关镇幸福村樊家庄组	西周晚期-春秋早期	新发现	
yz039	船形地遗址	城关镇河口村船形地组	西周晚期、春秋中期	三普	
yz040	松墩遗址	城关镇杨家村胜利组	西周中晚期-春秋早期	三普	

（续附表一一）

yz041	西姑山遗址	干汊河镇绕山村安南组	西周晚期-春秋早期	新发现
yz042	庙墩遗址	干汊河镇莲墩村庙墩组	西周晚期、春秋早中期	新发现
yz043	头涵遗址	干汊河镇新陶村头涵组	西周晚期-春秋早期	新发现
yz044	墩南遗址	柏林乡花城村墩南组	西周晚期-春秋早期	新发现
yz045	大墩遗址	柏林乡大墩村大墩组	西周晚期-春秋早期	二普
yz046	中东遗址	棠树乡西塘村中东组	西周晚期-春秋早期	新发现
yz047	神墩遗址	棠树乡刘院村袁家岗组	西周中晚期-春秋早期	新发现
yz048	周瑜城遗址	干汊河镇瑜城村东畈组	西周、汉	二普
yz049	万场遗址	城关镇金虎村万场组	春秋早中期	新发现
yz050	新陶遗址	干汊河镇新陶村新陶组	春秋早中期	新发现
yz051	小涵遗址	干汊河镇乌羊村小涵组	春秋早中期	新发现
yz052	蟠龙城遗址	棠树乡寒塘村赵家庄组	春秋早中期	三普
yz053	南塘遗址	棠树乡宕塘村南塘组	春秋早中期	新发现
yz054	蛮塘遗址	柏林乡马松村蛮塘组	战国、汉	新发现
yz055	其林庄遗址	柏林乡杨店村其林庄组	汉	新发现
yz056	涂家庄遗址	柏林乡杨店子村涂家庄组	汉	新发现
yz057	万家桥遗址	干汊河镇洪宕村万家桥组	春秋-汉	新发现
yz058	龙山庄遗址	干汊河镇龙山村龙山组 南100米	春秋	新发现
yz059	杨庄遗址	柏林乡三桥村杨庄组	西周-春秋	新发现
yz060	石家庄遗址	干汊河镇龙山村石家庄组	西周-汉	新发现
yz061	鲍墩遗址	经开区丰墩村王庄组	西周	二普
yz062	三拐墩遗址	棠树乡墩塘村九连庄组	西周、春秋	三普
yz063	月形地遗址	城关镇河口村月形地组	西周	
sd001	李家长庄散点	城关镇邓岗村李家长庄组	西周	新发现
sd002	石剥圩散点	干汊河镇宏宕村石剥圩组 西南50米	汉	新发现
sd003	三松散点	城关镇三松村三松组 西400米	新时期晚期	新发现
sd004	沙家岗散点	干汊河镇沙家村沙家岗组	新石器晚期	新发现
sd005	大官塘散点	城关镇幸福村大官塘组	新晚？商周？	新发现
sd006	石井散点	柏林乡石井村石井村民组	新晚、西周-春秋	新发现
sd007	邹家庄散点	柏林乡大墩村邹家庄组	商周	新发现
sd008	王庄散点	城关镇丰墩村王庄组	西周	新发现
sd009	窑墩散点	干汊河镇新陶村窑墩组 南100米	西周、宋元	新发现
sd010	管埠散点	干汊河镇莲墩村管埠组	西周	新发现
sd011	山场散点	干汊河镇孙家庄村山场组	西周	新发现
sd012	苏家老庄散点	柏林乡杨店村苏家老庄组	西周	新发现
sd013	宋庄散点	棠树乡墩塘村宋庄组	西周	新发现
sd014	大鼓墩散点	棠树乡寒塘村大鼓墩组	西周	新发现
sd015	孔家小庄散点	城关镇金虎村孔家小庄组	汉	新发现
sd016	中心散点	干汊河镇正安村中心组	汉	新发现
sd017	杨家老庄散点	城关镇三松村杨家老庄组		新发现
sd018	王家大庄散点	城关镇杨家村王家大庄组		新发现
sd019	幸福轮窑厂散点	城关镇幸福村窑厂组		新发现

sd020	高庄散点	城关镇三里村高庄组　南100米		新发现	
sd021	山塝散点	干汊河镇莲墩村山塝组　东100米岗头顶部		新发现	
sd022	周家庄散点	柏林乡大墩村周家庄村民组　南30米		新发现	
sd023	大桥散点	柏林乡花城村大桥村民组		新发现	
sd024	杨庄散点	柏林乡三桥村杨庄组		新发现	
sd025	狗屎岗散点	干汊河镇龙山村狗屎岗村民组		新发现	
sd026	苏庄散点			新发现	
mz001	向阳古墓葬	城关镇杨家村向阳组	春秋－汉		
mz002	南塘古墓葬	棠树乡西？塘村南塘组	春秋－汉		
mz003	春秋塘（古）墓群	城关镇春秋塘茶林场	春秋－汉	三普	
	姚家山坎？			新发现	
	北家山坎墓群			新发现	
mz004	杨家墓群	城关镇杨家村	春秋－汉	新发现	
mz005	蔡家凹－红星墓群	城关镇杨家村蔡家洼组	春秋－汉	新发现	
mz006	猪头尖墓葬	城关镇金虎村王庄村	汉	三普	
mz007	谭家冲墓葬	干汊河镇龙山村谭家冲组	汉	新发现	
mz008	清水塘－金石墓群	干汊河镇复元村清水塘－金石组	春秋－汉	新发现	
mz009	西峰寺古墓葬	柏林乡杨店村涂家庄组		二普	
	涂家庄M1	柏林乡杨店村涂家庄组	春秋－汉	新发现	
	涂家庄M2	柏林乡杨店村涂家庄组	春秋－汉	新发现	
mz010	邹家庄墓葬	柏林乡大墩村邹家庄组	汉	新发现	
mz011	青年碑（古）墓葬	棠树乡寒塘村青年碑组	汉	新发现	
mz012	新庄墓群	棠树乡寒塘村新庄组	汉	新发现	
mz013	南塘水库墓葬？	棠树乡黄岗村贾岗组	汉		
mz014	江家院墓葬	棠树乡刘院村	春秋－汉	新发现	
mz015	复元双墩墓葬	干汊河镇复元村桥庄村民组	春秋－汉	三普	
mz016	中心墓群		汉	新发现	
mz017	金虎墓群	城关镇金虎村	春秋－汉	新发现	
mz018	高家老坟墓群	干汊河镇正安村高价老庄坟村民组	下限汉	二普	
mz019	徐家庄古墓葬	棠树乡三桥村徐家庄组	汉	新发现	
mz020	三圩庄（汉）墓群	棠树乡寒塘村三圩庄组	汉－六朝	新发现	
mz021	赵小庄墓群	干汊河镇龙山村赵小庄组	汉	新发现	
mz022	新塘墓葬	干汊河镇大院村新塘组	汉	新发现	
mz023	万家墩墓群	干汊河镇莲墩村万家桥组	战国－汉	三普	
mz024	卜家庄（古）墓葬	棠树乡寒塘村卜家庄组	汉	新发现	
mz025	胡家圩墓葬	棠树乡寒塘村胡家圩组	汉	新发现	
mz026	袁庄古墓葬	棠树乡西塘村袁庄组	汉	新发现	

（续附表一一）

mz027	查家老庄墓群	柏林乡花城村查家老庄村民组	汉	新发现	
mz028	前进墓葬	干汊河镇正安村中心村民组	汉	新发现	
mz029	束家老庄墓群	干汊河镇正安村束家老庄村民组	汉	新发现	
mz030	赵家庄（南）墓群	棠树乡寒塘村赵家庄组	东汉－六朝	新发现	
mz031	张家大庄古墓葬	棠树乡墩塘村张家大庄组	唐－明		
mz032	苏家老庄墓葬	柏林乡杨店村苏家老庄村民组	汉		
mz033	赵家庄（北）古墓葬	棠树乡寒塘村赵家庄组	战国－汉	新发现	

注：表格中"yz"、"sd"、"mz"各表示遗址、散点和墓葬。

附表一二　杭埠河中游及北部区域系统调查遗址登记表

编号	遗址名称	地点	面积（m²）	新石器	西周	春秋	汉	发现时间
ASH001	杨家老庄遗址	城关镇三松村杨家老庄组	约48000	✓				三普
ASH002	山头遗址	城关镇三松村山头组	4665		✓			三普
ASH003	亚夫城遗址	城关镇南港村前进组	58583	✓				二普
ASH004	李庄遗址	城关镇金虎村李庄组	5573	✓	✓			三普
ASH005	万场遗址	城关镇金虎村万场组	5650			✓		三普
ASH006	杨店遗址	城关镇河口村杨店组	4665	✓	✓			三普
ASH007	船形地遗址	城关镇河口村船形地组	约2000		✓	✓		三普
ASH008	月形地遗址	城关镇河口村月形地组	3500		✓			三普
ASH009	方冲遗址	城关镇幸福村方冲组	4500	✓				三普
ASH010	卞家墩遗址	城关镇幸福村卞家墩组	2400		✓			二普
ASH011	官塘遗址	城关镇幸福村官塘组	4435		✓	✓		三普
ASH012	樊家庄遗址	城关镇幸福村樊家庄组	3490		✓	✓		三普
ASH013	杨家遗址	城关镇杨庄村杨家组	2245		✓	✓		三普
ASH014	松墩遗址	城关镇杨家村胜利组	2500		✓	✓		三普
ASH015	金墩遗址	城关镇杨家村金墩组	1168		✓			三普
ASH016	老虎墩遗址	城关镇邓岗村李家长庄组	4121.6	✓	✓	✓		三普
ASH017	河边遗址	城关镇卓山村河边组	9686		✓			三普
ASH018	蔡家洼遗址	城关镇舒玉村蔡家洼组	3600		✓			三普
ASH019	黑虎城遗址	经开区金虎村黑虎组	约25000	✓	✓	✓		二普
ASH020	丰墩村鲍墩遗址	经开区丰墩村王庄组	4371		✓			二普
ASH021	上圩遗址	干汊河镇新陶村上圩组	1807	✓				三普
ASH022	佘家庄遗址	干汊河镇西垱村佘家庄组	5900	✓				三普
ASH023	高塘埂遗址	干汊河镇西垱村柿子树组	1100		✓	✓		三普
ASH024	柿子树遗址	干汊河镇西垱村柿子树组	2400		✓			三普
ASH025	山场遗址	干汊河镇孙家庄山场组	约10000	✓	✓			三普
ASH026	管垱遗址	干汊河镇莲墩村管垱组	6181	✓	✓			三普
ASH027	山塝遗址	干汊河镇莲墩村山塝组	9762		✓			三普
ASH028	庙墩遗址	干汊河镇莲墩村庙墩组	3000		✓	✓		三普
ASH029	大院村鲍墩遗址	干汊河镇大院村鲍墩组	12000	✓	✓			二普
ASH030	干塝墩遗址	干汊河镇正安村干塝组	2438		✓			二普
ASH031	摩旗墩遗址	干汊河镇正安村王家大庄组	1956		✓			二普
ASH032	梅小庄遗址	干汊河镇绕山村梅小庄组	2000		✓			三普
ASH033	西姑墩遗址	干汊河镇绕山村庵南组	约6000		✓	✓		二普
ASH034	胜利遗址	干汊河镇瑜城村胜利组	1417		✓			三普
ASH035	周瑜城遗址	干汊河镇瑜城村东畈组	60000		✓	✓	✓	二普
ASH036	头涵遗址	干汊河镇新陶村头涵组	1817			✓		三普
ASH037	新陶遗址	干汊河镇新陶村新陶组	4487			✓	✓	三普
ASH038	小涵遗址	干汊河镇乌羊村小涵组	5000	✓	✓			三普
ASH039	万家桥遗址	干汊河镇洪宕村万家桥组	2537			✓	✓	三普
ASH040	石家庄遗址	干汊河镇龙山村石家庄组	3005		✓	✓	✓	三普

（续附表一二）

ASH041	龙山庄遗址	干汉河镇龙山村龙山组	5400.5			√		三普
ASH042	鲍家庄遗址	干汉河镇龙山村鲍家庄组	3009		√			三普
ASH043	柿树遗址	棠树乡刘院村柿树组	2502	√				三普
ASH044	杨家岗头遗址	棠树乡寒塘村岗头组	220000	√	√	√		三普
ASH045	锣哐遗址	棠树乡寒塘村锣哐组	约40000	√	√		√	三普
ASH046	渠西遗址	棠树乡寒塘村渠西组	1500		√			三普
ASH047	大鼓墩遗址	棠树乡寒塘村大鼓墩组	1800		√			三普
ASH048	九连庄遗址	棠树乡墩塘村九连庄组	2217	√	√	√		三普
ASH049	三拐墩遗址	棠树乡墩塘村九连庄组	2395		√	√		三普
ASH050	墩塘遗址	棠树乡墩塘村墩塘组	4300		√			三普
ASH051	中庄遗址	棠树乡西塘村中东组	1800		√	√		三普
ASH052	神墩遗址	棠树乡刘院村袁家岗组	6500		√	√		三普
ASH053	蟠龙城遗址	棠树乡寒塘村赵家庄组	70000	√	√	√		三普
ASH054	南塘遗址	棠树乡宕塘村南塘组	2010			√		三普
ASH055	花城遗址	柏林乡花城村花城组	274753		√		√	二普
ASH056	桥庄遗址	柏林乡三桥村桥庄组	7000		√			三普
ASH057	杨庄遗址	柏林乡三桥村杨庄组	6152		√	√		三普
ASH058	墩南遗址	柏林乡花城村墩南组	1450		√	√		三普
ASH059	大墩遗址	柏林乡大墩村大墩组	2382		√	√		二普
ASH060	庵塘遗址	柏林乡马松村沙家老庄组	2400		√	√		三普
ASH061	蛮塘遗址	柏林乡马松村蛮塘组	1449				√	三普
ASH062	其林庄遗址	柏林乡杨店村其林庄组	300				√	三普
ASH063	涂家庄遗址	柏林乡杨店村	2520				√	三普

附表一三　舒城县杭埠河中游及北部区域新石器时代晚期遗存器型统计表

遗址名称	鼎足·正装·条形(瓦形)素面	条形(瓦形)回槽	三角形素面	三角形回槽	三角形按窝	三角形刻划纹	鸡冠状雕棱刻划纹	侧装·丁字形素面	丁字形刻划纹	凿形素面	凿形按窝	铲形	鸭嘴形	鱼鳍形	乳状足	鼎口沿折沿方唇	鼎口沿折沿圆唇	罐口沿折沿方唇	罐口沿折沿圆唇	罐口沿卷沿圆唇	罐口沿直口长颈圆唇	缸口沿卷沿双唇	缸口沿卷沿圆唇	盆口沿折沿方唇	盆口沿折沿尖唇	盆口沿折沿圆唇	甑形器腹片	甑形器口沿	盘底	箕底	鬶把腹片	鬶把扁环形	鬶足	钵足	杯口沿	杯座	豆柄	豆盘	豆座
杨家老庄遗址	1		5	1	1																						1												
方冲遗址																															1								
亚夫城遗址	2	1	7		1																		1												1				
上圩遗址			1																																		1		1
佘家庄遗址			6		3														1	1																			
柏树遗址			1	1			1														1																		
李庄遗址		1	3																																				
杨店遗址			2		1					1						1																							
丰墩鲍墩遗址			1																																				
山场遗址																																							
管岗遗址			1														1																1						
山塝遗址	1		1																																				
大院鲍墩遗址	1																																						
杨家岗头遗址	1	10	18	4	5	10	1	1	3	1		1	3	1		2	2	1	2	1	1	1	1	1	1		3	1		1		4				1	2	2	
黑虎城遗址	1		1																										1										
九连庄遗址	2		3																																				
蟠龙城遗址																																							
老虎墩遗址																2										1													
小涵遗址	1																																						
锣哐遗址	1		14	1											1			1	1	1														1			1	1	

附表一四　舒城县杭埠河中游及北部区域新石器时代晚期遗存陶质、陶色、纹饰数量统计表

临时号	采集地点	合计	陶质				陶色										纹饰								
			夹砂	泥质	夹蚌末或草茎	夹石英砂	红	红褐	外红内灰(黑)	灰	灰褐	黑	外黑内灰	红胎黑皮	褐	黑褐	素面	磨光	篮纹	附加堆纹	弦纹	按窝	凹槽	刻划纹	间断条纹
001	杨家岗头遗址	227	179	48			133	7		37	34			6	10		219		3		1	2	1	1	
002	亚夫城遗址	180	156	24			58	14		29	24	9	7	8	30	1	165	4	5	2	2	1			1
003	锣哇遗址	68	52	16			53	1		7	4			1	2		68		1						
004	宗家庄遗址	52	38	14			27			19	1	1			4		45		2			3			2
005	杨家老庄遗址	42	40	2			17	1		2	7			5	10		40								
006	九连庄遗址	38	37	1			35	3									35					1	1	1	
007	李庄遗址	16	15	1			9				6				1		16								
008	杨店遗址	16	16				9			1			1		5		14		1			1			
009	管岗遗址	14	11	3			10			3					1		3		11	1					
010	柿树遗址	9	9				9										9		1						
011	方冲遗址	9	9				7				2						8								
012	山捞遗址	7	4	1		2	4			1	2						7								
013	黑虎城遗址	7	5		2		1	4		2							6					1			
014	蟠龙城遗址	6	6				4		2								5		1						
015	小涵遗址	4	4				3								1		3		1						
016	上圩遗址	3	1	2			2	1									2				1				
017	山场遗址	3	3				3										3								
018	大院村鲍墩遗址	3	3				1	1							1		2		1						
019	老虎墩遗址	2	2								2								2						
	合　计	706	590	112	2	2	385	32	2	101	80	10	8	20	65	1	650	4	29	3	4	9	2	2	3

附表一五　舒城县杭埠河中游及北部区域新石器时代晚期遗存陶质、陶色、纹饰分类比例统计表

临时号	采集地点	合计	陶质				陶色										纹饰								
			夹砂	泥质	夹蚌末或草茎	夹石英砂	红	红褐	外红内灰（黑）	灰	灰褐	黑	外黑内灰	红胎黑皮	褐	黑褐	素面	磨光	篮纹	附加堆纹	弦纹	按窝	凹槽	刻划纹	间断条纹
001	杨家园头遗址	227	78.85	21.15			58.59	3.08		16.3	14.98			2.64	4.41		96.48		1.32		0.44	0.88		?	
002	亚夫城遗址	180	86.67	13.33			32.22	6.17		16.11	13.33	5	3.89	4.44	16.67	0.56	91.67	2.22	2.78	1.11	1.11	0.56	0.44		0.56
003	锣哐遗址	68	76.47	23.53			77.94	1.47		10.29	5.88			1.47	2.94		100								
004	佘家庄遗址	52	73.08	26.92			51.92			36.54	1.92	1.92			7.69		86.54		1.92	1.92		5.77			3.85
005	杨家老庄遗址	42	95.24	4.76			40.48	2.38		4.76	16.67			11.9	23.81		95.24		4.76						
006	九连庄遗址	38	97.37	2.63			92.11	7.89									92.11					2.63	2.63	2.63	
007	李庄遗址	16	93.75	6.25			56.25				37.5				6.25		100								
008	杨店遗址	16	100				56.25			6.25			6.25		31.25		87.5		6.25			6.25			
009	管当遗址	14	78.57	21.43			71.43			21.43					7.14		21.43		78.57						
010	柿树遗址	9	100				100										100								
011	方冲遗址	9	100				77.78				22.22						88.89		11.11						
012	山垮遗址	7	57.14	14.29		28.57	57.14			14.29	28.57						100								
013	黑虎城遗址	7	71.43		28.57		14.29	57.14		28.57							85.71					14.29			
014	蟠龙城遗址	6	100				66.67		33.33								83.33		16.67						
015	小涵遗址	4	100				75								25		75		25						
016	上圩遗址	3	33.33	66.67			66.67	33.33									66.67				33.33				
017	山场遗址	3	100				100										100								
018	大院村鲍墩遗址	3	100				33.33	33.33							33.33		66.67		33.33						
019	老虎墩遗址	2	100								100								100						
	合计	706	83.57	15.86	0.28	0.28	54.64	4.54	0.29	14.33	11.45	1.42	1.13	2.83	9.23	0.14	92.07	0.57	4.12	0.42	0.57	1.27	0.28	0.28	0.42

附表一六 周代典型遗址陶质、陶色、纹饰数量统计表

陶质 / 陶色〔红(红褐);灰(灰褐);黑;红胎黑皮;灰黑;褐〕 / 素面 / 纹饰〔绳纹;附加堆纹;网格纹;弦纹;刻划纹〕

采集地点	数量	夹砂	泥质	夹碳	夹石英砂	红	红褐	外红内灰(黑)	灰	灰褐	外灰内黑	外灰内红	黑	外黑内灰	红胎黑皮	灰黑	褐	素面	绳纹	交错绳纹	间(断)绳纹(弦)	附加堆纹+绳纹	附加堆纹	网格纹	回弦	凸弦	刻划纹
西姑墩遗址	147	96	26		25	23	10		32	6	1	1		1	50		23	53	46	3	20	4	4	15			1
黑虎城遗址	127	97	30			12	30		10	35			2	7	24	2	5	61	34	2	17	5		2	2		
柿子树遗址	123	84	39			8	36		11	4					26	25	13	49	57		11	1			1		
大墩遗址	69	61	8			13	11		18	10			1		12		4	30	22	1	4	1			1		6
神墩遗址	67	51	15		1	20	2	1	16	5		3		3	10		7	25	27	2	10			2	1		
松墩遗址	66	65	1			8	12		8	18					16		4	35	11		15	1		3	1		
蟠龙城遗址	66	48	18			21	4		18	10					10		3	40	13	1	5	2	1	3	1		1
南塘遗址	62	55	7			18	1		12	17				1	4	6	3	45	13		1			2			
胜利遗址	55	50	5			9			7	6	3			9	4		17	15	27	1	9	2			1		
头涵遗址	51	44	7			11			6	21			1		9		3	25	19		4			2		1	1
墩南遗址	45	38	7			14	6		6	12					2		5	28	8	1	2	1	1	1			1
新陶遗址	45	45				14			10						6	11	4	17	20		4	1	1				
锣哐遗址	32	10	22			7	1		22	1							1	32									
小涵遗址	34	29	3		2	20	6		4	1				2			1	24	10								
老虎墩遗址	35	33	2			10			15	9							1	35									
杨店遗址	30	24	6			10	2		5	8				2	3			11	7	3	6					1	
干塝墩遗址	29	27			2	4	2		7	2		1			12		1	10	15		1	2	1				
官塘遗址	29	27	2			7			11	2					7		2	24	2		1	2			1		
庙墩遗址	28	27	1			6	3		6	7				4	2			5	17		3	1		1			
杨家遗址	26	24	2			11	2		4	1							8	13	9		1	2					
高塘埂遗址	26	17	9			6	1		11	7							1	15	7		1	3			1		
庵塘遗址	22	21	1			7	2		4	3						2	4	20	2								
大院村鲍墩遗址	20	10	10			4	5		1	3					5		2	13	5		1						1

（续附表一六）

遗址																									
樊家庄遗址	18	18			5		8				1		1	1	3	3	5	10	2	2			1		
中庄遗址	16	12	4		7	1	2	3						1		3	14	1	1						
九连庄遗址	14	10	4		3		5	2					3	3		1	11	3							
船形地遗址	13	12	1			4		2					6	6			6	3		1	2				
梅小庄遗址	13	13			5		4						1		3		3	9		1					1
桥庄遗址	10	10			3	2	2						3		3		2	7							
山场遗址	9	7	2		5		1	1					1	1		2	3	4		1			1		
杨庄遗址	9	3	6		8								1				7	2		1					
周隔城遗址	8	8			3	1	1								1	4	5	3							
山旁遗址	8	3	4	1		1	5	2	1						2		8								
花城遗址	8	2	6		6		4			1				1			4	3			1				
墩塘遗址	8	4	4		1		1						2	2			4	3							
万场遗址	8	7	1		1		2	1					1		2	2	8								
河边遗址	7	6	1		1	2	2						4				2	5							
摩旗墩遗址	7	5	2		1		1	2							4	3	7								
万家桥遗址	6	1	5		1	1	1	1					1	1		2	3	1		1					
丰墩村鲍墩遗址	6	2	4		2	1	2						1		2	2	2	3	1				1		
大鼓墩遗址	5	2	3			2								1			2			3					
卞家墩遗址	4	3	1		2		2	1					1			1	2	1		1	1				
山头遗址	4		4		4		1	2								3	3					1			
蔡家洼遗址	4	4				1	4	4			4		9			4	4								
上圩遗址	4	2	2													1	2	1	1						
鲍家庄遗址	3	3			1	1	1										2			1			1	1	
杨家岗头遗址	3	3				1	1									1	1	1			1				
金墩遗址	2	2			2		2	1									2	1							
苏家老庄遗址	1	1														1	1		1						
月形地遗址	29	24	5		5	2	4		1		4		9			3	9	13	1	2			3		
石家庄	2	2					2											2							
三拐墩遗址	4	4			3		1	1									1	1					1		
合计	1467	1152	284	30	327	155	294	207	8	5	11	4	33	236	54	133	748	446	16	127	33	8	37	13	9

附表一七 周代典型遗址陶质、陶色、纹饰比例统计表

采集地点	数量	陶质			陶色												纹饰										
		夹砂	夹碳	夹石英砂	红(红褐)			灰(灰褐)		外灰内黑	外灰内红	黑(黑)	外黑内灰	红胎黑皮	灰黑	褐	素面	绳纹		附加堆纹			网格纹	弦纹		刻划纹	其他
					红	红褐	外红内灰(黑)	灰	灰褐			黑						绳纹	交错绳纹	绳间凸(弦)断	附加堆纹+绳纹	附加堆纹		凹弦	凸弦		
西姑墩遗址	147	65.30	17.69	17.01	15.65	6.80		21.77	4.08	0.68	0.68		0.68	34.01		15.65	36.05	31.29	2.04	13.61	2.72	2.72	10.20			0.68	0.68
黑虎城遗址	127	76.38	23.62		9.45	23.62		7.87	27.56			1.57	5.51	18.90	1.36	3.94	48.03	26.77	1.57	13.39		3.94	1.57	1.57			3.15
柿子树遗址	123	68.29	31.71		61.54	29.27		8.94	3.25					21.14	19.69	10.57	39.84	46.34		8.94		0.81		0.81			3.25
大墩遗址	69	88.41	11.59		18.84	15.94		26.09	14.49			1.45		17.39		5.80	30.00	31.88	1.45	5.80		1.45		1.45		8.70	5.80
神墩遗址	67	76.12	22.39	1.49	29.85	2.99	1.49	23.88	7.25		4.48		4.48	14.93		10.45	37.31	40.30	2.90	14.93			2.99	1.49			
松墩遗址	66	98.48	1.52		12.12	17.91		12.12	27.27					24.24		6.06	53.03	16.67		22.73		1.52	4.55	1.52			
嶓龙城遗址	66	72.73	27.27		31.82	6.06		27.27	FALSE					15.15		4.55	60.61	19.70	1.45	7.58	1.52	3.03	4.55	1.52			1.52
南塘遗址	62	88.71	11.29		29.03	1.61		19.35	27.42				1.61	6.45	9.09	4.84	72.58	20.97	1.61	1.61			3.23				
胜利遗址	55	90.91	9.10		16.36			12.73	10.91	5.45			16.36	7.27		30.91	27.27	49.09		16.36		3.64		1.82			1.82
头涵遗址	51	86.27	13.73		21.57			11.76	41.18			1.96		17.65		5.88	49.02	37.25		7.84			3.92				1.96
墩南遗址	45	84.44	15.56		31.11	13.33		13.33	26.67					4.44		11.11	62.22	17.78		4.44	2.22	2.22	2.22		2.22		4.44
新陶遗址	45	100.00			31.11			22.22						13.33	24.44	8.89	37.78	44.44	2.22	88.89		2.22					4.44
锣哐遗址	32	31.25	68.75		21.88	3.13		68.75	3.13							3.13	100.00										
小涵遗址	34	85.29	8.82	5.89	58.82	17.65	2.94	11.76	2.94		2.94					2.94	70.59	29.41								2.22	
老虎墩遗址	35	94.29	5.71		28.57			42.86	25.71							2.86	100.00										

遗址	数																							
杨店遗址	30	80.00	20.00			33.33	6.67		16.67	26.67			6.67	10.00		36.67	23.33	10.00	20.00			3.33		6.67
干捞墩遗址	29	93.10		6.90	13.79	6.67	24.14	6.90		71.38		34.48	51.72	3.45	3.45		3.45							
官塘遗址	29	93.10	6.90		24.14	37.93	6.90		24.14			82.76	6.90	3.45	6.90		6.90							
庙墩遗址	28	96.43	3.71		21.43	21.43	25.00	10.71	7.14	14.29		17.86	60.71	10.71	3.57	3.57								
杨家遗址	26	92.31	7.69		42.31	15.38	3.85	7.69			30.77	50.00	34.62	3.85		3.85								
高塘遗址	26	65.38	34.62		23.08	42.31	26.92	3.85			3.85	57.69	26.92	3.85		11.54								
庵塘遗址	22	95.45	4.55		31.82	18.18	13.64	9.09		7.69	18.18	90.91	9.09	7.69										
大院村鲍墩遗址	20	50.00	50.00			5.00	25.00	15.00	25.00			10.00	65.00	25.00	5.00		5.00							
樊家庄遗址	18	100.00			27.78	44.44		5.56	5.56	5.56		27.78	55.56		11.11									
中庄遗址	16	75.00	25.00		43.75	12.50	18.75	6.25			18.75	87.50	6.25		7.69	6.90	6.25							
九连庄遗址	14	71.43	28.57		21.43	35.71	14.29		21.43		7.14	78.57	21.43	3.57										
船形地遗址	13	92.31	7.69	30.77			15.38	30.77	46.15		7.69	46.15	23.08	7.69	15.38		7.69							
梅小庄遗址	13	100.00			38.46	30.77			23.08	7.69		23.08	69.23	7.69										
桥庄遗址	10	100.00			30.00	20.00	20.00			30.00		20.00	70.00			10.00								
山杨遗址	9	77.78	22.22		55.56	11.11			11.11		22.22	33.33	44.44	11.11			11.11							
杨庄遗址	9	33.33	66.67		88.89					11.11		77.78	22.22											
周瑞城遗址	8	100.00			37.50	12.50		50.00			50.00	62.50	37.50			10.00								
山捞遗址	8	37.50	50.00	12.50		12.50	62.50	25.00				100.00												
花城遗址	8	25.00	75.00		75.00	12.50		12.50		12.50		50.00	37.50		12.50									

遗址	数量																											
墩塘遗址	8	50.00	50.00				12.50		50.00						2.00			37.50	50.00									12.50
万场遗址	8	87.50	12.50		25.00		12.50		25.00			12.50					25.00	100.00	25.00									
河边遗址	7	85.71	14.29		57.14		14.29		28.57			14.29					28.57	71.43	28.57									
摩旗墩遗址	7	71.43	28.57				14.29		42.86			14.29						100.00	28.57									
万家桥遗址	6	16.67	83.33			16.67	16.67		33.33			16.67				16.67		50.00	16.67			16.67						16.67
丰墩村	6	33.33	66.67		16.67		33.33					33.33				16.67		33.33	50.00								16.67	
鲍墩墩遗址	5	40.00	60.00		20.00	2.50			40.00								60.00	40.00										
大鼓墩遗址	4	75.00	25.00		25.00			50.00	50.00							25.00		50.00										
卞家墩遗址	4															25.00	25.00		25.00			25.00	25.00					
山头遗址	4	100.00					100.00		75.00									75.00						25.00				
蔡家注遗址	4	100.00						100.00	100.00									100.00										
上圩遗址	4	50.00	50.00			100.00										25.00		50.00	25.00									
鲍家庄遗址	3	100.00				33.33	33.33	33.33	66.67		13.79							66.67								33.33		
杨家岗头遗址	3	100.00				33.33	33.33		33.33						33.33			33.33	33.33							33.33		
金墩遗址	2	100.00					100.00		100.00									100.00										
苏家老庄遗址	1	100.00							100.00	100.00								100.00	100.00									
月形地遗址	29	82.76	17.24		13.79	3.45	6.90		31.03		13.79	17.24				31.03		31.03	44.83	3.45	6.90						10.34	3.45
石家庄遗址	2	100.00						100.00	100.00									100.00										
三拐墩遗址	4	100.00				75.00		25.00	25.00									25.00	25.00				25.00		25.00			25.00
合计	1467	78.53	19.36	0.07	2.04	22.29	10.57	0.55	20.04	14.11	0.34	0.75	0.27	2.25	16.09	3.68	9.07	50.99	30.40	1.10	8.66	2.25	0.55	2.52	0.89	0.26	0.61	1.77

附表一八 几何印纹硬陶陶质、陶色、纹饰数量统计表

采集地点	数量	陶质		陶色					纹饰											
		泥质	夹砂	红	灰	灰褐	内红外灰	褐灰	重方格纹	间(弦)断绳纹	编织纹	凹弦纹	方点纹	细方格纹	方格纹	重方格纹+交叉纹	变形雷纹	折线纹	方格纹+折线纹	其他
嶙龙城遗址	12	10	2	1	2	3	6		3		1			1	1	1			1	凹弦+重方格纹1;凸方点纹+编织纹1;附加堆纹+网格纹1;方格纹+重菱形纹+交叉纹+平行线纹1
锣哐遗址	5	5		2			3							1		3				小方格纹+交叉纹1
松墩遗址	5	4	1		3		2		1						1			1		弦断网格纹1;无纹饰(口沿)1
西姑墩遗址	3	3			1		2			1	1	1								
杨家遗址	3	3		1	1	1			1										1	叶脉纹+弦纹1
头涵遗址	3	2	1	2			1									1	1	1		
官塘遗址	2	2					2		1									1		
河边遗址	1	1			1				1											
老虎墩遗址	1	1					1						1							
桥庄遗址	1	1					1		1											
周瑜城遗址	1	1					1		1											
船形地遗址	1	1		1																叶脉纹1
李庄遗址	1	1		1							1									
花城遗址	1	1			1				1											
黑虎城遗址	1	1						1	1											
新陶遗址	1		1		1															变形云雷纹+"人"字纹1
五家大庄散点	1	1				1											1			
神墩遗址	1	1			1															凹弦纹+重方格纹1
合计	44	39	5	8	11	5	19	1	11	1	3	1	1	2	2	5	2	3	2	11

附表一九　杭埠河中游及其北部地区区域系统调查墓葬登记表

mz001	向阳古墓葬	城关镇杨家村向阳组	春秋-汉	
mz002	南塘古墓葬	棠树乡西？塘村南塘组	春秋-汉	
mz003	春秋塘（古）墓群	城关镇春秋塘茶林场	春秋-汉	三普
mz004	杨家墓群	城关镇杨家村	春秋-汉	新发现
mz005	蔡家凹-红星墓群	城关镇杨家村蔡家注组	春秋-汉	新发现
mz006	猪头尖墓葬	城关镇金虎村王庄村	汉	三普
mz007	谭家冲墓葬	干汉河镇龙山村谭家冲组	汉	新发现
mz008	清水塘-金石墓群	干汉河镇复元村清水塘-金石组	春秋-汉	新发现
mz009	西峰寺古墓葬	柏林乡杨店村涂家庄组		二普
	涂家庄M1	柏林乡杨店村涂家庄组	春秋-汉	新发现
	涂家庄M2	柏林乡杨店村涂家庄组	春秋-汉	新发现
mz010	邹家庄墓葬	柏林乡大墩村邹家庄组	汉	新发现
mz011	青年碑（古）墓葬	棠树乡寒塘村青年碑组	汉	新发现
mz012	新庄墓群	棠树乡寒塘村新庄组	汉	新发现
mz013	南塘水库墓葬？	棠树乡黄岗村贾岗组	汉	
mz014	江家院墓葬	棠树乡刘院村	春秋-汉	新发现
mz015	复元双墩墓葬	干汉河镇复元村桥庄村民组	春秋-汉	三普
mz016	中心墓群	干汉河镇正安村中心村民组	汉	新发现
mz017	金虎墓群	城关镇金虎村	春秋-汉	新发现
mz018	高家老坟墓群	干汉河镇正安村高价老庄坟村民组	下限汉	二普
mz019	徐家庄古墓葬	棠树乡三桥村徐家庄组	汉	新发现
mz020	三圩庄（汉）墓群	棠树乡寒塘村三圩庄组	汉-六朝	新发现
mz021	赵小庄墓群	干汉河镇龙山村赵小庄组	汉	新发现
mz022	新塘墓葬	干汉河镇大院村新塘组	汉	新发现
mz023	万家墩墓群	干汉河镇莲墩村万家桥组	战国-汉	三普
mz024	卜家庄（古）墓葬	棠树乡寒塘村卜家庄组	汉	新发现
mz025	胡家圩墓葬	棠树乡寒塘村胡家圩组	汉	新发现
mz026	袁庄古墓葬	棠树乡西塘村袁庄组	汉	新发现
mz027	查家老庄墓群	柏林乡花城村查家老庄村民组	汉	新发现
mz028	前进墓葬	干汉河镇正安村中心村民组	汉	新发现
mz029	束家老庄墓群	干汉河镇正安村束家老庄村民组	汉	新发现
mz030	赵家庄（南）墓群	棠树乡寒塘村赵家庄组	东汉-六朝	新发现
mz031	张家大庄古墓葬	棠树乡墩塘村张家大庄组	唐-明	
mz032	苏家老庄墓葬	柏林乡杨店村苏家老庄村民组	汉	
mz033	赵家庄（北）古墓葬	棠树乡寒塘村赵家庄组	战国-汉	新发现

注：表格中"mz"代表"墓葬"。

附表二〇　杭埠河中游及北部地区新石器时代晚期聚落组织形式一览表

分区	聚落等级	聚落名称	地理位置	聚落（遗址）面积（平方米）	海拔高程（GPS测点）（米）	与河流中心距离（米）	地貌
A区	中心聚落	杨家岗头	秦家桥河南侧	220,000	31～49	380	岗地端头
	从属聚落	锣哐	秦家桥河南侧	4,000	28～55	350	岗地端头
		蟠龙城	秦家桥河南侧	7,000	34～50	900	土墩
B区	次中心聚落	黑虎城	南溪河北岸	25,000	12～35	29	土墩
	从属聚落	九连庄	南塘小河南侧	2,217	36～37	400	岗地端头
		佘家庄	南溪河北侧	5,900	29～45	1500	土墩
		上圩	南溪河北岸	1,807	23	17	土墩
		大院村鲍墩	杭北干渠西侧	12,000	24～34	1285（距杭北干渠）	土墩
		李庄	南溪河北岸	5,573	22～29	114	岗地边坡
		小涵	杭埠河北岸	5,000	21～23	518	土墩
C区	次中心聚落	山场	杭埠河北岸	10,000	34～38	877（距杭埠河干流）	岗地
	从属聚落	管垱	南溪河东岸	6,181	19～28	8	土墩
		柿树	沙岗小河南岸	2,502	36～41	156	岗地边坡
		山塝	八里冲河北岸	9,762	36～46	170	岗地
D区	中心聚落	杨家老庄	曹家河西岸	48,000	20～35	50	岗地端头
	从属聚落	老虎墩	曹家河西岸	4,124	33～35	20	土墩
		杨店	曹家河东岸	4,665	21～32	150	土墩
		方冲	东杨家冲河东侧	4,500	29～36	400	岗地端头
E区	中心聚落	亚夫城	南港河西侧	58,538	30～41	1484	岗地端头

注：表格中的面积仅为遗址面积。

附表二一 杭埠河中游及北部地区周代聚落组织形式一览表

分区	聚落等级	聚落名称	地理位置	聚落（遗址）面积（平方米）	海拔高程（GPS测点）（米）	与河流中心距离（米）	地貌
A区	中心聚落	蟠龙城	秦家桥河南侧	70,000	34～50	900	墩形
	从属聚落	杨家岗头	秦家桥河南侧	未定	31～49	380	岗地
		渠西	秦家桥河南侧	1500	40	20（距秦家桥河支流）	岗地
		锣哐	秦家桥河南侧	未定	28～55	350	岗地
		杨庄	秦家桥河南侧	6152	27～31	250	墩形
		桥庄	秦家桥河南侧	7000	26～41	240	墩形
		大鼓墩	秦家桥河南侧	1800	27～32	285	墩形
		中庄	秦家桥河南侧	1800	33～40	140	墩形
		南塘	秦家桥河南侧	2010	31～53	80	墩形
		九连庄	南塘小河南侧	未定	36～37	400	岗地
		三拐墩	南塘小河南侧	2395	38～39	380	墩形
		墩塘	南塘小河南侧	4300	40～41	304	墩形
B区	中心聚落	黑虎城	南溪河北岸	25,000	12～35	29	墩形
	从属聚落	头涵	杭北干渠南侧	1817	21～26	235	墩形
		李庄	南溪河北岸	未定	22～29	114	岗地边坡
		万场	南溪河北岸	5650	24～25	243（距南溪河支流）	墩形
		大墩	杭北干渠西北侧	2382	17～28	661	墩形
		丰墩村鲍墩	杭北干渠北侧	4371	27～32	344	墩形
		庵塘	南塘小河南侧	2400	23～30	178	墩形
		梅小庄	杭北干渠西侧	2000	28～29	528	墩形
		西姑墩	杭北干渠西侧	6000	32～47	1052	墩形
		大院村鲍墩	杭北干渠西侧	未定	24～34	1285（距杭北干渠）	墩形
		墩南	杭北干渠西北侧	1450	27～32	1443	墩形
		新陶	杭北干渠东侧	未定	19～23	476	墩形
		花城	杭北干渠西北侧	未定	28～35	1700	墩形
C区	中心聚落	周瑜城	杭埠河干流北岸	60000	22～47	702	岗地
	从属聚落	摩旗墩	杭埠河干流南岸	1956	39～42	200	岗地
		小涵	杭埠河干流北岸	5,000	21～23	518	墩形
		胜利	杭埠河干流北岸	1417	15～23	937	墩形
		神墩	沙岗小河南岸	6500	38～40	50	墩形
		庙墩	沙岗小河南岸	3000	24～32	89	墩形
		山塝	八里冲河北岸	未定	36～46	170	岗地
		管垱	南溪河东岸	未定	19～28	8	墩形
		山场	杭埠河北岸	未定	34～38	877（距杭埠河干流）	岗地
		龙山庄	沙岗小河北侧	5400	40	430	墩形
		鲍家庄	沙岗小河北岸	3009	26	20	墩形
		万家桥	杭北干渠东侧	未定	23	27（距南支渠）	墩形
		石家庄	杭北干渠北侧	3500	31～32	125	墩形
		柿子树	杭北干渠东南侧	2400	18～29	247	墩形
		高塘埂	杭北干渠东南侧	1100	13～16	300	墩形

		松墩	西杨家冲河西岸	2500	27～28	188	墩形
D区	普通聚落	金墩	西杨家冲河西岸	1168	25	250	墩形
		干塝墩	西杨家冲河东岸	2438	30～44	20	墩形
		杨家	东杨家冲河东岸	2245	35～36	50	墩形
		官塘	东杨家冲河西岸	4435	19～23	55	墩形
		樊家庄	曹家河东岸	3490	21	55	墩形
		卞家墩	曹家河东岸	2400	20	360	墩形
		杨店	曹家河东岸	未定	21～32	150	墩形
		山头	曹家河西岸	4665	34	105	岗地
		船形地	曹家河东岸	2000	24	97	墩形
		月形地	曹家河东岸	3500	25～26	587	墩形
		老虎墩	曹家河西岸	未定	33～35	20	墩形
		河边	曹家河东岸	9686	29～33	58	墩形
		蔡家注	曹家河东侧	3600	36	133（距曹家河支流）	岗地

注：表格内"未定"表明遗址包含几个时期的文化遗存，每个时期的聚落面积暂时还无法确定。

后　记

本报告是安徽省第三次全国文物普查工作的成果之一。

安徽省第三次全国文物普查工作在国家"普查办"、安徽省政府的领导和支持下，全省各级人民政府高度重视，各部门和社会各界全力配合，经过各级普查机构和全体普查队员的艰苦努力，全面完成了第三次全国文物普查各项工作任务，实地文物调查覆盖率100%、完成率100%，取得丰硕的成果。全省共登记不可移动文物25005处，其中新发现17185处，复查7820处。登记消失文物2134处。这些文物涵盖各个历史时期，包括古遗址、古墓葬、古建筑、石窟寺、石刻、近现代重要史迹及代表性建筑和其他等六大类，种类齐全，内涵丰富，地方特色鲜明，凸显出安徽悠久的历史和丰厚的历史文化资源。

为保证文物普查成果真实、准确、科学，安徽省"普查办"建立了严格的质量控制体系，将质量控制贯穿于文物普查全过程。开展专项调查及区域系统调查即是质量保证措施之一。文物普查工作由于受地方基层文物部门人力、财力、调查人员认知水平等诸多因素的局限，难免出现古代文化遗存遗漏和资料信息收集不完整等情况。区域系统调查和专项调查可以弥补这方面的不足，保证实地文物调查工作的质量。为此，省"普查办"成立了直属普查队，在文物分布密集区和对古文化研究有重要影响的重点区域开展了一系列专项调查及区域系统调查，取得了非常好的效果。

杭埠河中游地区总的地形地貌由西南向东北倾斜，分别由山地、岗地丘陵和平原组成，低矮的丘陵岗地与平原组成的地貌类型比较适宜区域系统调查。该区域古遗址、古墓葬分布密集，据以往考古工作显示，区域内的大多数文化遗存保存相对较好，这自然有利于判定遗址（墓葬）数量、分布密度及所处的地理条件等。此外，这里也是文献中记载的群舒活动的重要地区，群舒问题的研究一直为学术界所关注，目前考古学提供的资料依旧欠缺。虽然从文献和历史的角度已有诸多的讨论，但在一些重要学术问题上仍是歧见纷呈，难有进展。我们也希望通过深入细致的考古学调查工作，为进一步厘清群舒的相关问题提供更加丰富的考古学资料和有价值的新线索。

根据杭埠河中游地区的具体情况，本次将墓葬作为调查对象，是有别于其它区域系统调查项目的一个特色。

本项目由安徽省第三次全国文物普查办公室组织实施，安徽省文物考古研究所业务指导。领队宫希成，业务指导朔知（吴卫红）。参加调查的专业人员有安徽省文物考古研究所余飞、张义中、陈小春、秦让平，铜陵市文物局唐杰平，马鞍山市文物局齐泽亮，宣城市文物局朱锐，淮北市博物馆解华顶，蚌埠市博物馆刘腾飞，舒城县文物管理所奚明、汤雷，寿县文物局张艺君，天长市博物馆乔国荣，潜山县博物馆李绹，繁昌县文物局谢军，望江县文物管理所卓识雨，颍上县文物管理所郭斗，固镇县文物局陈坤、王耐霜。安徽省博物院徐大珍，阜阳市博物馆杨玉彬，安徽大学历史系考古专业2008级硕士研究生方玲、2008级本科生王喜凤、汤毓赟也参加了部分田野调查。

　　调查的基础资料整理，由唐杰平同志负责，成员有余飞、奚明、汤雷和安徽大学历史系考古专业2009级硕士研究生张萍。朱录乾和张丽萍分别承担器物线图的绘制与几何印纹陶纹饰拓片工作。

　　调查报告文字撰稿主要由唐杰平完成，汤雷、奚明、余飞参加。唐杰平、余飞同时承担文字统稿和编排工作。各类表格由唐杰平、张萍制作。地形图由滁州学院国土信息工程系地理信息系统专业宫忻怡同学制作。照片主要由唐杰平、余飞共同拍摄。

　　宫希成、朔知审核、定稿。

　　在本项目实施期间，得到安徽省文化厅李修松副厅长、安徽省文物局陈建国局长和杨立新副局长、安徽省文物局邵海卫主任、安徽省文物考古研究所李虹所长的关心支持，得到六安市文物局、舒城县文广局、舒城县文物管理所的积极帮助，深表感谢！

编者

二〇一二年三月

彩色图版

图例

	县政府驻地
	乡、镇或县府驻地
	村委会驻地
	铁 路
	高 速 公 路
	国 道
	省 道
	乡 道
	河 流
	水 面
	市 界
	县（市）界
	乡（镇）界
	农 林 场 界
	调查区域边界线

比例尺 1:240000

北

舒城县

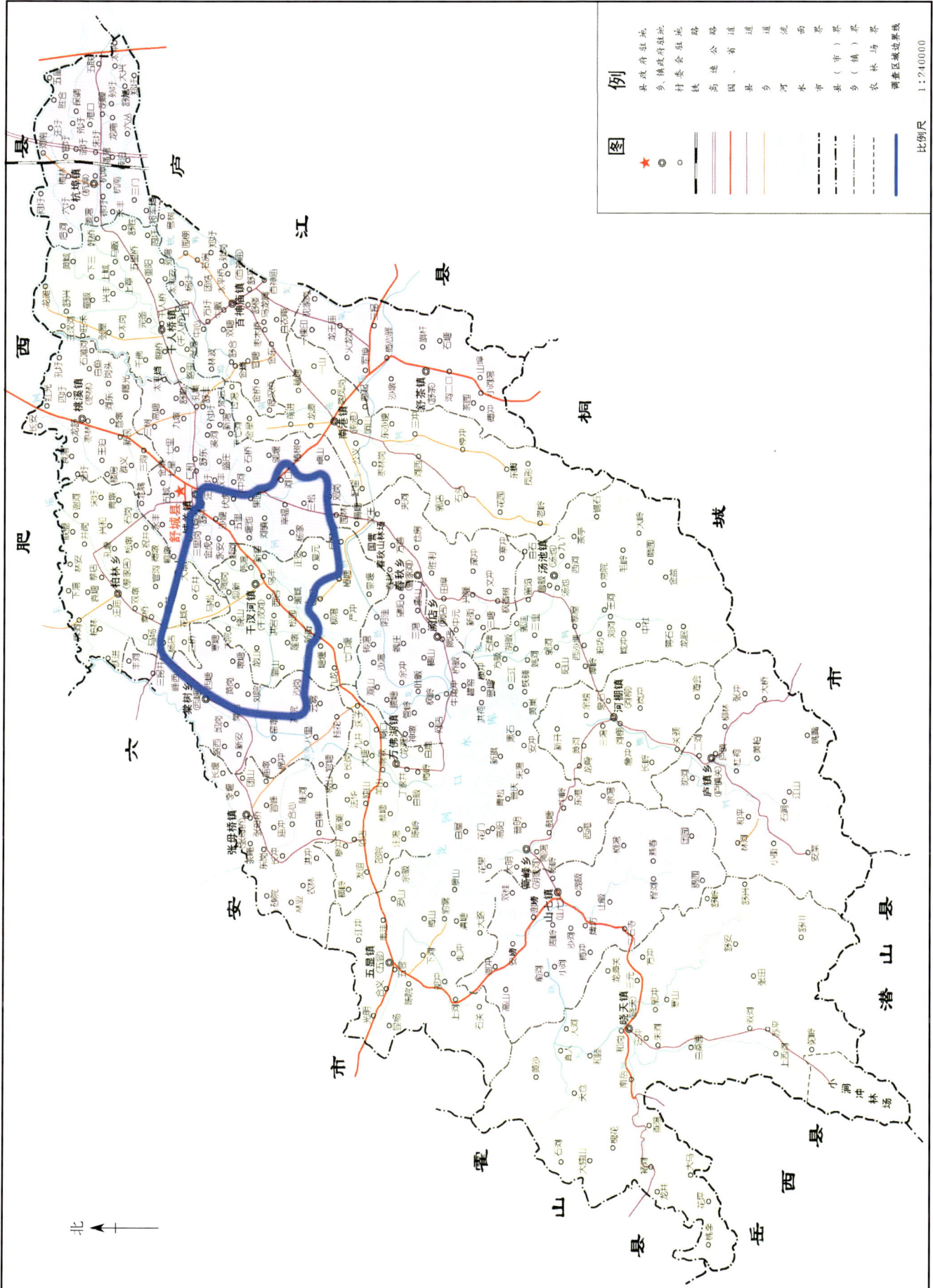

杭埠河中游调查区域示意图

图 例

遗 址
墓 葬
散 点
河 流
水 面
等高线
比例尺

北

杭埠河中游古代遗址、墓葬调查记录点总分布图

彩版三

杭埠河中游及北部区域系统调查古遗址分布图

彩版四

杭埠河中游及北部区域古墓葬分布图

图　例

遗　址
河　流
水　面
等高线
比例尺

北

米
0 250 500 1,000 1,500 2,000

亚夫城遗址

杨林遗址

老虎城遗址

杨家老庄遗址

方邱遗址

李圩遗址

黑龙庙遗址

上圩遗址

余家遗址

大院村魏坊遗址

九连圩遗址

杨家冈头遗址
地坪城遗址 新庄遗址

小溪遗址

管遗址

柏树遗址

山村遗址

山村遗址

蚌

埠

杭

河

杭埠河中游及北部区域新石器时代遗址分布图

1. 部分调查人员合影

2. 冬季的杭埠河（镜向231度）

3. 冬季杭埠河（镜向79度）

4. 初春的南溪河（杭埠河故道）

5. 初春的南溪河（杭埠河故道）

1. 部分调查装备

2. 调查人员向调查区域行进

3. 调查队员在查看调查线路

4. 调查队员查看地图

5. 拉网调查

6. 花城遗址调查

7. 采集前拉网格

8. 采集遗物

1. 断面清理

2. 观察断面

3. 调查队员中途小憩

4. 调查队员穿越草丛

5. 调查队员辨识遗物

6. 调查人员现场记录

7. 调查队员走访村民

1. 行走在美丽的乡村道路上

2. 调查人员互帮互助

3. 遗址前留影

4. 杨家岗头遗址近景（镜向171度）

5. 杨家岗头遗址北侧环壕（镜向210度）

6. 杨家岗头遗址西垣（镜向87度）

1. 南塘遗址近景（镜向90度）

2. 中庄遗址近景（镜向210度）

3. 蟠龙城远景（镜向94度）

4. 蟠龙城遗址近景（镜向95度）

5. 锣哐遗址近景（镜向45度）

6. 锣哐遗址暴露的窑址

7. 渠西遗址近景（镜向260度）

8. 渠西遗址暴露的剖面

1. 桥庄遗址近景（镜向136度）

2. 杨庄遗址近景（镜向90度）

3. 杨庄遗址暴露的文化层堆积

4. 其林庄遗址近景（镜向315度）

5. 涂家庄遗址近景（镜向297度）

6. 大鼓墩遗址近景（镜向60度）

7. 周瑜城遗址及周边地貌（镜向282度）

8. 周瑜城遗址近景（镜向30度）

彩版一二

1. 周瑜城遗址东垣（镜向200度）

2. 周瑜城遗址南垣（镜向300度）

3. 周瑜城遗址北垣（镜向147度）

4. 周瑜城遗址保护碑

5. 周瑜城遗址北垣暴露的地层堆积

6. 小涵遗址远景（镜向96度）

7. 摩旗墩遗址近景（镜向296度）

1.胜利遗址近景（镜向130度）

2.胜利遗址暴露的文化层堆积

3.山塝遗址近景（镜向317度）

4.山场遗址远景及周边地貌（镜向92）

5.山场遗址近景（镜向93度）

6.山场遗址暴露的剖面

7.管垱遗址远景（镜向60度）

1. 管垱遗址西北角暴露的文化层堆积

2. 神墩遗址远及周边地貌景（镜向120）

3. 柿树遗址近景（镜向103度）

4. 神墩遗址近景（镜向294度）

5. 庙墩遗址近景（镜向320度）

6. 龙山庄遗址近景（镜向90度）

7. 万家桥遗址近景（镜向220度）

1. 鲍家庄遗址远景（镜向235度）

2. 鲍家庄遗址近景（镜向195度）

3. 石家庄遗址近景（镜向238度）

4. 柿子树（左）、高塘埂（右）遗址远景（镜向84度）

5. 柿子树遗址近景（镜向86度）

6. 柿子树遗址暴露的文化层堆积

7. 高塘埂遗址近景（镜向86度）

8. 佘家庄遗址远景（镜向15度）

1. 新陶村遗址近景（镜向205度）

2. 新陶村遗址暴露的文化层堆积

3. 大院村鲍墩遗址近景（镜向87度）

4. 西姑墩遗址近景（镜向240度）

5. 梅小庄遗址近景（镜向190度）

6. 梅小庄遗址暴露的文化层堆积（镜向：280度）

7. 蛮塘遗址近景（镜向110度）

8. 蛮塘遗址暴露的文化层堆积

1. 庵塘遗址近景（镜向60度）

2. 头涵遗址近景（318度）

3. 花城遗址东垣及外侧地貌（镜向342度）

4. 花城遗址南垣及两侧地貌（镜向87度）

5. 花城遗址西垣北段及外侧地貌（镜向41度）

6. 墩南遗址近景（镜向221度）

7. 墩南遗址暴露的文化层堆积

8. 大墩遗址近景（镜向288度）

1. 大墩遗址暴露的文化层堆积

2. 丰墩村鲍墩遗址近景（镜向13度）

3. 丰墩村鲍墩遗址西南角暴露的文化层堆积

4. 上圩遗址近景（镜向60度）

5. 上圩遗址暴露的文化层堆积

6. 黑虎城遗址远景（镜向112度）

7. 黑虎城遗址近景（镜向197度）

8. 黑虎城遗址东缘及南溪河（镜向182度）

1.黑虎城遗址西北角暴露的南北向斜坡堆积

2.黑虎城遗址暴露的红烧土、灰土堆积

3.黑虎城遗址局部文化层堆积

4.李庄遗址近景（镜向东南）

5.李庄遗址暴露的文化层堆积（镜向85度）

6.万场遗址远景（280度）

1. 墩塘遗址近景（镜向87度）

2. 墩塘遗址边缘暴露的红烧土堆积

3. 九连庄遗址近景（镜向265度）

4. 三拐墩遗址近景（镜向311度）

5. 干塝墩遗址近景（镜向217度）

6. 金墩遗址近景（镜向115度）

7. 松墩遗址近景（镜向330度）

1. 松墩遗址暴露的文化层堆积

3. 杨家遗址暴露的红烧土堆积

2. 杨家遗址近景（镜向190度）

4. 官塘遗址全景（镜向214度）

5. 河边遗址近景（镜向100度）

6. 船形地遗址近景（度镜向130度）

1. 老虎墩遗址近景（镜向150度）

2. 老虎墩遗址暴露的文化层堆积

3. 山头遗址远景（镜向334度）

4. 山头遗址暴露的文化层堆积

5. 月形地遗址近景（镜向324度）

6. 方冲遗址近景（镜向328度）

1. 杨家老庄遗址远景（镜向272度）

2. 杨家老庄遗址北垣及缺口（镜向9度）

3. 杨家老庄遗址西北垣及外侧水塘（镜向113度）

4. 杨家老庄遗址北垣暴露的文化层堆积

5. 杨店遗址近景（镜向97度）

6. 杨店遗址西部暴露的文化层堆积

7. 蔡家洼遗址近景 （镜向50度）

1. 樊家庄墩遗址近景（镜向120度）

2. 卞家墩遗址近景（镜向290度）

3. 卞家墩遗址暴露的文化层堆积

4. 亚夫城遗址地表现状1（镜向2度）

5. 亚夫城遗址地表现状2（镜向155度）

6. 亚夫城南垣（外向内）

7. 亚夫城遗址东南角土垣特征（镜向332度）

1. 亚夫城遗址东垣顶部特征（镜向358度）

2. 亚夫城遗址西垣、南垣外侧环壕

3. 春秋塘茶林场墓群远景（镜向43度）

4. 春秋塘茶林场墓群近景（镜向321度）

5. 春秋塘茶林场墓葬封土（镜向87度）

6. 邹家庄墓葬 （镜向95度）

7. 猪头尖墓葬全景（镜向314度）

8. 苏家老庄墓葬（镜向12度）

1.塘窝墓群局部（镜向148度）

2.塘窝墓群D4封土全景（镜向182度）

3.塘窝墓群D9封土全景（镜向154度）

4.塘窝墓群D12封土全景（镜向102度）

5.塘窝墓群D19封土全景（镜向258度）

6.许家山嘴岗地墓群D27封土全景（镜向304度）

7.许家山嘴岗地墓群D30封土全景（镜向337度）

8.许家山嘴岗地墓群D22、D23封土全景（镜向93度）

1. 清水塘墓葬D4封土全景（镜向180度）

2. 清水塘墓葬D7封土全景（镜向9度）

3. 清水塘墓葬（D10-14）全景（镜向249度）

4. 清水塘墓葬D13封土全景（镜向252度）

5. 金石墓群（D15-16）封土全景（镜向63度）

6. 金虎墓群D2封土全景（镜向354度

7. 金虎墓群D3封土全景（镜向356度）

8. 金虎墓群D4封土全景（镜向353度）

1. 向阳墓葬封土全景（镜向271度）

2. 涂家庄墓葬封土全景（镜向319度）

3. 复元双墩墓葬封土全景（镜向139度）

4. 复元双墩墓葬D1封土全景（镜向138度）

5. 复元双墩墓葬D2封土全景（镜向138度）

6. 高家老坟墓群D2-D4封土全景（镜向137度）

7. 高家老坟墓群D5封土全景（镜向89度）

8. 江家院墓葬封土全景（镜向120度）

1. 鬲足①②（蟠龙城10STP：5，10STP：1）

2. 印纹硬陶罐（蟠龙城10STP：6）

3. 石凿（杨家岗头10STY：2）

4. 石凿（杨家岗头10STY：3）

5. 石镞（杨家岗头10STY：5）

6. 石锛（杨家岗头10STY：6）

7. 横装刻槽鼎足（杨家岗头10STY：10）

8. 刻槽鼎足（杨家岗头10STY：11）

9. 横装刻槽鼎足①②（杨家岗头11STY临采：19，11STY临采：12）

10. 鼎足①～④（杨家岗头10STY：14；11STY临采：3，11STY临采：15；11STY临采：8）

11. T形鼎足（杨家岗头11STY临采：1）

12. 刻划纹鼎足（杨家岗头10STY：15）

1. 侧三角带按窝鼎足①②（杨家岗头11STY临采：20，11STY：18）

2. 侧三角带按窝鼎足（杨家岗头11STY临采：7）

3. 侧三角形鼎足（杨家岗头10STY：20）

4. 凿型鼎足（杨家岗头10STY：24）

5. 陶罐口沿（杨家岗头11STY临采：23）

6. 鬶把（杨家岗头10STY：34）

7. 鬶把（杨家岗头11STY临采：2）

8. 豆柄(杨家岗头11STY临采：5)

9. 石斧（锣喠10STL：1）

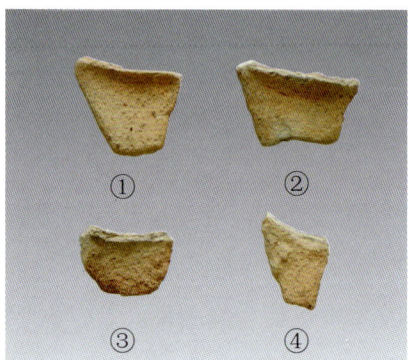

10. 侧三角形鼎足①～④（锣喠10STL：2，10STL：4，10STL：8,10STL;3)

11. 刻槽鼎足（锣喠10STL：10）

12. 陶鬲（胜利10SGSL：1）

1. 鬲口沿（胜利10SGSL：2）

2. 锥状鬲足（胜利10SGSL：3）

3. 鬲足（胜利10SGSL：5）

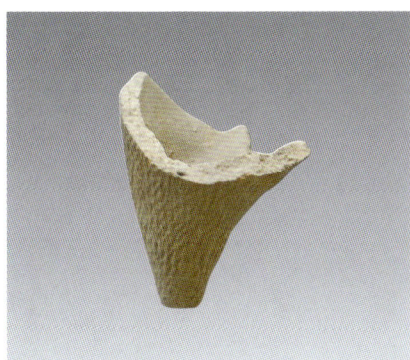

4. 截尖锥状鬲足（胜利10SGSL：6）

5. 鬲足（胜利10SGSL：7）

6. 甑腰（胜利10SGSL：8）

7. 扁锥状鬲足（小涵 10SGXH：1）

8. 锥状带按窝足（小涵 10SGXH：2）

9. 几何印纹陶罐（小涵 10SGXH：3）

10. 石英石块（山塝东100 米山头采集）

11. 石英石块（山塝东部100米山头 采集）

12. 玉饰件（山场10SGSC：1）

13. 侧三角鼎足（山场10SGSC：2）

1.鬲足（神墩11STS：2）

2.陶鼎(石家庄12SGS临采：1)

3.甗腰（柿子树
10SGSZ：1）

4.锥状鬲足（柿子树
10SGSZ：3）

5.截尖锥状鬲足（柿子树
10SGSZ：4）

6.鼎足（佘家庄
10SGSJ：1）

7.鼎足（佘家庄
10SGSJ：2）

8.鼎足（佘家庄
10SGSJ：3）

9.鼎足（佘家庄
10SGSJ：4）

10.侧三角鼎足（佘家庄
10SGSJ：5）

11.陶器口沿（西姑墩遗址
10SGXG：1）

12.柱状鬲足（西姑墩
10SGXG：3）

13.矮柱状鬲足（西姑墩
10SGXG：4）

14.矮柱状鬲足（头涵
10SGT：2）

15.锥状鬲足（头涵
10SGT：3）

1. 鬲足（墩南10SBDN：4）

2. 鬲口沿（墩南10SBDN：2）

3. 陶鬲（墩南10SBDN：1）

4. 甗腰（墩南10SBDN：5）

5. 豆座（墩南10SGDN：6）

6. 陶箅（大墩10SBD：1）

7. 鬶足（管垱10SGGD：1）

8. 侧三角鼎足（黑虎城10SCH：1）

9. 侧装鸡冠状鼎足（黑虎城10SCH：3）

10. 横装鼎足（黑虎城10SCH：4）

11. 有段石锛（黑虎城12SCH临采：1

12. 凿型鼎足（黑虎城10SCH临采：1）

13. 陶豆①～③（黑虎城10SCH：6，10SCH：16，10SCH：18）

14. 三角孔圈足器（黑虎城10SCH：7）

1. 纺轮（黑虎城12SCH临采：2）

2. 鬲（黑虎城10SCH临采：2）

3. 附耳鬲（黑虎城10SCH临采：3）

4. 锥状鬲足（黑虎城10SCH：12）

5. 矮柱状鬲足（黑虎城10SCH临采：5）

6. 鬲口沿（黑虎城10SCH：10）

7. 鬲口沿（黑虎城10SCH：11）

8. 侧三角形鼎足（九连庄10STJ：2）

9. 扁锥状鬲足（万场10SCW：1）

10. 鬲（松墩11SCS：1）

11. 鬲（松墩11SCS：2）

12. 鬲（松墩11SCS：3）

13. 矮柱状鬲足（松墩11SCS：7）

14. 矮柱状鬲足（松墩11SCS：4）

15. 柱状鬲足（松墩11SCS：5）

16. 几何印纹陶罐（松墩11SCS：10）

1. 鼎口沿（老虎墩11SCL：1）

2. 鬲足（老虎墩11SCL：2）

3. 鬲（船形地11SCC：1）

4. 柱状鬲足（船形地11SCC：2）

5. 鬲足（船形地11SCC：4）

6. 甗（船形地11SCC：6）

7. 鬲足（月形地11SCYX临采：3）

8. 罐口沿（月形地11SCYX临采：2）

9. 豆盘（月形地11SCYX临采：4）

① ②

10. 侧三角鼎足①②（杨家老庄（11SCYL：1，11SCY：2））

11. 带按窝鼎足（杨家老庄11SCYL：3）

12. 甗腹片（杨家老庄11SCYL：4）

13. 侧三角鼎足（杨店11SCYD：2）

1. 侧三角鼎足（杨店11SCYD：3）

2. 鬲（杨店11SCYD：4）

3. 锥状鬲足（杨店11SCYD：5）

4. 鬲（卞家墩11SCB：1）

5. 砺石（亚夫城11SNY临采：5）

6. 石杵（亚夫城11SNY临采：7）

7. 石铲（亚夫城11SNY临采：3）

8. 石锛（亚夫城11SNY临采：2）

9. 石凿（亚夫城11SNY临采：1）

10. 石镞（亚夫城11SNY临采：4）

① ②

11. 鼎足①～②（亚夫城11SNY临采：13，10SNY：6）

12. 高柄杯（亚夫城11SNY临采：11）

13. 簋（庙墩10SGM：4）

14. 圈足器（庙墩10SGM：5）

15. 鬲足（庙墩 10SGM：3）

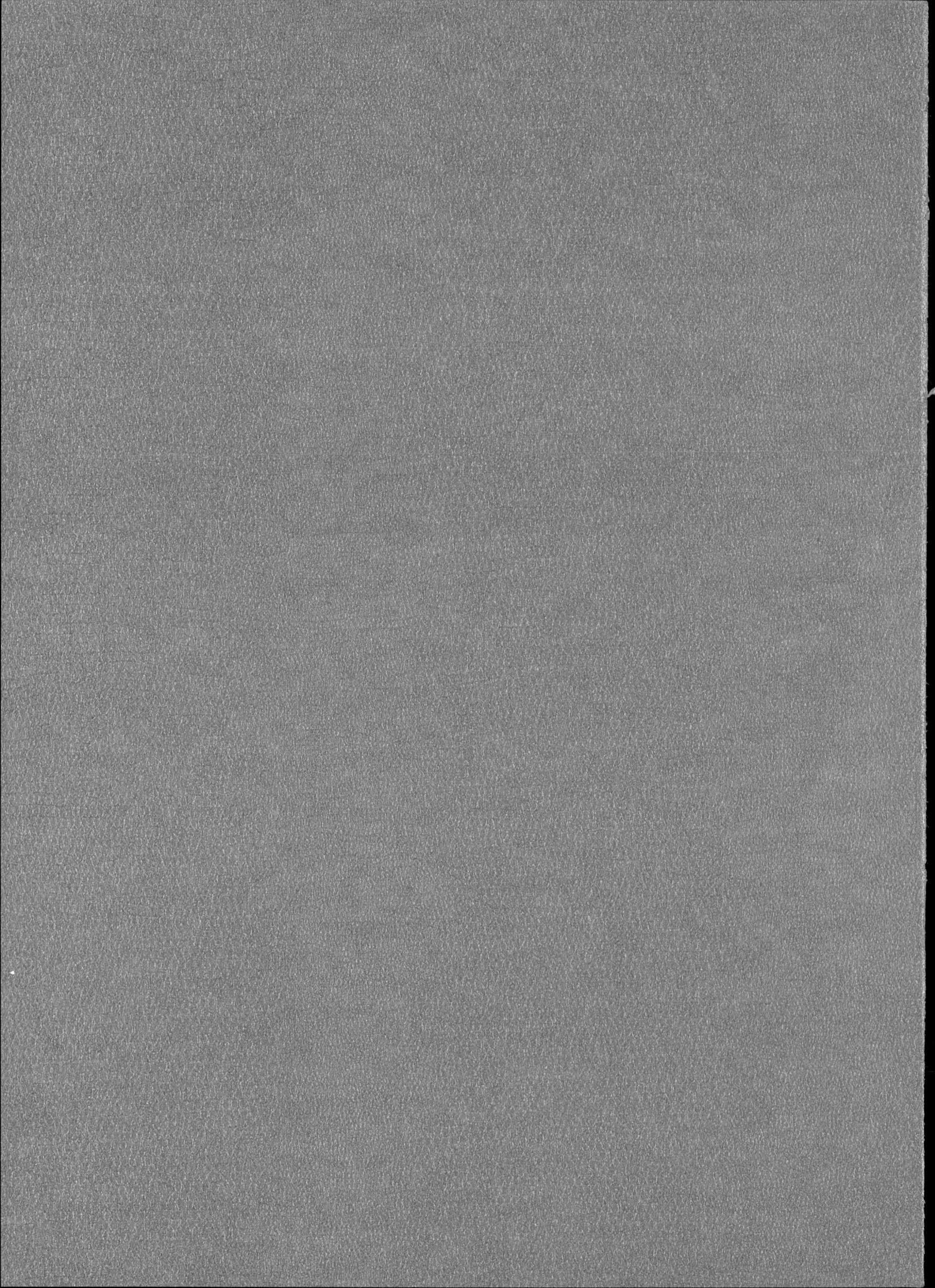